启真馆 出品

启真·人文学术

启蒙运动的哲学

THE PHILOSOPHY OF THE ENLIGHTENMENT

[德] 恩斯特·卡西尔 著

李日章 译

ZHEJIANG UNIVERSITY PRESS
浙江大学出版社

前　言

　　本书固然是讨论启蒙运动哲学的专著，但它一方面不只是一本专著，一方面却又不像是专著。它诚然远不像一本专著，因为这类专著应该谈到许多细节，并且把有关问题的来龙去脉交代得一清二楚。但是《哲学的科学概论》(*Outline of the Philosophical Sciences*) 这套书的形态和意图都不容许这样的写作方式。在这套书的限度以内，要把有关启蒙运动哲学的诸般问题一五一十地详加说明，乃是不可能的事。为了透彻了解，只好不涉及太广。研究启蒙运动，宁可深入，不要浮泛；宁可由其思想渊源与基本原则的一贯上去了解它，不要由其历史现象与结果的全体上去了解它。在这么一个情况之下，与其流水账般缕述这哲学成长盛衰的经过，不如把它思考的戏剧性行动原原本本呈现出来。启蒙时代的哲学，其特殊的魅力与价值，完全在于它的发展，在于从背后推动它的理智的力量，在于它用以钻研各种问题的热忱。从这个角度来看它，就可以看出启蒙运动哲学的许多方面自有其贯通的地方。这些方面，如果光从它们所造成的结果来看，很容易显得互相矛盾，或者显得像是勉强凑合在一起的异质思想成分。如果想真正看清楚这个哲学的历史意义，我们一定要站在一个枢纽的地位来观察和解释这个哲学所含的冲突与解决、疑惑与决定、怀疑态度与坚定信念。

　　本书的目的，就在于提供这么一个解释。它把这个哲学放在一个更广泛的历史与哲学的主题之前，以这主题作为它的背景，来考察这个哲学。对于这个背景这里当然不及深论，只能粗枝大叶地勾勒出一个轮廓。之所以这样做，是因为这个启蒙运动并不是独立自足的，它既有前因又有后果。它只不过是那整个理智的发展运动之一个部分，一个特殊阶段。通过这个理智的发展运动，现代哲学思想才获致它的自信与自觉。在前面的几部著作中，特别是在《文艺复兴时代哲学中之个体与宇宙》(*Individual and Cosmos in Renaissance Philosophy*，1927)与《在英国的柏拉图复兴运动》(*The Platonic Renaissance in England*，1932)两书中，我已经介绍和评估过这个伟大运动的其他几个阶段。现在这本讨论启蒙运动的书，在材料和方法上都和上述几部著作相类似。我使用的同样是研究历史哲学的方法，它的目的并不在于记录和描述种种结果，而在于阐明内在的构成力量。以这个方式来呈现哲学的学说与体系，完全是为了"对哲学精神做一番现象学式的描述"(to give a "phenomenology of the philosophic spirit")；庶几可以让人看清这个哲学精神如何应付客观问题，如何更清楚、更深入地了解自己的本性和命运、自己的特色和使命。我不敢再希望，更不敢承诺能够对自己此前所做的一切研究再做一番全面的叙述。这些研究在目前只能看作建筑的砖石，它们的零碎残缺，我是充分意识到的。不过我还是希望时机成熟的时候能够把它们写成一部完整的著作。

启蒙运动哲学特别适于上述这种方式的处理。因为这个哲学的永恒贡献并不在它所提出的主义学说——它把这主义学说发展而建构成一套教条。这主义学说所凭借于前几个世纪的地方，远比当时的人所自觉到的还要多得多。启蒙运动哲学只不过继承了前几个世纪思想的遗产；它整理、改动、厘清这笔遗产，多于创造和传布新思想。但是尽管在内容上多有承袭，启蒙运动却产生了完全原创的哲学思想形式。即使在它改造流行的思想时，即使当它在17世纪所奠定的基础上继续建构时（它的宇宙论就是一个例子），它所做出来的每一样东西都在一个新的观点之下，呈现出新的意义与外观。因为当时大家都开始用一种新的眼光来看一般的哲学探讨历程。在英国与法国，启蒙运动正是由打倒旧形态的哲学知识（形而上学体系）而开始的。它已经对"体系之精神"（spirit of systems）丧失了信心；在它看来，这种精神与其说是哲学理性的力量所在，毋宁说是障碍所在。但是在放弃，乃至直接反对"体系之精神"时，启蒙运动哲学却绝对没有摒弃"成体系的精神"（systematic spirit）；它不如说是以另一种更有效的方式来增进这种精神。不再像以往那样把哲学局限在成体系的理论架构中，不再像以往那样把哲学和永远不变的公理及其演绎结果联结在一起，启蒙运动要哲学自由地活动，借此发现实在之基本形式，自然的与精神的存有之基本形式。按照这种解释，哲学便不是居于自然科学、法律、政治等原理之外或之上的另一门知识，而是一个包罗万象的媒介，上述的种种原理都是在它里面被陈述出来、被发展出来、被建立起来。哲学不再是与科学、历史、法学、政治隔绝的东西；它是它们周围的空气，它们就在它里面生存与作用。哲学不再是理智的一项孤立产物，相反，它代表整体的理智，这理智自有其真实的功能，自有其独特的研讨探究本领、独特的方法与认知历程。职是之故，18世纪从过去所承袭而来的一切旧的哲学概念和问题，遂有了焕然一新的地位与意义。它们从固定的完成的形式一变而为活泼生动的力量，从单纯的结果一变而为具有强制性的驱策，这是启蒙运动思想的真正意义所在。这种意义，只有从启蒙运动对哲学思想的运用、从启蒙运动赋予哲学思想的地位和任务才能看得最清楚。18世纪很自豪地自命为"哲学的世纪"，就哲学又恢复了本来面目、又具有了最初的真正"古典的"意义而言，这个雅号它确是可以当之无愧的。在这个时候，哲学不再被局限于单纯思想的领域；它要求并且设法涉入事物更深的一个层次，也就是一切理智活动（如思想本身）所自生的那个层次——依照启蒙运动哲学的基本信念，这也是这类活动必须从中找寻自己存在根据的那个层次。因此，如果我们只把启蒙运动哲学看作"反省的哲学"（philosophy of reflection），并且把它当作这么一个东西来处理，我们一定会遗落这个哲学的真义。黑格尔是第一个这样评断这个哲学的思想家，而由于他的权威，这个评断竟成了定论。但即使在黑格尔身上，我们也可以看出一个自我纠正的倾向，因为作为历史学家与历史哲学家的黑格尔，并不见得完全同意形而上学家的黑格尔对启蒙运动所下的论断。在《精神现象学》中，他对启蒙时代做了一个比平常争论更深入更丰富的描述。启蒙运动哲学的基本倾向与主要工作确实不是依据反省的思想以观察和描摹生活。这个哲学相信思想具有原本的自发性；它认为思想并不只是具有模拟的功能，它还具有塑造生活的力量和任务。思想并不仅在于解析与分梳，更在于为事物带来其所认为必要的条理，它的真际与实相也就在这实现自己的举动中显示无遗。

我们如果也像研究这一段历史的大多数历史学家那样，只"纵长地"考虑这个哲学，也就是说用一条时间的长线把各个不同的思想体系贯穿起来，然后依次研究它们，我们必将无法进入这个哲学的更深一层。从方法学的观点来看，这种研究方法本来就难以令人满意，这个情形尤以在处理 18 世纪哲学时为甚。在研究 17 世纪哲学时，还可望借着由一个体系到一个体系，由笛卡儿（Descartes）到马勒伯朗士（Malebranche），由斯宾诺莎（Spinoza）到莱布尼茨（Leibniz），由培根（Bacon）到霍布斯（Hobbes）再到洛克（Locke），追踪其发展的经过，以掌握整个哲学内容与发展的特征。但是这个方法对 18 世纪的哲学却完全行不通。因为这类体系无法综括和代表 18 世纪哲学的诸多成分。即使是克里斯蒂安·沃尔夫（Christian Wolff）也无法把当时全部的哲学问题都归入到体系里面——尽管他竭尽所能想保留这种体系，因为他认为其中含有真正的哲学真理。启蒙运动的思想一再地冲破体系的樊笼，试图逃脱体系的严格约束。那些最伟大最具有原创性的思想特别是这样。从显现而为学说、公理、定理等的最纯净最清楚的形态上，我们绝对无法看出启蒙运动思想的真面目；要看清它的真面目，毋宁在它思考的历程中，在它正在疑惑、寻觅，正在拆拆建建时去看它。这一切起伏不定的活动，绝无法一滴不漏地统括到个别的主义学说里面去。真正的启蒙运动哲学，绝不等于当时大思想家伏尔泰、孟德斯鸠、休谟、孔狄亚克、狄德罗、沃尔夫等所思所教之总和。它无法以这些人的见解之总和来代表，也不能以这些见解所造成的后果来代表；因为它不在于个别的学说之中，而在于一般理智活动的形态与方式中。我们所谈的这些理智的力量，只能在行动中、在不断演化的思想历程中去把握它；只有在历程中才能探出这启蒙运动之理智生命的脉动。启蒙运动哲学犹如一幅非凡的知性织物，在编织这种织物时

> 一个踏板使千根纱线齐动，
>
> 梭子穿去穿回，
>
> 未经知觉的纱线源源而来。

研究和撰写这个时代的历史，就得以阐明这些"未经知觉"的纱线为第一要务。本书的撰写正是以完成这个要务为己任，不过并不想通过撰写个别思想家及其学说的历史来达到这个目的，而是要写一部有关这个时代的重要观念之历史。它不但想就这些观念的抽象理论形态来说明它们，而且还要就它们的直接作用来说明它们。为了做到这点，许多细节只好省略了；可是塑造这启蒙运动哲学之形象的任何一股力量，决定这哲学对自然、历史、社会、宗教与艺术的基本见解的任何一股力量，却绝对不予放过。顺着这条路径，大家一定可以看出：至今还被多数人视为思想大杂烩的启蒙运动哲学，实际上却有若干伟大的基本观念贯穿其间，这几个重要观念前后表现得极为一致，而且绝对井然有序。每一种有关启蒙运动的历史记述，都非得从这几个观念开始不可，因为唯有如此，才能曲尽个别主义学说之妙。

要在本书有限的篇幅里，对启蒙运动哲学从事有系统的批判，显然是不可能的。在此只有借用斯宾诺莎的一句箴言作为本书的写作方针："不嘲笑，不悲伤，也不嫌恶；但求理解。"到现在为止，启蒙运

动时代似乎还难得获致这样的恩遇。历来大家都认定这个时代的一大缺点即欠缺历史的通识，而在天真的过度自信中，树立起自认为绝对的唯一有效而可能的标准，以之评断历史事件。可是就算启蒙运动不能免除这个过失，它也已为此付出了足够的乃至超额的代价。因为这个时代一向被人指控的罪名——以"见识过人"而自傲，已经一而再再而三地被指出；为此人们业已对它产生了许多偏见，这些偏见在今天显然成了公正研究和评价启蒙运动哲学的障碍。本书既无意于介入争辩，自不想批评这类偏见而为启蒙运动"解围"。其目的只在历史地与系统地展示与说明这哲学的内容与观点。要想修正一般人对"启蒙运动"既有的论断——"浪漫运动"——这番说明是最初的也是不可少的一步。时至今日，还有许多人不加批判地接受这个论断，认为这个运动真是一场"浪漫运动"；而"浅薄的启蒙运动"这个标语，也还在流行之中。我的研究如果能够消除这个不当的标语，它的一个主要目的就算达到了。不用说，经过了康德的伟大建树，以及他《纯粹理性批判》所引起的理智革命之后，如今是再也不会有人提出像启蒙运动哲学那样的问题和答案了。但只要有人撰写"纯粹理性之历史"，他就一定要特别提到启蒙运动这一段，因为它发现了理性的自动，并且热忱地护卫它，还把这个概念固植于知识的每一个领域。没有一部哲学史是只着眼于历史的。在检讨过去的哲学时，一定会连带地重新调整哲学的方针，并且进行哲学的自我批判。在我看来，对当前的时代进行自我批判，使当前的时代面对启蒙运动所形成的明镜，时机是比以前的任何时候更成熟了。如今被大家视为"进步"之果实的许多事物，一旦映现在这面镜中，一定会丧失掉不少光彩；在这个景观中，向来被我们夸耀的许多事物，一定会显得十分怪异而且变形走样。这时候，如果我们还一味地把这变形走样归咎于镜子的不济，而不在别的地方探讨其成因，我们就应当为判断轻率与自欺欺人而愧疚。"敢于求知"（dare to know），是康德称为"启蒙运动箴言"的一句话，这句话也适用现在这个场合。我们不要装出一副不屑的样子，对摆在眼前的事实不予正视，我们应该鼓起勇气，好好地把我们的力量和启蒙时代的力量比较一下，看看我们应该作哪些适当的调整。像启蒙时代这样把理性与科学尊为人类最高能耐的一个时代，是不能也不容磨灭的；即使像我们这么轻忽它，情形也还是一样。我们不仅应该设法求得该时代的真面貌，而且应该再度开发出造成该时代的那种原始力量。

卡西尔（Ernst Cassirer）

1932 年 10 月于德国汉堡

目　录

第一章 启蒙运动的心灵

一

达朗贝尔（d'Alembert）在他《哲学之要素》（*Elements of Philosophy*）一文的开端，对 18 世纪中叶的心灵做了一个概括的描述。他在开始这番描述之前，提到了一项观察心得：在其前三百年的知性活动中，世纪中叶一直都是情势演变的转折点。文艺复兴发端于 15 世纪中叶；宗教改革在 16 世纪中叶达到发展的顶点；17 世纪中叶笛卡儿哲学成功地改变了整个世界观。在 18 世纪中叶我们是否也能发现一个类似的变动呢？如果能，它的方向和趋势又是怎么样的呢？顺着这条思路，达朗贝尔进一步写道：

"如果我们仔细考察我们现在生存的这个世纪的中点，考察那些令我们激动或多少令我们牵挂的事件，考察我们的习俗、成就，乃至娱乐，我们很难不看出：正有一个显著的变迁在我们思想的某些方面发生，这个变迁的快速似乎在告诉我们会有一个大的改革即将来临，其规模甚至胜过以前的那一个。只有时间才能说明这场革命的目标、性质与限度是什么，它的长处与弱点，也只有后人才能看得比我们更清楚。……因此，我们这个世纪被称为哲学的世纪。……如果我们不带偏见地考虑一下我们当前知识的状态，我们绝不能否认我们的哲学已经大有进步。自然科学天天都在累积起新的财富。几何，由于扩大了它的范围，对它的近邻物理科学有了很多的启发。有关这个世界的真确知识体系已经被认识、发展而趋于完善。……总之，从地球到土星，从天体的历史到昆虫的历史，自然哲学业已经历了革命；并且几乎所有别的知识领域也都已面目一新……

"这种对自然的研究本身，似是冰冷单调的，因为从它那里所获得的满足，全在一种一致而持续不断的感觉，而它的乐趣，如要强烈，必须是周期性与间歇性的……然而哲学探讨的新方法之发现与应用、因种种发现而产生的热情、因宇宙伟大的景象而引起的思想观念的提升——这一切已经引起了一种心灵的骚动。这个骚动，像一条决堤而出的河流，向四面八方冲过大自然，以一股排山倒海的力量，冲走了横亘在它面前的一切……因此，从世俗科学的原理到宗教启示的基础，从形而上学到个人喜好，从音乐到道德，从神学学者的争论到贸易事务，从王侯的律法到平民的律法，从自然法到国家法，……每一样东西都被提出来讨论过、分析过。这一番心灵的翻腾，已经在许多事物身上投下了全新的光彩与阴影，犹如潮汐涨落一定会在海岸上留下某些东西，也一定会从它上面冲走某些东西。"①

这是当时最重要的一位学者，也是当时知识界的一位代言人所说的一番话，因此它们可以充当有关当时知性活动之性质与趋势的一番表白。达朗贝尔的时代本身感到它正被一个有力的运动驱迫，但它不肯听任这股力量摆布。它要知道这股冲动从何而来、往何处去，它的起源是什么、目标是什么。对这个时代而言，获致有关自身活动的知识、从事理智的自我考察以及瞻望未来等等，均属思想之正当功能与基要任务。思想不仅汲汲于寻求新的未知的目标，而且还要知道自己正往哪里去，还要为自己决定旅程的方向。它以新鲜的欢欣之情和猎奇探险的勇气来接触这个世界，天天期望有新的启示。但是它对知识的饥渴和对事物的好奇，并不只指向外在世界；这个时代的思想更受到另一类问题的驱迫，那就是有关思想自身之性质与潜能的问题。一

---

① 达朗贝尔，《哲学之要素》(*Éléments de Philosophie*)。

次又一次地，思想又从它不同的探险旅程回到它的出发点，这些旅程原是为了扩展对客观实在的视野而设的。蒲柏（Pope）曾以简要的一句话表现了这时代的这个根深蒂固的情绪："人类专属的研究对象就是人。"这个时代感到一股新的力量在它体内作用；但是这股力量的活动本身，甚至比这活动所带来的结果更使它着迷。它不仅对结果感到欣喜，它还要探究、还想解释导致这些结果的历程之形式。从这里着眼，才能看清贯彻整个 18 世纪的心智"进步"的问题。我们大概再也找不出还有哪一个世纪像 18 世纪那样彻底地充满着心智进步的观念！不过如果我们仅从量的意义去理解这个观念，也就是把它解释作知识范围之无限扩充，那么，我们就误解了这个观念的本质。当时的情况是：举凡有量的扩充之场合，也一定有质的决定性伴随着；而每当探究之触须伸向知识边缘以外的领域时，也一定有回归知识中心的决然之举与之相应。人们为了确保统一性而寻求多样性；人们欣然接纳知识的广度，深信这广度将不致对理智有所妨碍，相反，还会促使理智回归于自己、专注于自己。因为我们一再地看出：理智为了涵摄一切实在而走上的分歧路途，其分歧只不过是表面的。如果这些路途客观上看起来似乎是分歧的，其分歧也不仅是分散而已。心灵的一切不同能力不如说是都被统摄于一个共同的力量中心。形迹上的差异和分歧，不过是一股同质的构成力量之充分展现。当 18 世纪的人想用一个单一的词来表示这股力量的特性时，他们便称之为"理性"。"理性"于是成为这个世纪的统一点和中心点，代表它所向往和争取的一切，以及它所成就的一切。但是研究这段历史的史家如果满足于这样的描绘，而且把它当作一个万无一失的出发点，他就错啦，他的判断未免下降得太快。因为 18 世纪的人把理性看作终点，而这位史家则会发现理性只是他研讨的起点；18 世纪的人把理性视为他们所找到的答案，而这位史家会把它当作他要探讨的真正问题。18 世纪弥漫着一种信念，即认为理性是一致而不会变的。他们以为：对一切思考的主题而言、对一切的种族而言、对一切的时代而言、对一切的文化而言，理性都是一样的。他们以为：从可变的宗教信条、道德原理、理论学说中，可以抽取出一个稳固悠久的要素，这个要素本身是永恒的，这个一致而永恒的要素正表示了理性的真正本质。对于我们而言，即使我们基本上同意启蒙运动哲学所追求的目标，"理性"一词，在我们心目中，也早已失去了它在前人心目中那种明确的单纯性。我们很难再继续使用这个词而不想到它的历史；我们会一再想到这个词的含义已经有了多大的变迁。这个情况会不断提醒我们：即使纯就其所代表的历史特征而言，"理性"与"理性主义"这两个名词在今天所保留下来的原义已是何其稀微。这两个词所代表的一般性概念已经很模糊，唯有加入"特异之点"，才能使它明晰起来。在18世纪中，这个"特异之点"在哪里呢？既然它喜欢自称"理性的世纪""哲学的世纪"，这些名称所指的特色究竟在哪里？这里所用的"哲学"到底是什么意义？它的特殊任务是什么？它使用什么手段完成这些任务，以将其有关世界与人类的学说奠定在坚实的基础上？

如果我们把18世纪对这个问题的回答，拿来跟它刚开始其知性工作时所流行的答案作个比较，我们就可以看出一个消极的差别。17世纪是在哲学建造其哲学"体系"时发现了哲学的任务。当时，"哲学的"知识似乎只有在一个情况之下才可能获得，那就是思想从一个最高的存有、从一个凭直觉领悟到的最高的必然事物出发，而后成功地使一切衍生出来的存有和一切衍生出来的知识都分沾到这个必然事物的光。这是借着证明与推论的方法而达成的。用这个方法从原初的必然事物推衍出其他命题，并且把它们通通贯穿起来，成为一个整全的知识链锁。其中任何一个环节都不容脱离这整体；也没有一个环节单凭它自己就可以为人所了解。有关它的说明，只能求诸它的"衍生"历程，求诸那个严格而成系统的演绎历程。循着这一历程，可以从任何一个环节回溯到那个最高存有与必然事物，也就是那个最初根源；循着这一历程，可以确定一个环节距离它的根源有多远；循着这一历程，可以算出一个环节和这个根源之间隔了多少个环节。18世纪摒弃了这种演绎与证明。它不再和马勒伯朗士、笛卡儿、莱布尼茨、斯宾诺莎等较量谁的体系更严格更完整。它追寻另一种真理概念和哲学概念，这种概念的功能是使真理与哲学的领域更扩大、更有弹性、更具体、更有活力。启蒙运动不是从以往的哲学学说中领悟出这个新概念，它是照当时自然科学的模式构想出来的。

它在尝试解决这个哲学方法的中心问题时，得力于牛顿《哲学探讨守则》（ *Rules of Philosophizing* ）的地方，远多于笛卡儿的《方法论》（ *Discourse on Method* ），结果哲学乃朝向全新的一个方向而发展。因为牛顿的方法不是那种纯演绎的方法，而是一种分析的方法。他不是由设定若干原理、普遍概念与公理入手，借着抽象的推论，得出有关特殊事物的知识。牛顿的方法正好反其道而行。他的现象（ phenomena ）是经验资料（ data of experience ），他的原理是其探求的目标。如果说后者（原理）最为符合大自然的面貌，则前者（现象）必然总是我们最先接触到的。因此物理学的正确方法，绝不在于从一个任意"先验的"（ a priori ）起点开始，从一个假设开始，由它推衍出本已隐含在它里面的逻辑结论。因为这样的假设可以随心所欲地设立和更改；在逻辑上，它们之中每一个的效力都一样。科学的抽象观念或"定义"，绝不能充当真正明确的起点，因为这样的起点只能得自经验与观察。这倒不是说牛顿和他的信徒看出有一个裂缝存在于经验与思考之间，或者纯事实的领域与纯思想之间。在牛顿型的思想家心中，绝对找不到类似休谟《人类理解研究》（ *An Enquiry Concerning Human Understanding* ）一书中所呈现的那种"观念关系"与"事实状态"之二元对立。牛顿的研究工作预先已假定了物质世界中有普遍的秩序与法则存在，而且以这些秩序与法则为其探求的目标。世界的这种规则性，意味着事实绝不单是事实，它们并不是一堆零散混乱的元素；相反，事实展示了贯穿整体的形式。这形式显得中规中矩，可以衡量，可以计数，自有一种天然的安排。不过其安排的情形，却无法从概念中预先看出，只有在事实身上才看得出来。因此，正当的程序就不是始于概念与公理而终于现象，反之，是始于现象而终于概念与公理。观察提供我们以科学之资料；原理与法则则是探求的最终目标。

这个方法学上的新次序，表现了一切 18 世纪思想的特征。不过当时的人并没有低估或忽略体系或"成体系的精神"之价值；他们只是把它和为体系而体系的态度或"体系之精神"分开。18 世纪的整个知识理论都致力于肯定这个区别。达朗贝尔在他为法文百科全书所写的《序言》（"Preliminary Discourse"）中，主要就是在谈这个区别，孔狄亚克（Condillac）则在他的《论体系》（*Treatise on Systems*）里把这个区别阐释得十分明白。孔狄亚克对 17 世纪的几个大体系展开历史的批判。他指出：这几个体系都失败了，因为它们并不紧盯事实而据以发展出它们的概念，与之相反，却把几个概念奉为至高无上的教条。与"体系之精神"相反，18 世纪大力提倡"实证"精神与"合理"精神之联盟。这两种精神固然没有冲突，但要使它们达到真正的综合，却有待适当的调解。我们不应该把秩序、法则和"理性"当作先于现象而存在的规律，当作现象之先验法则，而去寻求它们；我们应该把这种规律性当作现象之内在关联之形式，而在现象身上去发现它们。我们也不应该预期这"理性"一开始就会以一个封闭的体系的形态出现；我们应该容许它逐渐展现，随着关于事实的知识之增加而越来越清楚，越来越完整。现在人们所寻求的逻辑（他们相信它会呈现在求知过程的任何一点），既不是学院式的逻辑，也不是纯数理概念的逻辑，而是"事实的逻辑"。心灵必须委弃自己的主见，尊重当前的诸多现象，不断以之匡正自己。因为它可以确信不会因此而失落自己，反而可以在此找到自己的真理和准则。唯有这样，才能成就主体与客体、真理与实在之间的相互关系；唯有这样，才能使它们之间符合一致，这符合一致乃是一切科学知识成立的条件。

科学思考的活动从近代开始复活，启蒙运动就在它的实际进程中推演出具体而自明的证据，证明"实证"精神与"合理"精神之综合，并不仅仅是一个假设，相反的，这个目标是可以达成的，这个理想是可以充分实现的。启蒙运动相信它可以在自然科学之进步及其经历的几个阶段中，确实掌握到它的理想。因为在这里它可以一步一步追踪近代分析精神胜利前进的脚步。这个分析精神在短短一百五十年之间征服了一切实在，现在似终于完成了使诸多自然现象服从于单一普遍法则的伟大工作。而这个宇宙论的公式，如牛顿万有引力定律中所包含的，却不是偶然发现的，也不是零星实验的结果；其发现正显示了科学方法的严格使用。牛顿完成了开普勒（Kepler）和伽利略所肇始的工作。这三个人的名字，不但代表三个伟大的科学人物，并且已成为科学知识和思想的象征与里程碑。

　　开普勒把天体现象的观察推进到前所未有的精确程度。经过一番努力不懈的工作，他求出了一套定律，可据以画出行星轨道的形式，据以确定个别行星运行周期与它距离太阳远近的关系。但这种真实的见识还只是第一步。伽利略留意到一个更普遍的问题。他有关运动的学说，标示出向科学概念的逻辑结构中更深更广的一层进展。其问题并不在于描述某一领域的自然现象，而是牵涉到建立力学与自然理论的一个普遍基础。伽利略知道：直接观察自然并不足以完成这个任务，必须采用其他认知方法才行。自然现象在人的知觉中都呈现为首尾一贯的事件、未经分割的整体。知觉只能把握这些事件的表面，只能就其大略的轮廓、就其发生的样子加以描绘；但是这样的描绘并不足以作为真正的说明。因为关于自然事件的说明，并不仅是弄清它如何存在；这类说明在于阐明事件据以成立的条件，在于认清事件如何依赖这些条件。要满足这个要求，唯有对呈现于知觉与观察中的完整事件加以分析，把它分为若干构成要素。依照伽利略的看法，这个分析历程，乃是一切精确自然知识之前提。制定科学概念之方法是分析与综合并行的。唯有把外表单一的事件分解成为若干要素，再把这些要素重新组合起来，才能得到对它的了解。伽利略之发现弹道抛物线，乃是上述历程的一个标准实例。光靠观察绝对无法描绘出抛射体的路线；我们无法从众多观察结果中抽绎出这条路线。观察可以使我们确定某些一般特征；它告诉我们：一个阶段的上升之后，紧接着就是一个阶段的下降等等。可是观察不能使我们精确确定抛射体的路线。在这个情况之下，我们应该怎么办呢？我们可以追溯一个现象的成立条件，把影响这个事件的诸多条件分成若干组，然后一一探讨这几组条件，找寻支配它们的定律，借此我们终可以得出有关这个事件的一个数学性概念。因此，一旦把抛射现象当作一件复杂的（而非单纯的）事件看待——其性质决定于两个不同的力量，即最初的推动力量与重力的力量，那么，关于抛物线的定律就有可能被求得，速率增加和减少的情形也有可能被准确地记录下来。从这个简单的例子当中，可以看出物理学整个未来的发展，以及其完整的方法结构。牛顿的理论体现且保存了刚才所提到的这些特色。因为它建立在分析与综合方法之相依相待上。以开普勒的三大定律为起点，牛顿的理论并不满足于只把这些定律解释为观察的真实结果。牛顿的理论尝试从它们的前置预设中推演出这些结果，并且把它们看成是诸多条件共同作用的必然结果。这些条件，我们必须每一组都就其本身及其已知的功能而加以探讨。这一来，开普勒视为单一事物的行星运动现象，就显示为一个复杂的结构。它被置于两种基本自然定律的支配之下：一为自由落体定律，一为离心力定律。这两种定律，是伽利略和惠更斯（Huygens）各自独立探讨之所得；现在的问题是把它们归并于一条综合的原理。牛顿的伟大成就正在于这一归并的工作；他的成就不在于发现未知的事实或获得新的材料，而在于把经验材料加以改头换面。宇宙之结构不再是仅供端详的，它还有待透入。但唯有应用数学，并且对它进行数学分析才能做到这点。牛顿的流数论和莱布尼茨的微积分正好为这个程序提供了一个普遍适用的工具，于是大自然之可理解性首次获得了严格的证明。自然科学的路途固然是无限漫长的；但它的方向却是一定的，因为它的起点和目标并非完全由客观世界的本性所决定，它们也由理性的本性和力量所决定。

18 世纪哲学接纳了牛顿物理学的这个方法学的模式并且立即加以推广运用。它不满足于只把分析当作数学-物理学的一项有力工具；18 世纪的思想不如说是将分析看作一般思考之必需的不可或缺的工具。在该世纪中叶，这种见解已获得全面的胜利。不管个别的思想家和学派在思想的成果方面有多大的分歧，对于这个知识论上的前提，大家却是一致同意的。伏尔泰的《论形而上学》(*Treatise on Metaphysics*)、达朗贝尔的《序言》、康德的《自然神学与伦理学原理探究》(*Inquiry concerning the Principles of Natural Theology and Morality*)都赞同这一点。所有这些著作都采用了一种形而上学方法，这种方法基本上与牛顿使用于自然科学中的方法并无二致。伏尔泰说：人类如果想要深入了解事物的生命，并且如实认识它们的本来面目，就会立刻发现自己的能力实在有限；他会觉得自己就像是必须去辨别颜色之性质的盲人。好在我们具有一种分析的能力，这种能力宛如仁慈的大自然送给盲人的拐杖。有了这根拐杖，他就可以在诸多现象之间摸索着前进，找出它们的先后次序与安排布置；这样我们就不致失去生活与求知的方向。"我们绝不要做假设；我们绝不要说：让我们先发明一些原理，依照它们去说明一切事物。我们宁可说：让我们来精确地分析事物……如果我们不会利用数学的指南针或经验与物理学的火炬，我们一定无法向前迈进半步。"[1]可是一旦我们配备了这类工具，我们就可以在知识的大海中破浪前进啦！当然我们得放弃想从大自然榨出终极奥秘的奢望，以及想透入物质或灵魂之根底的奢望。不过，如果我们指的是经验的定律和秩序，"自然之内核"倒是触手可及的。在这个领域中，我们尽可以安身立命，来去自如。理性的力量并不在于使我们超越经验世界，而在于教我们自在地悠游其间。在这里我们还可以看出"理性"这概念在意义上的一个显著改变（跟 17 世纪的用法比较之下）。在 17 世纪的大形而上学体系中——在笛卡儿、马勒伯朗士、斯宾诺莎和莱布尼茨的体系中——理性是"永

---

[1]　伏尔泰，《论形而上学》(*Traité de Métaphysique*，1734) 第三、四章。

恒事实"（eternal verities）之领域，是人与神的心灵所共鉴的真理之领域。因此，我们通过理性所知的，一定是我们在"神之中"所见的。理性的每一个动作，都意味着分享神性；它为我们打开了进入智慧世界之门。18 世纪从一个不同的且较为谦虚的意义去了解理性。理性不再被视为先所有经验而有的"天生观念"（innate ideas）——显示事物的绝对本质者——的总和。现在它被当作劳力所得，而不是现成遗产。它不是心灵的宝藏，其中早已贮藏着铸好的金币——真理；它毋宁是一种原生的智力，可以导致真理的发现与测定。唯当真理得以测定，世间才有真正确定性（certainty）可言。整个 18 世纪都是这样去了解理性；不是把它当作知识、原理和真理的实体，而是把它当作一种能量、一种力量，只有通过它的作用与效力才能充分理解。理性究竟是什么，理性究竟能做什么，绝不能从它的结果得知，而只能从它的功能得知。它最重要的一个功能，则存在于它能结合也能分解的力量。它能把一切事实的东西，一切经验的资料，一切因神示、传统与权威而被相信的东西，通通加以分解；直到把这些东西分析成最简单的成分，分析成最终极的信念与知识因子。在做完这个分解的工作之后，它又会开始建造的工作。理性不会让零散的部件摆在那里；它一定会把它们重新拼装成一个新的结构，一个真正的整体。但是由于理性创造了这个整体，由于它按照自己的法则把这些部件拼装起来，它乃对这个制品的结构具有通盘的知识。理性了解这个结构，因为它能够把它整个重造出来，因为它能够依照各个成分的正当次序把它们装配起来。唯有通过这双重的心智活动，才能把"理性"这概念之特征完全表示出来——当然这只是把它当作关于"作用"的一个概念，而不是当作关于"存有"的一个概念。

这个信念，在 18 世纪各种不同的文化领域中都取得了它的据点。莱辛（Lessing）有一句名言："理性的真正力量，倒不见诸真理之拥有，而见诸真理之获得。"同样的意思，可以普遍见于 18 世纪知识分子的思想与言论中。孟德斯鸠就试图为人类灵魂中对知识的天生的饥渴现象提出理论根据，这种饥渴是一种永不餍足的理智好奇心，它绝不容许我们满足于已有的任何概念，而总是驱使我们不断地从一个观念推进到另一个观念。"我们的灵魂是生而思考的，亦即生而知觉的，"孟德斯鸠说，"但是这么一个东西一定具有好奇心，因为世上的东西形成一个大锁链，其间每个观念都居于另一个观念之前，同时又跟在第三个观念之后，所以一个人绝不可能只想看其中的一个，而不想看另外的一个。"就这样，一度被神学教条目为不法且被标明为知性高傲的"求知欲"（libido sciendi），现在则被称为灵魂的必要性质之一，而恢复了它原有的权利。维护、增强、巩固这样的思维方式，遂成为 18 世纪文化的主要目标之一；而这一世纪也以推广这种思维模式为其主要任务，绝不仅仅是获得与扩充特定资讯。这个基本倾向也可以在《百科全书》中看到明确的痕迹，这部书正是上述资讯的储藏库。这部《百科全书》的创始人狄德罗（Diderot）自己就说过：这部书的目的，并不仅在供应一套特殊的知识，它的目的也在造成思维模式的改变——pour changer la façon commune de penser。对这个任务的自觉，影响了当时所有的心灵，也引起了新的一种内心的紧张。甚至当时最冷静、最谨慎的思想家，也就是所谓的真正"科学家"，也受到这个运动的冲击。他们固然还不敢指明其终极目标之所在；他们却无法摆脱它的力量，而且他们认为可以从这个倾向中觉察出人类的一个新前途。杜克洛（Duclos）在《本世纪风俗考量》（*Thoughts on the Customs of this Century*）中写道："我不以为我对本世纪有多么清楚的认识，不过我觉得似乎到处都在骚动发酵，其进展可以通过适当的教育加以指引和催促。"因为人并不希望单是接受时代的感染，毫无主见地听任其中的任何力量所摆布。人都希望了解这些力量，并且通过这了解来控制它们。人并不只是想纵身于新思潮的旋涡中；他宁可把稳理智的舵，而把它导向确定的目标。

　　18 世纪朝这个方向所迈出的第一步，就是设法在数学精神和哲学精神之间界定出一条清楚的分界线。这是一件困难而本质上带有辩证色彩的工作，因为它得同时满足两个不同且相互矛盾的要求。数学与哲学之间的联结不容被切断乃至放松，因为数学乃是"人类理性之光"，是它的试金石与保证。可是另一方面也看得越来越清楚：数学的这个力量也有其内在的限制；数学无疑是理性的最佳样本，但数学不能完全展现与穷尽理性的内容。这时思维的一个奇异历程呈现了出来，它似乎是由截然相反的一些力量所激起的。哲学思维试图在同一个时候，一面和数学分开，一面又和它保持密切关系；它设法使自己从它的权威之下解放出来，但这么做，倒不是要争夺或破坏这个权威，而是要从一个新的角度去证明它的正当。这两方面的努力，它都成功了，因为现代人已经承认，就其要义而言，纯粹分析乃是数学思维的基础；但是在同时，由于它的功能普及，这种分析已经不限于用在数学上，不限于用在数与量上。这种倾向，在 17 世纪已经可以看出一点端倪。帕斯卡（Pascal）的《关于几何精神》（*Of the Geometrical Spirit*）这本书，曾经认真地想区分数学与哲学。他把"几何精神"（geometric spirit）与"微妙精神"（subtle spirit）对立起来，多方设法阐明两者在结构和功能上的差异。但是这条明显的分界线很快就被抹掉了。譬如丰特奈尔（Fontenelle）在其《论数学与物理学之有用》（*On the Usefulness of Mathematics and Physics*）的前言中，就说道："几何精神并不是仅能和几何发生关联，而不能离开它以应用在别的学科上。伦理、政治、批评乃至雄辩术的著作，如果用几何精神来写，只会更为美妙和完善。"18 世纪致力于研讨这个问题，最后达成这么一个结论：就其作为纯粹分析的精神而言，"几何精神"的应用绝对没有限制，不能说只与某一门特定的知识有关。

有关的证据，可以见诸两个不同方面。

刚才已说过，分析向来都只用在数与量的领域，其他学科是不用它的。但到了 18 世纪，它却一面被用在解决心理学问题上，一面被用于解决社会学问题上。在这两个事例中，我们都清楚地看出：新的前景已在眼前展现开来；只要理性学会如何把分析解剖与综合重构的方法运用于这两类问题中，理性就可以掌握这两门最重要的新学问的内涵。不过，粗看起来，心理学所研究的事实，似乎不容如此处理。它看来似乎无限丰富，无限歧异；其所含的因素，没有两个是近似的，其所具的形态，也没有两个是相像的，其所有的内容，也从来不会再现。在心理事件之流里，从来没有两个波浪显示了同样的形态；每一个波浪都仿佛是由空无而来，而终将复归于空无。可是依照 18 世纪心理学的一项流行的见解，心理事实的这种分歧性、异质性与流动性，只不过是一种幻象。仔细一点检视，就可以看出：在心理现象近乎绝对的无常底下，自有坚实的基础与恒常的因子存在。科学的任务，正是要找出这些不易在直接经验中看出的恒常因子，把它们一一清楚地呈现出来。在心理事件中，没有任何分歧性与异质性不能化约为总数有限的基本要素，没有任何变化不是建立在不变的存有上。如果我们追溯心理形态之根源，我们也都可以找到这样的统一性和相对的简单性。凭着这个信念，18 世纪的心理学终于超越了它的向导和师父洛克。洛克曾经指出，心理现象有两个主要来源，即"感觉"（sensation）和"反省"（reflection）。可是他的门徒和追随者却多方设法想要消除这个二元论，而为心理学找出一个严格一元的基础。贝克莱（Berkeley）和休谟（Hume）把"感觉"和"反省"糅合成一个概念——"知觉"（perception），试图表明：即此一个概念，已足以概括我们一切内在与外在经验——自己内心的资料与自然界的资料。孔狄亚克则自认他的功劳和超越洛克的地方，在于一面保留了洛克的一般方法，一面又把它扩大应用到新的心理领域。洛克分析的技术在解剖观念（ideas）时，十分有效，可是它的使用也仅止于此。它揭示出每个观念（不管多么复杂）是怎么由感觉或反省的材料所构成的，以及这些材料必须怎么互相配合，才能造出各种形态的心理现象。但是正如孔狄亚克所指出的，洛克仅止于分析心理现象的形态。他只限于研究这些形态，而没有扩大到研究心理事件和活动的整个范围，或其根源。因此，这里便有一个几乎完全未经开发的无限丰富的领域等着去研究。在洛克的研究中，各类的心理活动全都被原封不动地摆在那，每一类活动都被当作像单纯感官资料（视、听、触、动、尝、嗅的资料）那样原初而不能化约的整体。观察、比较、分辨、组合、欲求和希望等心理活动，在洛克看来，乃是个别的独立的活动，只存在于直接经验中，绝不能化约成其他东西。可是这种见解使得究源法（method of derivation）不能获得真正成效。因为照这种见解，心理现象成了不能化约的一个集合物，只能指出它具有如何如何的形态，却无法推溯它的起源至若干简单的原初的性质，而以这些性质来说明它。如果想教人家认真看待这种究源法，那么，被洛克应用于观念领域的准则，就必须同样被应用于所有心灵作用上。同时还必须阐明：这些观念虽然看起来好像是直接的，但事实上并不然。只要略加分析，就可以发现：任何个别的心灵活动，都绝对不是原初的，而是衍生的、间接的。为了了解它们的结构和本性，一定得查考它们的起源，一定得观察心灵如何由它所接受到的单纯感官资料那儿逐渐获得能力去凝神注意、比较、分辨、离析、组合这些资料。这正是孔狄亚克的《感觉论》（*Treatise on Sensations*）所做的工作。在这篇论文中，分析方法似乎又一次成功地完成了对具体世界的科学解释，这个胜利绝不亚于它被使用于自然科学研究时所得到的胜利。现在物质世界与心灵世界终于可以化约成为一个共同的公分母，它们两者都是由同样的因子所构成，依照同样的法则而组合。

但是在以上两个实在世界之外，还有第三个世界，这个世界，同样，不应该被视为由单纯感官资料所组成，而应该被追溯到它的根源。因为我们只能由探究它的根源而把它化约为定律与理性的法则。这第三个实在世界，就是见诸国家与社会结构中的世界。人被生在这个世界中，他既没有创造它，也没有塑造它，他一生下来就发现它早已现成地摆在那里；而且人家还期望他去适应既存的秩序。不过在这里被动地接纳和服从也有它的限度。一旦思想能力在人的心中觉醒，它一定会向这个世界进击，把它召到思想法庭面前，对它的真确有效提出质疑。这时国家社会就得像物理世界那样接受调查研究，它也同样必须被分析成若干组成部分，国家的意志也会被当作宛如由众人的意志所组合而成的统一体那样来处置。唯有基于这样的基本假设，我们才能设想有一个国家之"实体"（body）存在，而用研究物理世界的方法来研究它——这方法在发现自然界的普遍定律上成果十分丰硕。这个工作，事实上霍布斯早已做过。他政治理论的基本原理——国家是为一"实体"——正是意味着：使我们对物质实体之本性获致正确知见的同一思想历程，也可以毫无保留地应用于探讨国家之真相上。霍布斯主张：思维即"算计"（calculation），而算计不外加或减。这个主张，对政治学上的思维而言，也同样真确。这种思维也必须割断一切联结个体意志的系带，以便用它自己特殊的方法再把它们联合起来。就这样，霍布斯把"公民国家"（civic state）转化成"自然国家"（natural state）；在思想中把联结个体意志的一切系带都消解掉，使个体又恢复到原来完全对抗的状态——"所有人对抗所有人的战争"（war of all against all）状态。这固然是一个大否定，但是国家法律之积极肯定的内容（具有不受制约不受限定的效力），正是由这个大否定引申出来的。根据他的说法，国家意志就是在这么一个状态之下通过契约的形态而呈现的。这个说法把他有关自然的理论与他有关国家的理论联结起来。这两个理论是霍布斯所持的逻辑假定在不同场合的不同应用，依据这项假定，人类心灵只能了解它能以原始因子建构而成的东西。因此，概念之每一个完整定义都必须从这点出发；它只能是一个"因果关系的"（causal）定义。哲学，作为一个整体，则不过是这类定义的总和；它只是关于前因后果的全部知识，关于前提和条件与其衍生结果的全部知识。

18 世纪的国家和社会学说，很少有毫无保留地接受霍布斯主张的，不过霍布斯思想的形式却发挥了有力而深远的影响。18 世纪的政治思想奠基于契约说，此说的基本假设来自古代与中世思想，不过它把这些假设加以发展和变形，使其具有近代科学世界观式的外貌。在这个领域，分析与综合的方法也同样获得了胜利。社会学完全依照物理学和分析的心理学的模式而建立。它的方法，照孔狄亚克在其《论体系》中所说，在于教我们在社会中认出一个由互相影响的部分所组成的"人为实体"（artificial body）。这个实体，作为一个整体，必须小心加以塑造，使得任何阶级的公民都不能以他的特权扰乱整体之平衡与和谐，相反，所有特定利益却都必须对全体福利有所贡献，并且必须附属于全体福利之下[①]。就某一个意义而言，这个说法可以说已经把社会学与政治学的问题转换成统计学的问题。孟德斯鸠的《论法的精神》（*Spirit of the Laws*）简直把这个转换看作它的最高任务。孟德斯鸠这部著作的目标，并不仅在描述国家政体的形式和类型——专制主义、君主立宪、共和宪政——并且提出它们的实例，它的目标，也在于说明它们是如何由组成它们的各种力量建构而成的。如果想适当运用这些力量，如果想阐明它们如何才能被用以建立足以实现最大自由的国家政体，有关这些力量的知识自是不可缺少。孟德斯鸠告诉我们：唯有当每一个力量都被一个对立的力量限制和约束的时候，最大的自由才有可能实现。他那有名的"三权分立说"（doctrine of the "division of powers"），只不过是这个基本原理之顺理成章的发展与具体的应用。这个学说，是要设法把存在于不完美形态的国家中之不稳定的平衡（这种不稳定的平衡也是这种国家的特征），转化成稳定的平衡；它还试图阐明：必须有怎样的联系存在于这些力量之间，才能使它们不致互相凌越，才能使它们容许最大限度的自由存在。孟德斯鸠在他的国家学说中所描绘的理想政府，乃是一个"混合的政府"（mixed government），在这个构想中，他精心选定了一种混合形式，使得任何一个力量向任何一个方向的运用，都会在相反的方向释放出一个对立的力量，而自动恢复所要的平衡。孟德斯鸠自信可以通过这条途径，把现有国家形态之差异和分歧整顿成一个健全的理智的结构，在这结构中，它们可以受到控制。这么一个基本的安排

①　孔狄亚克，《论体系》（*Traité des systèmes*）第三部第十五章。

和基础，乃是孟德斯鸠所追求的主要目标。他在《论法的精神》序言中说道："我已确立若干原理，我也观察到个别的实例如何受制于这些原理（宛如自发自动似的），我也看出：所有国家的历史都是前后连贯的事件，每一项个别的法律都与另一项法律相关联，或者系于更普遍的一项律则。"

　　总之，使用于这门学问中的理性方法，与使用于自然科学和心理学中的方法完全没有两样。它的要点在于从观察所得的事实出发，而不在于停留在单纯事实的范围内。光是知道某些事实一起存在并不够，它还要从中找出它们的关联；它在看出若干资料并存之后，一定会通过更仔细的检查，揭示出其间的互相依赖的状态；它必定会把事物之聚集变成事物之体系。当然我们不能硬把事实纳入一个体系；这体系必须是它们本身原就蕴含着的。至于它到处所追寻的普遍原理（没有这些原理，就谈不上任何知识），也不是思维中任意选定的起点（选定之后，再削足适履地改造具体经验，使这些原理可以适用在它身上）；这些原理是对既有的事实加以完全的分析之后必然会得到的结果，它们只不过是这些事实的普遍条件。因此，不论是在心理学、物理学还是政治学中，思想的路径都是一样的，都是由特殊者到普遍者；不过，要不是每一个特殊者早就臣服于一条普遍法则之下，要不是一开始普遍者就已包含（或体现）在特殊者之中，就是这么一个进程也是不可能的。在这里，"原理"这概念本身就不含有为 17 世纪诸伟大之形而上学体系所肯定的那种绝对性格。它自身服膺于某种相对正确性；它现在不过以标示思想进程暂时所达到的最远点为己任，同时还容许思想在将来抛弃它、超越它。依照这种相对性，科学原理之为科学原理可说完全由知识的状态与形式而定，因此，同样的一个命题，尽可以在某一门科学中作为一项原理而呈现，但在另一门科学中却只能算是一项引申的系定理（corollary）。"因此，我们可以得出这么一个结论：探求一门科学的原理，应该探求到哪一点为止，完全决定于这门科学本身的性质，也就是说决定于这门科学处理其对象之观点。在这么一个情况之下，我承认：作为我们研究出发点的若干原理，尽可以是远从某些我们还不知道的原理所衍生出来的东西，因此，这些已知的原理也许更适于称为结论，而不适于称为原理。虽然这些结论本身未必就是原理，但是，只要在我们看来它们是如此，那就够啦。"[①]这么一种相对性倒不蕴含任何怀疑的因素，它只不过是表示：理性在其稳定的进程中看不出有什么僵固的障碍；反之，它所到达的每一个明显的目标，都是一个新的出发点。

因此，如果我们把 18 世纪的思想拿来和 17 世纪的思想比较一下，就可以看出这两者之间并没有什么真正的间隙存在。知识的新理想，完全是从 17 世纪逻辑与知识论（特别是笛卡儿与莱布尼茨）之预设中稳定而一贯地发展出来的。思考模式之差异并不意味彻底的变形；它充其量也只代表重点的转移。这重点的转移，是不断地由普遍者转移到特殊者，由原理转移到现象。但是基本假设还是保持不变；这假设就是设定思想的两大领域并不对立，而是相互关联的——只有休谟的怀疑主义是唯一例外。理性的自信始终没有动摇。合理主义关于"统一"的假定，支配了这个时代的一切心灵。"统一"概念与"科学"概念是相依相待的。达朗贝尔重弹笛卡儿在其《悟性行为之法则》(*Rules for the Conduct of the Understanding*) 开头所弹的老调，他说："所有的科学加起来，也不外乎是人类的知性（intelligence），这知性总是一成不变的，不管它用在多么不同的对象上，它始终都是一样的。"17 世纪之所以能够保持其内在的一体性（特别是表现于法国古典文化中的），完全是由于它一贯而严格地坚持这个"统一"的假定，并且把它扩大应用于一切知识与生活的领域中。这个假定，不但在科学中盛行，也在宗教、政治和文学中流传。"一个君王，一套律法，一项信仰"——是这个时代的格言。到了 18 世纪，这个统一原理的绝对性似乎已不再那么具有支配力，它接受了若干限制，做了若干让步。但这些修正并没有触及这个思想的核心。因为统一作用继续

---

① 达朗贝尔，《科学之要素》(*Éléments des Sciences*)。

被认为是理性的基本作用。如果没有严格的统一作用，理性对经验资料的整理和控制势必不可能。去"认知"（know）一个复杂的经验，就是把它的诸多组成部分置于某种相互关系中，使得我们不论从哪一点开始，都能够依循一条一定而普遍的法则，而遍览它们全体。这种形态的推论性理解，早已被笛卡儿确立为数学知识的基本准则。依照笛卡儿的看法，每一则数学的运算，分析到最后，无非是想找出一个未知量与其他已知量的比例。但这个比例究竟如何，却只有当已知量与未知量具有一个"共同性质"（a common nature）时，才能够严格确定。已知和未知的两种成分必须都能够化约成数量，但它们必须可借同一的数量单位演算出才可达于此境。因此，这种推论形态的知识总是很像化约作用；它总是由复杂到简单，由明显的分歧到基本的同一。18 世纪十分坚持这个基本方法，而且试图把它应用到更广泛的知识领域中。"演算"（calculus）这个概念，不再局限于数学的意义。它不只可以应用在数与量的场合；它还从数量的领域侵入纯质的领域。因为不同的质也可以被安置在某一种相互关系中，在这关系中，它们可以按照一种严格的次序彼此衍生。既然有此可能，那么只要知道了这次序的一般定律，我们也就可以看清整个次序中包含哪些质了。职是之故，"演算"便可应用于所有科学的领域；只要经验杂多的情况可以化约成某些基本关系，且因而获得完全的确定，演算便可以施行。孔狄亚克在其《演算之语言》（*The Language of Calculus*）中，第一次对这个概念加以清楚陈述，接着他又在他的心理学中对这个概念做了一次示范性的应用。孔狄亚克支持笛卡儿有关灵魂的概念，即认为它是非物质性的，它是精神性的。因此，对他而言，要想对心理经验直接作一种数学的处理，无疑是不可能的。因为唯有当对象包含许多部分并且由这些部分构成，才能够把量的概念应用在它身上；这只能发生在物质实体的世界中（笛卡儿把物质实体界定为纯粹"广袤"［extension］），而绝不能发生在"不可分的"（indivisible）思维的实体的世界中。不过肉体与灵魂的这个基本而不变的对立，对分析性知识的纯粹功能而言，却不是无法超越的障碍。这种功能不理会实质的差异，因为它只涉及形式，绝不受内容限制。纵使心理经验不能像物质经验那样被分割成若干部分，可是它仍然可以在思想中被分析成为若干组成因素。要做到这一点并不难，我们只消指出，这经验尽管显得多彩多姿，但都不外是同一根源之发展就行了。孔狄亚克举了一个著名的实例作为证明。他假设有一尊大理石雕像存在，又假设视觉、听觉、味觉、嗅觉、触觉等——把它们的质赋予大理石，然后仔细描述大理石如何一步一步地变得有生命，并且获得越来越多的精神内容。他借着这个例子，试图告诉我们：只需那一串一串的"印象"（impression），以及它们据以产生的时间次序，便足以构成整个心理经验，并且构造得一应俱全，毫无缺漏。既然我们成功地用这个方法造出了心理经验，便无异于把它化约为量化的概念。在此，通常我们称之为心理实体以及我们所经验到的每一样东西，就其本质而言都显示出不过是某种质的累积和变形而已，这种质包含在最简单的感官知觉里面。感官知觉形成了大理石（死的物质）与生物（赋有灵魂）之分界线。它们之间的差别，完全只在有没有这种知觉。我们平常认为"较高等的"心灵能力（用以和感觉相对照），原来只不过是感官知觉之基本因子的变形而已。一切的思维和判断，一切的欲求和愿望，一切的想象能力，一切的艺术创造，仅就其质而论，跟这基本因子并无任何不同，也没有比它多出一点什么。心灵既不创造，也不发明；它只是复制与建造。但在这个复制工作上，它能表现出近乎不竭的能力。它把这个看得见的宇宙扩展到所有界限之外，它跨越过无限的时间与空间，但它仍永不停歇地在心中制造新的形状。然而在它的一切活动之中，心灵所涉及的都只限于它自己以及它的"简单观念"（simple ideas）。心灵所建构起来的所谓"内在"世界与"外在"世界，都是以这些东西做材料——心灵永远无法背弃它们。

孔狄亚克的一切努力，不外是想告诉大家一个事实：一切心理现象都是单纯感官知觉之变形与变态。爱尔维修（Helvetius）在他的《论心灵》（*On the Mind*）一书中，继续展推了这个工作。这本拙劣而缺少原创性的著作之所以能够对 18 世纪的哲学产生相当影响，乃是由于它含有 18 世纪思想的一个基本要素——这本书把这个要素表达得很清楚，也表达得很夸张。而也就在这个夸张上，孔狄亚克这种思想在方法学上的限制与危险完全暴露无遗。这种思想的限制在于它会把一切差别都加以消除，而把一切拉平。这便大有可能根本否认人类意识的多彩多姿，而仅把它看成一种伪装。这种分析的思维会把这层所谓的伪装除去，以暴露各种心理现象的面目。分析的思维这么做的时候，总是揭示它们赤裸的相同性，多于揭示它们外显的分歧与内在的差异。这一来，形相上与价值上的差异便消失了，显得都不过是一些幻象。结果在心理现象的领域中，便不复有"上"（top）与"下"（bottom），或"较高者"（a higher）与"较低者"（a lower）的存在。每一样东西都在同一个平面上——在价值上与真确性上一律平等。爱尔维修特别在伦理学上发挥这种思想。他的主要目的乃是在扫除习俗所建立并且大力维持的那些人为的差别。凡是传统伦理学谈到特殊"道德"（moral）感的地方，凡是它认为它已在人类身上找到原始"同情心"（feeling of sympathy）的地方（这个同情心宰制与约束人类感性与利己的欲求），爱尔维修便竭尽所能地揭露这种假说与人类情感、行为的事实多么不相符。他认为：凡是不带偏见而能如实考察这类事实的人，都可以看出根本没有上述那种明显的二元对立存在。他在任何地方任何时间都只能找到绝对相同的一个动机。他会发现我们称之为不自私、宽宏大量、自我牺牲等的种种品质，只不过在名称上与人性的基本驱迫或"低级的"欲求有所不同，在实质上却是完全一样的。没有任何道德的伟大性能高出这个平面。因为不管人类意志所向往的目标有多高，不管它所能想象的超自然价值和超感性理想是什么，它仍然不能摆脱自利、野心与虚荣。社会并不能够抑止这些基本驱迫，它只能使它们升华；只要社会能够认清自己的能耐，它便也只能以此期望或要求于个体。同样，这个观点也适用于理论的世界。依爱尔维修所见，在道德价值之间固然没有什么等级之分，在理论的形式之间亦然。相反的，它们之间的区别最后无不归结于无差别的一堆感觉。所谓的判断、认识能力，所谓的想象、记忆、理解、理性等能力，绝对都不是灵魂的特殊原始能力。对这点，我们也都惑于幻象。我们都以为已经超越了感官知觉，但实际上我们只不过是把它的外表略为修饰了一下而已。一切的心灵作用都可以化约成判断，而判断实不外乎领略个别观念之间的同异。但要能认识事物的同异，却先要能觉察，这就与对感觉之质的知觉（the perception of a sense quality）没有什么不同。"我断定或觉知我称之为'寻'的东西和我称之为'尺'的东西所给我的印象不同，我断定或觉知我称之为'红'的颜色和我称之为'黄'的颜色对我的眼睛所产生的影响不同。因此，我可以下结论说：在这种情况中，判断就等于知觉。"[1] 于此，不论是道德价值的组织还是知识的多层逻辑结构都被破坏了。这两大结构都被夷为平地，因为爱尔维修认为唯有感觉才是知识之不可动摇的基础。

不过我们可别像一般人常以为的那样，以为爱尔维修的基本观点就是启蒙运动哲学的典型内容，也不要以为这是法国百科全书学派的典型思想。因为对爱尔维修的作品提出最尖锐批判的，正是这个学派；而这种批判又是始于法国哲学中的第一流心灵，如杜尔哥（Turgot）与狄德罗。不过，有一件事情倒是无可否认的，那就是在爱尔维修和孔狄亚克的作品中，出现了一套方法，这套方法是18世纪的特色之一，也是决定这个世纪的因素之一。这是思维的一种形式，它的正面成就与内在限制，它的胜利与挫败，可以说早就预先决定好了。

---

[1] 爱尔维修，《论心灵》（De l'Esprit）。

二

以上我们对 18 世纪的思想，就其与分析精神之发展有关的方面，做了一番考察，其中它在法国的演化经过，更是我们关注的重点所在。法国是分析法的出产地与故土，因为笛卡儿完全是以分析为基础而完成其哲学的革命性改造工作。17 世纪中叶以后，笛卡儿精神渗透了所有的知识领域，最后它不只支配了哲学，也支配了文学、道德、政治学与社会学，甚至在神学的领域中，它也显露了一下身手——它赋予神学一个全新的形式。只不过在哲学和一般学问的历史中，这个影响力并未能始终保持其绝对优势。随着莱布尼茨哲学的诞生，一股新的知性力量抬头了。莱布尼茨不仅改变了流行的世界观之内容，他也赋予一般思维全新的形式与方向。起初莱布尼茨似乎只是在继续笛卡儿未完成的工作，他的意图好像只是想解放出潜在于笛卡儿工作中的力量，以使它得以充分发展。莱布尼茨的数学是直接从笛卡儿的数学处滋长出来的，它只不过是笛卡儿解析几何的继续与完成。起初人们以为他的逻辑也是如此。因为这套逻辑始于置换与联合之学，试图由此发展出一套关于思想形式的普遍之学。莱布尼茨深信：唯有当分析法有相当进步之后，这套关于思想形式的学说才能获得进步。当时他把这个学说的完成想象为理想中的普遍之学（scientia generalis）的实现。从那时起，莱布尼茨一切的逻辑研究都集中在这个重点上。他的目标是求得“思想之字母”（alphabet of ideas），即把思想之一切复杂形式都化为组成的因子，化为最简单的基本运作，正如在数字理论中一样，每个数字都可被化约成素数（prime numbers）的产品。在此，统一、一致性、单纯性与逻辑上的均等，又一度成为思想所追求的最终和最高标的。一切真的陈述，只要它们是属于严格合理的“永恒”（eternal）真理，无不是“实质上相等的”（virtually identical），而且都可以归并于同一与矛盾原则。我们尽可试着从这么一个观点把莱布尼茨的逻辑当作一个整体来看；甚至更进一步，把他的知识论、自然哲学和形而上学也包括在内。而当我们这么做的时候，确实是与莱布尼茨自己的思路若合符节，因为他总是宣称：在他的逻辑、数学与形而上学之间并无裂痕，他的整套哲学都是数学性的，都从数学的核心萌发出来。

不过，如果我们细察连接莱布尼茨各部门哲学的这条系带，我们便可以看出：到现在为止一直被我们视为基本倾向的那个倾向，不管它对莱布尼茨思想体系的结构而言是多么不可缺少，仍不足以完全说明莱布尼茨整体哲学的底蕴。因为我们越是深入研究莱布尼茨实体概念（concept of substance）之原创性与意义，我们便越能清楚看出这个概念之代表一个思想的新趋向（不论就其形式或内容而言）。一套完全基于同一原理的逻辑——它认为知识的全部意义就在于化分歧为统一，化变迁为稳定，化差异为一致——必定无法适当处理这个新的实体概念。莱布尼茨形而上学不同于笛卡儿与斯宾诺莎形而上学的地方，在于它以一个"多元宇宙"（pluralistic universe）代表笛卡儿的二元论与斯宾诺莎的一元论。莱布尼茨的"单子"（monad）并非算术的单位，它不仅是数值的单位，更是动力的单位。这个单位所涉的不是特殊性，而是无限性。每一个单子都是活生生的能量中心；构成世界之统一性的，正是单子之无限丰富性与分歧性。单子只有在活动时才算"存在"（is），而它的活动，实际上就是它从一个新状态到另一个新状态的不断变迁，这些状态也是由它不断产生的。"单子的本性，在于生机蓬勃，在于滋生日新月异的变化。"就这样，每个单子，作为一个单纯的因子，都包含着自己的过去，而且孕育着自己的未来。这些因子，没有一个是跟另外一个完全一样的，也没有一个能够化为数目固定的少数几种纯粹静态的质。我们所能在单子身上发现的任何东西，都应被理解为在变迁状态之中。它之所以能够被认识，它之所以能够合理地被确定为如何如何，倒不是因为我们能够依据单一的一项标准来掌握它，而是因为我们能够掌握它变迁的法则，理解它发生的定律。如果我们照着这条思路推想下去，我们就可以看出：支配莱布尼茨哲学的基本动机显然还是追求同一性（identity）的动机。不过，莱布尼茨以连续性原理（the principle of continuity）代替笛卡儿和斯宾诺莎的分析的同一性。莱布尼茨的数学和整个哲学都以这个原理为基础。连续性意味着复杂中的统一，变化中的存有，迁流中的常恒。它意味着一条系带，这系带唯有在变迁中、在质的不停变化中才能显示它的存在——它固然离不开统一性，但也离不开分歧性。它把不同变化阶段中的事物贯穿起来，把分歧的事物统一起来。普遍者与特殊者的关系，在莱布尼茨的体系中也显示出新的面貌。当然，他还是无条件地坚持普遍者在逻辑上的卓越性。一切知识的最终目的还是在获致"永恒真理"（eternal truths），这种真理表现出观念之间的普遍必然关系，表现出主词与述词之间的普遍必然关系。至于事实真理（factual truths）则不具这样的卓越性。对于这种真理（事实真理），我们愈能把它化解为合理的因素，就愈能清楚分明地认识它。但是要把它完全化为这样合理的因素，只有神的智力才能做到，人的智力有限，是做不到这点的。不过虽不能至，心向往之，倒不妨悬为人类知识的标准和指导原则。对普遍者与特殊者，莱布尼茨虽有如上的看法，但依照主宰莱布尼茨逻辑与知识论的基本观点，普遍者与特殊者的关系倒不是一种归属关系（relation of subsumption）。它并不仅是使特殊者从属于普遍者，它也显示前者如何包含在后者之内、如何以后者为依据。因此，在"同一法则"（law of identity）之外，便产生了同样正当而不可缺少的另一个真理的标准——"充足理由法则"（law of sufficient reason）。依莱布尼茨所见，这法则乃是一切事实真理的先决条件（presupposition）。数学归"同一法则"所管辖，物理学则归"充足理由法则"所管辖。物理学并不只关心纯粹概念的关系，它并不止步于发现观念之间的一致或不一致。物理学必须以观察所得与感官经验为起点，但它并不仅仅以安排这些观察所得与研究其蓄积为能事。它所追求的是一个体系，而不是一个集合体；但是想建立这么一个体系，却唯有在找出存在于这一大堆事实之间的种种因果关系之后，方才可能。只有在这种情况之下，空间的邻接与时间的先后才能代表一种真正联系，在这种联系中，宇宙中的每一个成员都依照某种明确的律则而决定与制约另一个成员，以至我们随便从宇宙的任何一个特定状态都可以推知宇宙现象的全貌。

我们不想多谈这个基本构想的特殊内涵，我们只想谈谈它的明确结构。我们可以看得很清楚，在这个新的一般构想之中，"全体"（whole）这概念有了一个不同于往昔的更深刻的意义。因为在这里我们不可以再把全体看成单是部分之总和。这个新的全体乃是有机的，而不是机械的。其本性并不在于部分之总和；相反，其本性乃是诸部分之先决条件，诸部分之存在与本性都有赖于它。从这里可以看出单子之统一性与原子之统一性的重大区别。原子是物质分到不能再分时所剩下的东西，就这个意义而言，它可以说是万物的基本实体。它是一个单位，这个单位抗拒多重性，而坚持它的不可分割性，尽管人们想尽办法要进一步分割它。单子则没有这种对立性；因为对单子而言，统一性与多重性并不冲突，它们可以交流，而且必然互相关联。它并不单单是一，也不单单是多，而是"表现在统一性中的多重性"（expression of multiplicity in unity）。它是一个全体，但这个全体并不是部分之总和，不过，它却不断展开成并存的许多个体——每个个体都可以说是它的一个面貌。单子之个体性便在上述单子之个体化中显现无遗。不过单子的这种个体化却得先行假定单子是个自制自足的整体。单子之个体化并无损于单子之为一个全体，反之，作为一个全体，单子之本性与存有，都丝毫不减地包含在每个个体中。莱布尼茨把以上这整个构想总括在他的"力量"（force）这一概念中。因为照莱布尼茨的看法，力量乃是存有之当前状态，这状态趋向于一个未来状态，或包含了该未来状态。单子并非一个集合体，而是一个动力的全体，它表现于丰盛与无限之不同成效中。在这无限中，它却不能保持其为同一力量中心之同一性。这个构想已经不再以存有概念为其基

础，而是以行动概念为其基础，它给有关个别实体（individual entity）
的问题带来了一个全新的意义。在分析逻辑的范围内，在同一性逻辑
的范围内，这个问题，唯有当个别实体能被归属于普遍概念时，唯
有当个别实体能被呈现为普遍概念之特殊事例时，才有办法加以处
置。这么一个实体，唯有当其可以归属普遍概念时，才是"可以被思
考的"（thinkable），才是可以被清楚分明地认知的。就其呈现于感官
知觉或直觉中的原样而单独被掌握的实体（不关联于普遍概念）而
言，它则只能是一个不分明的印象。当然我们可以确定有这么一个印
象存在，但我们无法精确肯定地说它是什么。有关它究竟是什么的知
识是为普遍概念保留的；这种知识唯有通过对类属性质的洞察或通过
定义，才能获得。因此，个别实体便唯有当它被包括在普遍概念之内
并且被归属在它下面的时候，才有可能被理解。莱布尼茨有关这个概
念的学说大半也都局限在这个传统架构中，不过他的哲学也对这个架
构提出决断的批判，并且明显地把它加以变形。因为在莱布尼茨的哲
学中，个别实体获得了一项不可让渡的特权。个体不再只是普遍概念
的一个特殊事例、一个样本；它现在所表现的本身就是一种本质性的
东西，本身就是一种有价值的东西。因为在莱布尼茨的体系中，个别
实体并不只是宇宙的一个断片，它本身就是宇宙自体（从某一个特定
观点所见的）。而也只有这些个别观点的总和才能提供我们实在之真
相。我们之能够得知这个真相，倒不是因为以单子为探讨对象的不同
哲学系统有其共通的内容，这个共通的内容形成了客观性之核心；而
是因为每个实体都和其他一切实体发生关系，并且和它们相协调。因
此，莱布尼茨哲学的中心思想既不能在个体性概念中找寻，也不能在
普遍性概念中找寻。这两个概念只有在彼此反映的相互关系中才能为
人所了解；它们互相反映在对方身上，而在这反映中它们生发了"和
谐"这概念，这概念构成莱布尼茨思想体系的起点和终点。莱布尼茨
在其《关于真实的神秘神学》（*Of the True Mystical Theology*）一文中
说道："在我们的存有中包含了神性及其真实形象的胚芽、足迹与象

征。"这就是说：唯有当一切个体的能量都发展到巅峰状态时——不是把它们拉平、等同和消除时——才能带来存有之真相、最高和谐与实在之最高度的完美。这个基本构想使得智能活动的方向不得不重新调整，因为它不但使得对世界的认知变了形，而且使得整个哲学的重点都转移了。

起初这个内在的变形似乎并没有对18世纪哲学发生立即的可见的影响。因为莱布尼茨思想整体并没有立即产生支配性的作用。起初18世纪的人们对莱布尼茨哲学的了解只是通过那些极不完善的、纯"通俗的"（exoteric）作品。人们只靠少数的几篇东西，如《单子论》（*Monadology*）与《神义论》（*Theodicy*）等，去了解他，这些文章乃是出于偶然的外在的因缘而草就的，因此并没有形诸严密的概念，而仅出诸简略通俗的词语。莱布尼茨知识论的要著《人类悟性新论》（*New Essays on the Human Understanding*），一直到1765年由拉斯普（Raspe）根据汉诺威（Hanover）稿本加以印行，方为世人所知，当时绝大部分18世纪思想的演化与阐述已经接近完成。因此，莱布尼茨观念的影响只是间接的，它们经过变形而进入沃尔夫的体系中。沃尔夫的逻辑与方法论意图尽可能把它们的各种演绎化约为简单而一致的安排，这点是与莱布尼茨逻辑和方法论不相同的。和谐观念、连续性原理、充足理由法则等，在沃尔夫的体系中都有其一定的地位，不过，他试图限制它们的原始性与独立性，而认定它们是从矛盾法则推论和演绎而来的。因此，莱布尼茨体系的概念与基本倾向是经过若干限定之后才移交给18世纪的，它是透过一层玻璃而模糊地显现的。好在有一个运动逐步在进行中，它渐渐排除了这些理解上的障碍。在德国，从事这项工作的正是沃尔夫的大弟子鲍姆嘉通（Alexander Baumgarten）。在他的形而上学中，特别是在其美学概论中，鲍姆嘉通找到了通向莱布尼茨若干隐没不彰的中心概念之道路。这时德国美学与历史哲学的发展，才算又回归到莱布尼茨在单子论和"预定的和谐体系"中第一次提出的有关个体性问题的新概念之中。此外，在

18 世纪的法国文化中，尽管笛卡儿的影响仍然占上风，但莱布尼茨的若干基本概念与问题的出现频率也愈来愈大。这个发展倒不是通过美学与艺术理论——这两者好不容易才挣脱 17 世纪古典主义之桎梏；它毋宁是通过自然哲学与描述的科学而产生的。当时在这两门学问之中，僵化的形式概念已逐渐崩溃。反之，莱布尼茨的演化概念却越来越受到强调，这个概念则是在 18 世纪逐渐由有关自然的思想体系蜕化而来的，当时这个体系还受着固定物种观念之支配。其稳定进展的痕迹，可以在莫佩尔蒂（Maupertuis）、狄德罗与布丰（Buffon）等人身上看得很清楚。莫佩尔蒂复活了莱布尼茨的动力观念，并且为其连续性原理辩解；狄德罗的物理学与机体形而上学，布丰的《自然历史》（Natural History）都带有明显的莱布尼茨色彩。在哲理小说《憨第德》（Candide）中，伏尔泰故意模仿莱布尼茨的《神义论》而作成滑稽作品，并且在他论牛顿哲学要素的论文中，他指控说莱布尼茨的概念也是自然科学进展的障碍。他在 1741 年的时候写道："他的充足理由、他的连续性、他的充实、他的单子等等都是混乱的根源。沃尔夫先生偏偏从这些东西中孵化出 15 本 4 开的大部头著作，这徒然使德国人比以前读得更多而理解得更少。"[1] 不过伏尔泰也并不是始终如此评断。一旦他想要描述 17 世纪的知性结构，并且通过其基本力量来理解它，他就无法忽视莱布尼茨；而事实上他也在这里毫无保留地承认了莱布尼茨整个成就的广泛意义。他的《路易十四时代》（Age of Louis XIV）就是一个实例。对莱布尼茨的观感之改变，在伏尔泰的下一代身上，也就是百科全书派身上，表现得更为明显。达朗贝尔固然反对莱布尼茨的形而上学原理，却对莱布尼茨的哲学与数学天才推崇备至。狄德罗在《百科全书》中介绍莱布尼茨时，也对他热烈赞扬。狄德罗同意丰特奈尔的看法，即认为莱布尼茨带给德国的荣耀等于希腊得之于柏拉图、亚里士多德及阿基米德三者之总和。不过尽管有人这么称赞他，距离真正对他哲学原理有更深一层的了解却还相当遥

---

[1]　参看伏尔泰的通信，特别是他给梅兰（Mairan）与莫佩尔蒂的信。

远。但是如果我们想把握住整个 18 世纪的知性结构，并且通过它的起源来理解它，我们就必须清楚地分辨在此汇合在一起的两股思想潮流。古典笛卡儿式的分析法与源自莱布尼茨的新式哲学综合法，现在已经统合起来了。发展的路径显然是由"清楚而分明的观念"之逻辑通向起源之逻辑与个体性之逻辑；从纯粹几何通向自然之动力的哲学，由机械论通向机体论，由同一性原理通向无限性原理，由连续性通向和谐性。这中间当然有许多伟大的知性工作留待 18 世纪的思想去完成，而该世纪确也曾经分别从许多不同的方面作此努力，这包括了知识论、自然哲学、心理学、国家与社会学说、宗教哲学与美学。

第二章　自然与自然科学

　　我们要估量自然科学对现代世界观的产生与形成有过什么样的贡献时，就绝不能只考虑自然科学使我们对周遭世界的了解增加的程度，以及自然科学因这些了解而绝对地改变了周遭世界的程度。它在这些方面的影响大得几乎无法衡量，可是这并不足以充分指示来自自然科学的力量的巨大。科学的真正成就并不在这里；它在提供客观知识方面的成就，比较起来，实在远不如在开发人心新功能（function）方面的成就。有关自然的知识，并不仅是引导我们进入客体世界，它更可以充当一种媒介，借着它，心灵得以发展对自己的知识。就这样，一个新的历程开始了，其重要性远大于新兴自然科学对人类知识所做的一切增益。早在16、17世纪，知识材料的累积便已接近不可计量的边缘。古代与中世纪关于世界的那套鲜明的概念完全崩溃了，世界不再是以往那个秩序井然的"宇宙"（cosmos）。空间与时间延伸到无穷；它们再也无法放在那个历来被清楚界定的间架中去理解，这间架是柏拉图五大天体说或亚里士多德阶梯式宇宙观等古典宇宙论所一致主张的。它们也无法以有限的数量来表示。唯一的世界与唯一的存有，被无限多的世界取代，这些世界源源不断地从变化之子宫产生出来，每一个都只代表宇宙无穷历程之一刹那的段落。不过这个改变，重要的并不在宇宙规模的无止境扩张，而在心灵意识到自己身上的一股新力量。如果心灵没有增加其力量的强度与专注程度，这一切的扩张终将归于徒然，只能把心灵导向一大真空。心灵新获的这个强度，使它了解了自己的真性。心灵的最高能量与最后真相不见诸它之深入外在的无限世界，而见诸它在面对无限世界时犹能坚持自己的存在，见诸它能证明以其统一性它足以与存有之无限性相抗衡。布鲁诺（Giordano Bruno）就是用这个意义来界定自我与世界、主体与客体之关系的，他是第一个提出这类见解的人。他认为变化的无限历程——永远不断展现在我们眼前的世界伟大景观，正是保证我们能够发现这番大奥义的担保品，而这奥义唯有自我在它自己身上才能发现。理性的力量是我们能够理解无限者的唯一凭借；有了理性，我们才有把握无限者会成为认知的对象而呈现在我们眼前；理性教我们把无限者置于规矩和界限之中——倒不是为了限制它的领域，而是为了使其无所不包、无所不入的宇宙法则为我们所认知。宇宙法则固然是无限的宇宙所固有的，但却经由人类的思想而被发现与陈述。这么一套宇宙法则于是成为与人类所直观经验到的宇宙之无边无界不能分开的东西，两者互相关联，宛如一体之两面。因此，关于自然界的新概念，从思想史的立场看来，显然是双重动机的产物，由一双对立的力量所塑造与决定。它既含有趋向特殊者、具体者与实际者的冲动，又含有趋向绝对普遍者的冲动；它含有固着于这个世界之事物的冲动，也含有超越它们以便适当观照它们的冲动。在这里，感官之欲求和愉悦与理智之力量结合在一起，以求超脱具体经验对象之领域，而升入可能性的境地。关于自然界的现代概念，从文艺复兴时代以来轮廓日益明晰，而且不断在笛卡儿、斯宾诺莎、莱布尼茨等人的伟大思想体系中寻求其哲学根据与认可，其最重要的特色，正在于体现了上述的新关系，即感觉与理智、经验与思想、感性世界与知性世界的关系。

自然科学在方法上的这个改变，也连带引起纯粹本体论的一项决定性改变；它以一个新的尺度代替了历来使用的那个。中世纪思想的任务主要在于探索存有之建筑原理，揭示其主要的设计。在中世纪的宗教思想（具现于经院哲学）体系中，每一阶段的实在都有其独特的地位；随着它的地位，它的价值也都完全确定，其价值之高下全看它距离第一因（First Cause）有多远。其间丝毫没有怀疑的余地；一切的思维无不清楚地意识到这秩序井然的存有，这秩序不待思想去创造，它只要去接受就够啦！上帝、灵魂与世界，是一切存有随之而转移的三大关键，知识体系就是以它们为目标。关于自然界的知识，也不在这知识体系之外；它自始就限于存在之一个明确范围之内，超过这个范围，它就会迷失。关于"自然"的知识，就是关于造物的知识。它之为知识，是就它之能够理解某一有限的被创造的依它的存有而言的，而它所包含的内容不外是感觉的有限对象。因此这种知识在主观上和客观上都受到限制。当然，关于自然的知识，其界限并不与物理的、肉体的、物质的存在之界限重合，这一点，在中世纪思想中尤然。关于自然的知识，并不限于有关肉体世界及其势力的知识，除此之外，还有关于法律、国家、乃至宗教及其基本真理的知识。这些都算是关于自然的知识之范围，并不是依所知对象而定，是依此知识之起源而定。凡是单靠人类理性而获得的知识，不管其对象是什么，都是关于自然的知识。因此，"自然"并不是指知识所及的一群对象。自然指的是"自然的光"（natural light）所能照及的一切事物，也就是不必求助于自然的认知能力以外的东西就能理解和肯定的一切事物，因此，在中世纪思想中，"自然之领域"是与"恩宠之领域"相对的。前者通过感官知觉、逻辑判断与推论、理解力之审慎运用等，而与我们相沟通；后者则唯有通过神启的能力才能为我们所接触。信仰与知识之间，神启与理性之间，并不必然冲突。经院哲学体系都是以调和这两者为其主要任务。恩宠之领域并不否定自然之领域。虽然前者使后者相形失色，前者却不侵害后者。"恩宠并不消除自然，反而成全它。"不过，自然之真正完善却不能在自然本身找到，而须求诸自然的范围之外。科学、道德、法律、国家都无法建立在自己的基础上。要使它们达到真正完善，一定需要有超自然的助力。因为"自然的光"已不再怀有任何真理；它已经被弄暗，而且无法单凭自己的努力恢复旧观。在中世纪思想中，无论是理论上还是实际上，在神圣律则之外，都还容许自然律则之相对独立的存在，后者是可以由人类理性所求得，并且受人类理性支配的。但"自然律则"（natural law）充其量也只能作为追寻"神圣律则"（divine law）的踏脚石，而只有后者才能恢复因为人类堕落而失去的原有知识。理性是而且永远是神启之仆人；在自然理智与心理力量的范围内，理性为神启铺路。

文艺复兴时代的自然哲学，从两个角度攻击以上这个观点，这观点已经在经院哲学中生存了漫长的岁月，其后又将在新教神学的基础上继续维持下去。上述自然哲学领头摧毁关于自然的旧概念。它的基本倾向和原理略如下述：自然之本质，不能求诸被创造物的领域，而应该求诸创造的历程。自然并不只是被创造的东西；它也分享了原始的神圣本质，因为神圣的力量渗透了自然本身。这种看法消除了创造者与被创造物之二元对立。作为被推动者的自然于是不复居于与神圣的推动者对峙之境，它现在乃是一项自发自动的形构原理。由于它具有从自己内部展现形式而使自己带有这形式的能力，自然也沾上了神圣的光彩。因为神不该被设想为由外界介入的一股势力，不该被设想为将其影响力施于其外之物质而作为该物质之动因的东西；神本身直接潜入自然之历程中。这样的一种"存在"（presence）样式很适合神圣者，而且也只有这样的存在才与它的尊严相称。布鲁诺以下的话表现了自然概念的一项彻底变化："上帝并不是在周围走动、在周围指引我们的外在神明；把他视为内在于万物的运动原理——这原理即是他自己的本性，即是他自己的呈现，即是他自己的灵魂，远比把他视为怀抱万物而使万物都在他怀中运动的东西，更与他的身份相称。"依此，自然显然已被提升到与神圣者等同的地位，而似乎融入神性的无限之中，只是在另一方面它还意味着物体的个体性、独立性与特殊性罢了。内在的运动原理是一种力，它从物体放射出来作为物体活动的中心。这种力既是神，物体便因它而具有一种无法剥夺的价值。以上这些意思当时便统统概括在"自然"（nature）这个词里面。它指将各部分都统合在一个活动与生命的整体里，这整体如今已不再只是意味一种从属的存在。因为部分不仅是存在于整体之中，它还坚持自己的存在，不肯泪没于整体之中。至于统辖众多个别物体的律则（自然律），既不是由外在的立法者所颁布的，也不是强加在它们身上的；这律则完全是以它们（众多个别物体）自己的本性为基础而存在，并且完全可以由它们的本性推想而知。这个结论标示了第二个重大的步骤，在这个步骤中，文艺复兴时代动力的自然哲学不动声色地转变为数学的自然科学。因为后者也是完全以上述这个关于律则的根本概念为基础的。这时，所需要的已不只是依稀感觉这自然界的活动律则之存在，而是精确认知这律则，把它用清楚的概念表示出来。不管是感情或感官知觉或想象都无法满足这个需要；唯有用一种从未试过的方式找出个体与整体之间的关联，找出"表象"（appearance）与"观念"（idea）之间的关联，这个需要才能得到满足。感官的观察所得必须和精确的测量结合起来，新的自然学说一定得从这个因素产生出来。这种学说，如开普勒与伽利略所建立的，还是充满了强烈的宗教冲动，并且以这种冲动为其动机。它的目标原在于从自然律中找寻自然界神性之迹象。但正因为这个潜在的宗教倾向，这种新学说乃不可避免地与传统的信仰形态发生了冲突。从这个观点来看，教会对近代数学的科学精神所发动的战争，乃成为完全可以理解的事情。教会所攻击的并不是科学研究的个别成就。这些东西与教会的说教原可以达成和解。伽利略本身有很长的一段时间都相信此一和解的可能，并且恳切地致力于达成它。导致他失败的是他误解了争执的焦点所在，并且低估了自己在方法学上彻底改革之意义。因此他没有触到这场冲突的根本，而只在枝节上努力。实际上，教会权威所竭力反对的并不是他所提出的新宇宙论，因为作为一项单纯数学的"假说"，教会尽可以像接受托勒密式体系（Ptolemaic system）那样接受哥白尼式体系。

真正使教会无法忍受的，真正威胁到教会基础的，乃是伽利略所宣布的关于真理的新概念。在神启的真理之外，现在又出现了一种关于自然界的独立而原创的真理。这种真理不是经由上帝的话语而显示，却是经由他的作品而显示；它不是基于《圣经》或传统之证据，而是所有的人在任何时代都可以目睹的。不过这种真理却只有认识自然之笔迹、读懂自然之文章的人才能理解。光是用话语无法表达自然界的这种真理；其唯一适当的表达在于数学结构、数字、数目等。在这些符号中，自然以完美的形式与无比的清晰把自己呈现出来。通过神圣的话语而表达的神启，绝无法达到如此明白透彻而精确的程度，因为这类话语总是模棱两可、含糊暧昧，可以做多种不同的解释。这些话语的意义总是见仁见智，而且零碎片断。但是在自然界里面，宇宙的整个计划却完整无缺地摊开在我们面前，等着人类心灵去认识它、去表达它。

依照 18 世纪的判断，这种心灵已在当时出现。伽利略和开普勒所呼求的，在牛顿身上完全实现了；文艺复兴时代所提出的问题似乎已在令人讶异的短时间内获得解决。伽利略和开普勒早已把握到自然律之概念，无论就其广度和深度而言，还是就其基本的方法学上的意义而言，都毫无欠缺；不过他们都还只能以少数个别事例来说明此律之应用，这就是说他们只证明了自由落体与天体运动受到自然律的管辖。人们还无法完全对这个概念深信不疑，因为还没有证明能够管辖一部分事象的这套自然律也能管辖全体自然界，证明这样的一个宇宙真的可以通过数学知识的概念予以理解。牛顿的工作正好提供了这么一个证据。牛顿所处理的，不再只是某一特定的自然现象，他也不仅是将有限范围的现象推衍成普遍法则；相反的，牛顿所从事的，彻头彻尾就是要确立一套（或者更精确地说，唯一的那套）宇宙律，并且把它清楚表达出来。这套宇宙律似乎在牛顿的万有引力学说中得到了肯定。这确是人类知识的一个决定性的胜利；在此，知识之一大基本能力被发现了，这股能力似乎等同于自然之基本能力。整个 18 世纪都是从这么一个意义去理解、去敬重牛顿的成就。它尊敬牛顿，当他是一位伟大的经验科学家；但并不仅止于此，它还强调指出：牛顿并不只是为自然界，也为哲学，颁布了严厉的法则。牛顿调查研究的结果所发现的自然律固然很重要，但他所谓的哲学法则（rules of philosophy）也同样重要，他发现这法则在自然科学中殊属有效而且永不动摇。18世纪对牛顿无保留的称赞与尊崇，正是出自对其成就的这般了解。先从其获致的结果与达成的目标而言，这成就已属伟大而无可比拟，但从其达成此目标的方法而言，这成就甚至更为伟大。牛顿是破天荒的第一人，他指示科学以一条由任意与幻想的假设到达清晰概念的道路，一条由黑暗到达光明的道路：

> 自然与自然法则隐藏于黑夜，
>
> 神说："牛顿出世吧。"于是一切真相大白。

蒲柏的这句诗，最足以表现牛顿在启蒙时代思维中所受到的尊崇。这思维深信：由于牛顿的贡献，它自己终于立足于十分坚实的基础上，这基础绝不会被未来任何自然科学的革命动摇。自然与人类知识间的相互关系已经一劳永逸地确立起来，这个联结是永远不可能被割断的了。相互关联的这两者（自然与人类知识）原是完全独立的，但也就因为它们的独立，两者才得以完全和谐。人的自然与宇宙的自然会合于中途，并且从中发现自己的本质。任何人只要找到其中的一个，一定可以找到另外的一个。文艺复兴时代的自然哲学从"自然"（nature）领会到一种律则，这种律则乃是从事物之本质所产生的，是事物本来就具有的，不是从外面硬加到它们身上的。"自然不是别的，它是根植于事物的一种势力，是一切物体依之而运行的律则。"①要找到这种律则，我们不可以把自己的观念和想象投射到自然中；我们毋宁是应该追踪自然，借着观察与实验、借着测量与计算，来测定这律则。但是我们据以测量的基本权衡，却不是得自感觉资料。它们来自理智之

---

① 布鲁诺，*De Immenso* 第八册第九章，*Opera Latina* 第一卷第二部。

比较、计量、组合、区分等普遍的功能。因此，理智的自动性相应于自然之自动性。启蒙时代哲学从传统思想解放出来，曾经试图把自然与理智之自足性同时加以阐明。它承认这两者都是基本的，而且牢固地联结在一起。因此，在它看来，任何人试图以超越的权力或存有为根据来协调这两者，都是多余的。相反的，有一个超越的存有介入它们之间，反而松弛了这个联结，而且终究会把它切断。事实上近代的"偶因论"（occasionalism）形而上学就已经这么做了；它为了神圣最初因的万能而牺牲了自然与心灵的自动性。为了避免陷于超越主义，启蒙时代哲学宣布了自然与知识之内在原理。它主张这两者都应该就其本质而了解它们，而这本质并不是为理智所无法透入的黑暗神秘的东西；反之，这本质是在于若干原理，而这些原理乃是心灵所能完了解的，因为心灵可以从它自己演绎出它们，而且可以有系统地阐明它们。

这一点足以说明何以科学会在启蒙时代获得凌驾其他一切思想之上的近乎无限的力量。达朗贝尔称 18 世纪为哲学世纪，但这个时代也常常同样骄傲与理直气壮地标榜自己是自然科学时代。早在 17 世纪，自然科学的社团组织便已经有了长足的进步，甚至在那个时候，就已达了相当完备的地步。1660 年，英国皇家学会（Royal Society）的成立，为一切科学研究创建了一个固定的中心。在此之前，它是个科学家们的自由组织，发挥了不少作用；因此，在英王敕令赋予它官方庇护和官方建制之前，它就以一个"隐形学院"（invisible college）的形态在活跃了。而即使在那个时候，它就已代表着一种方法学的观点，它一再强调：凡是没有通过经验的考验、没有经过实验证明的物理学概念，都不能成立。肇端于英伦的这个运动，不久就波及法国，在那里它得到 1660 年柯尔培尔（Colbert）所建立的"科学学院"（Académie des Sciences）的支持。不过要到 18 世纪这个运动才在知性生活的各方面达发展到极致。这时它超越了学院与学会的范围，从原来仅仅攸关学者兴趣的事务变成对全体文明的关怀。加入这个运动的，不再限于原来的经验科学家、数学家与物理学家，还包括了为一切知性学问找寻新方向的那些思想家。这些学问的更新（即对法律、社会、政治乃至诗歌之精神的深一层洞察）似乎极不可能获致，除非参照自然科学之模式塑造它们。促成自然科学与上述知性学问之联盟的正是前述的达朗贝尔，除此而外，他又在他的名著《哲学之要素》中清楚地阐明此一联盟所据以成立的原理，他说："自然科学天天都在累积起新的财富。几何，由于扩大了它的范围，对它的近邻物理科学有了许多的启发。有关这个世界的真确知识体系已经被认识、发展而趋于完善。……总之，从地球到土星，从天体的历史到昆虫的历史，自然哲学业已经历了革命；并且几乎所有别的知识领域也都已面目一新……哲学探讨的新方法之发现与应用、因种种发现而产生的热情、因宇宙伟大的景象而引起的思想观念的提升——这一切已经引起了一种心灵的骚动。这个骚动，像一条决堤而出的河流，向四面八方冲过大自然，以一股排山倒海的力量，冲走了横亘在它面前的一切……因此，从世俗科学的原理到宗教启示的基础，从形而上学到个人喜好，从音乐到道德，从神学学者的争论到贸易事务，从王侯的律法到平民的律法，从自然法到国家法……每一样东西都被提出来讨论过、分析过。这一番心灵的翻腾，已经在许多事物身上投下了全新的光彩与阴影，犹如海涛的潮汐一定会在海岸上留下某些东西，也一定会从它上面冲走某些东西。"[1] 没有一位声誉卓著的 18 世纪思想家能够逃脱这个基本趋势的影响。伏尔泰并不是以他创造性的作品或他的第一本哲学性论著，而是以他替牛顿的辩护（陈述于他的《牛顿哲学之要素》一书中），标示了法国的一个新时代。同样的，在狄德罗的著作中，有一部讨论生理学的书；在卢梭的论文中，有一篇讨论化学基本定律的文章。孟德斯鸠的早期著作都在探讨物理学和生理学的问题，他之所以没有继续这项研究，显然是因为他在这个时候眼睛出了毛病，无法从事科学的观察。孟德斯鸠以他青年时代典型的笔调写道："人们

---

① 达朗贝尔，《哲学之要素》。

一定会说大自然的行为就像处女一样，她们长久维护她们最珍贵的贞操，却在瞬息之间容许人夺去了它。"[①]整个 18 世纪都弥漫着这个信念，即在人类漫长的历史中，现在已经达到了一个时刻，在这个时刻，我们可以夺得自然界小心护卫的秘密，不再让它隐没在阴暗中而使人们像对待一项不可知的奥秘一样对它惊异不置，我们可以把它暴露在理性的亮光之下，而竭尽理性所有的基本力量去分析它。

不过要做到这点，却得一刀切断神学与物理学的联系。尽管这个联系在 17 世纪已经松弛了许多，却没有完全断绝。即使在涉及纯粹自然科学的场合，人们也还仍然热切地护卫着《圣经》的权威。伏尔泰一再对"圣经物理学"（Biblical physics）所作的嘲弄，在今天看来固然有点陈腐与肤浅，但是公平的历史学家应该不要忘记这嘲弄所针对的乃是一个危险的敌手。当时的天主教丝毫没有放弃字面的神启原理，这原理蕴含了一项推论：真正的自然科学包含在摩西的创世故事中。这故事的基本情节是不容窜改的。当时不仅是神学家，就是物理学家和生物学家也都致力于支持与阐释这套学问。1726 年英国人德勒姆（Derham）所著《物理神学》（*Physical Theology*）之法文译本问世，接着又出现了同一作者的《天文神学》（*Astronomical Theology*），与法布里修斯（Fabricius）所著的《水的神学》（*The Theology of Water*），以及莱塞（Lesser）所著的《昆虫神学》（*Insect Theology*）。伏尔泰不但抨击神学物理学的直接成果，他还特别致力于揭发神学家用以研究自然的方法之虚假，致力于摧毁其物理学的信誉，使人认清其为神学精神之怪胎、为信仰与科学之私生子。"有一位作家想借物理学说服我相信三位一体；他告诉我说神格的三位犹如空间的三度。另一位宣称可以给我实体化作用（transubstantiation）的确证，他借着运动定律向我说明偶然属性如何可以不需实体而独存。"神学与科学在方法上的分化，进行得很缓慢。地质学在这方面拔了个头筹，它

---

① 圣伯夫（Sainte-Beuve），《18 世纪肖像》（*Portraits of the Eighteenth Century*）（英译本书名）。

推翻了《圣经》创世故事的时间架构。早在 17 世纪就有许多人对这架构施以抨击。丰特奈尔曾把相信天体不变的古人拿来和玫瑰花做比较，指出：就玫瑰花记忆所及的范围而论，园丁也是不死的。等到明确的经验性研究成果——特别是古生物学的新发现——出现之后，这类的批判便更趋于严肃。伯内特（Thomas Burnet）在 1680 年的《地球之神圣学说》（*The Sacred Theory of the Earth*）与 1692 年的《哲学的考古学》（*Philosophical Archaeology*）中，还努力于肯定《圣经》创世说的客观真实性。但为了达到这个目的，他不得不放弃字面的神启原理，而托庇于寓言式的解释，这种解释容许他不斤斤计较于《圣经》上的时间估量。他假定《圣经》创世故事所说的每一天都代表一整个时代或时期，至于该时代有多长，则有待经验性的发现来决定。在布丰的巨著《自然之各个时代》（*The Epochs of Nature*）中，这个路数终于发表到完全凭借科学研究之结果以行判断的境界。布丰倒不是想找神学的麻烦，所以他的著作一遭到教会方面的抨击，他立刻就屈服于巴黎大学神学院的决定。可是他关于创世故事这个问题所表现出的沉默，却比公开宣战更为雄辩。因为他的书是有史以来第一次对这个世界做纯物理学概述之书，其中不含任何宗教教条，而只以观察的事实与自然科学的普遍原理为基础。传统思想体系的要塞至此终于被攻破，但伏尔泰忙碌的心灵并没有歇息下来，它还继续工作了半世纪以上的时间，直到一块石头一块石头地把整个建筑完全拆平为止。这个破坏的工作是建设物理学新大厦所不能缺少的先决条件。至此，对这整个意涵已有充分意识的科学，开始重新审理教会控告伽利略的那桩公案。它把他召唤到自己的法庭前面，完全依照它自己的基本原理重新判决了这个案子。自此以后，一直没有人对这个判决认真表示过异议，即使敌手也沉默地接受了它。这是启蒙时代哲学的首度重大胜利。它完成了文艺复兴所肇端的工作；它为理性知识划出了一片天地，在这天地中，永远不再有束缚与权威的迫害，而有任意向四面八方发展的自由。凭借这自由，哲学得以获致充分的自我知识以及有关其固有力量的知识。

二

在《对谈世界之多元性》（*Conversation on the Plurality of Worlds*）中，丰特奈尔借着比较自然事件与舞台上的事件，以说明笛卡儿的宇宙观。剧场的观众看着出没在舞台上的一串一串事件。他们出神地观照这些事件，对于在眼前经过的繁多画面欣悦不已，根本就没有想到它们如何产生的问题。但如果偶然有一位机匠混在观众群中，他就不会单注视这些画面而满足。不找出这些现象的原因，不弄清楚隐藏在这些变换的场景之后的机制，他绝对不会罢休。哲学家的行为就和机匠的行为一样。只不过由于大自然非常小心地隐藏起它的机制，我们花了数百年的时光才找到其行动的神秘起源，因此，哲学家所遭遇的困难便比机匠多了许多。一直到近代，人类才得以一窥这些场景之后的秘密；科学不但察看现象本身，它也察看产生它们的机械装置。这种洞察不但不会减少戏剧的魅力，反而可以增加它的价值。很多人怀有一种错误的见解，以为有关这类机械的知识会损害宇宙的尊严，因为这种知识使宇宙沦为机械装置。但丰特奈尔写道："我更加尊敬这个宇宙，因为我看清它像一个手表。伟大的自然居然以这么简单的东西为基础而建构成功，确是令人惊讶的事。"①

丰特奈尔所提出的这个比较绝不只是机智的游戏；它包含了一个观念，这个观念对 17 世纪自然科学的整个结构极为重要。笛卡儿的自然哲学已经赋予这个观念形式与普遍适用性。如果人们仅仅把自然看作一堆现象的总和，如果人们只考虑其事件在空间或时间上的分布，则自然将无法被人理解。人们必须从现象追溯它们的原理，而这些原理则只能在运动定律中去寻觅。一旦这些定律被找到，并且被化为数学式的精确表达，通向一切未来知识的路径就打开了。为了获知

---

① 丰特奈尔，《对谈世界之多元性》（*Entretiens sur la pluralité des mondes*）。

整个自然界的梗概，为了就其内层的结构去理解这个宇宙，我们只要把暗含在这些定律中的东西完全揭示出来就行了。笛卡儿论世界之体系的文章，想做的就是这件工作。他的格言是："给我材料，我就可以替你造个世界。"思想不再甘心仅仅把这个世界当作经验与材料而加以接受；它还要这宇宙的结构，并且以它自己的资源来造出这个结构。从它自己的清晰而分明的观念着手，它在它们（观念）身上找寻适用于一切实在的模型。思想之数学性原理和公理，带领它安全通过自然之整个领域。因为有一条明确的通道，一串没有中断的演绎，从自然事件之最高最普遍的原因，一直通到自然之特定定律乃至每一个别的结果。在清楚而分明的概念领域与事实领域之间，在几何与物理学之间，没有障碍存在。既然他认定物体的实体在于广袤，那么，有关广袤的知识——几何——便该是物理学的主宰了。几何以精确的定义表白物质世界及其一般基本属性，由此出发，应可通过一串不间断的连锁思想，做出有关特殊的现实之事物的种种决定。

但是笛卡儿有关物理学的这个野心勃勃的计划并没有通过经验的检验。他顺着上述的路径走得越远，他越逼近自然界的特殊现象，他所遭遇的困难就越大。他之所以会遭遇这些困难，都是因为他不断地求助于更复杂的新机制，使自己陷于一大堆的假定之中。牛顿将笛卡儿精心编织的这张网撕得粉碎。牛顿也在自然界找寻数学性原理，却不相信可以把物理学化约为几何。他更拥护物理研究之独立功能与独特性格，而此性格则奠基于实验方法与归纳方法。物理研究的途径，并不是由顶到底，由公理、原理到事实，而是颠倒过来，由底到顶，由事实到公理、原理。我们不能由关于自然事物的普遍假设开始，从它引出关于特殊事物的知识；我们是从后者开始，也就是从直接观察所得的结果开始，逐级爬升，以期回溯至第一因以及自然历程的简单要素。演绎之理想现在面临分析之理想的挑战。而分析，先天上就是无止境的；我们不能先验地预设它一定要在有限的几个思想步骤中完成。它是在经验科学的每一阶段中重新开始的。分析没有绝对的终点，只有相对的暂时的停顿点。对于他的基本学说——万有引力说，牛顿也只把它视为这样的一个停歇点。因为他满足于阐明重力为自然界的一个普遍现象，而不去追究其终极。牛顿意味深长地摒弃了关于重力的机械说，因为经验没有提供充分的证据支持这个学说。他也没有为重力提供任何形而上学的基础，因为就一个物理学者而言，这么做是逾越本分的。他只理会重力的现象；而且他不以概念及抽象定义来表明这些现象，而以可理解的数学公式来表明它们，这公式把这些现象——作为具体个别事例而包含在内，并且完完全全地描述了它们。物理学的理论既不自命能做出超过纯粹描述的本领之事，也不该如此去做。从这个立足点看来，重力自是物质的一个普遍属性，却无须被视为它的一个基要属性。在牛顿看来，试图以纯粹的思想构建世界的自然哲学，永远都暴露于双重的引诱与危险中。不管在什么地方，只要他发现事物之普遍重现的性质，他一定会把这性质视为实存的东西（即把它当作存有之绝对真实而原初的性质）；要不然，就一定会把它视为某些先在的普遍原因之衍生物。但是对真正的经验主义而言，这两种做法都是不相干的。经验主义对能够确立现象感到满足；但在另一方面，它又知道没有任何现象是终极的、不能再做进一步分析的。然而这种分析却不可在时机尚未成熟时贸然在思想中行之，它应该等到实验研究有了相当进展时再做。在这个意义上，牛顿坚持重力在当时乃是自然界之一个"最后"（last）要素，一个暂时不能再行化约的性质，这性质不能根据已知的任何机制而圆满加以解释；但是这并不表示将来有新的事实发现时，它也不能被化约为更简单的现象。在这种时节，如经院哲学家所做的，硬去假设有若干神秘的性质存在，希望借它来解释上述无法解释的事，无疑是一种随便而无意义的做法。另一方面，如果我们成功地把繁复的自然现象化约为少数几种物质的基本性质，化约为若干明确的运动原理，即使这些性质与原理的成因一时还不能知道，也仍然标示了科学洞察的重大进展。

　　在牛顿留给我们的一些名言佳句中 —— 例如他在《光学》
（Optics）一书的结尾所说的，我们可以清楚看出一切 18 世纪的自然
科学的大体趋向。这个时代的自然科学正面临一个转折点，它有意识
地、生气蓬勃地由笛卡儿转向牛顿。自然的机械哲学，正如前引丰特
奈尔的文章所宣告的，逐渐被人废弃，最后终于完全被近代物理学
的知识论者摒绝。孔狄亚克在其 1759 年出版的《论体系》中，极力
主张把"体系之精神"（它造出了 17 世纪的伟大形而上学体系）排除
在物理学之外。他主张抛弃历来那种基于所谓"事物之本性"（nature
of things）的普遍而任意的解释，但是人们一定要对现象进行实地观
察，并且明白指出现象与现象之间的经验性关联。物理学家终究必须
放弃阐明宇宙机制的尝试；他只要成功地确定了自然事物之间的种种
关系，便已尽了职责。因此，自然科学之理想不再是以几何为模范，
而是以算术为模范；因为依孔狄亚克所见，数的理论正是关系的理论
和关系的普遍逻辑，而且是其最清楚最简单的样本 ①。孔狄亚克的这
个理想散布得极其广泛，而且引发了极大的效应，因为伏尔泰把它当
作对笛卡儿物理学发出挑战的战斗口号。伏尔泰以他独具的将事物简
化与一般化的长才，很快将这场挑战转化为一个更具一般性的问题。
在他看来，牛顿的方法绝不只适用在物理学上；它对一切知识都一样
适用，并且从一开始就指出了这些知识的极限和条件。因为如果没有
数学的指引，没有经验的照明，我们一步都不能前进。光是想象我们
会看清事物的本质，是没有用的。我们绝对无法从一个普遍概念看出
一个物体将如何影响另一个物体，犹如我们无法看清我们心中的诸多
观念是如何产生的一样。在以上两个事例中，我们只要能搞清楚"什
么"（what）的问题，就应该满足了；"如何"（how）的问题大可暂
且抛到一边。追问我们究竟如何思考和感觉，或我们的四肢如何听从
我们意志的命令，乃是在追问创世的奥秘。在这个问题上，所有的知
识都无能为力，因为根本就没有关于第一原理的知识。伏尔泰说过：

———————————

① 孔狄亚克，《论体系》；《逻辑》（Logique）第二部第七章。

"我们从来无法完全认知任何真正基本的或绝对原初的东西。"①由于自然科学的理想已经从原来试图以普遍概念构造宇宙，变成现在只图分析事物，对知识之确实性与不确实性这一问题的看法也有了很大的改变。在笛卡儿看来，一切知识之确实性与稳定性都奠基于它的第一原理，而凡是现实事物本身则都是不确实的与成问题的。我们不能相信感官之前的事物之表象，因为感官知觉总是含有感官欺骗的可能性。我们唯有透入表象之下，唯有把经验关联到概念，用概念把它表示出来，才能免除这种欺骗，因为概念自身即带有自我证实的证据。因此，种种原理便有一种直接的直觉的确实性；至于事实之知识则只有间接的引申的确实性。事实之确实性从属于原理之确实性，有赖于原理之确实性。然而牛顿与洛克所肇端的新知识理论却完全把这个关系颠转过来。原理是衍生的，事实本身才是原初的。没有经过使用的原理谈不上确实不确实；唯有当我们使用原理，借助它来统括现象中的纷繁芜杂，并将之依某种观点而加以安排时，才看得出这原理真实不真实、可靠不可靠。有助于进行这种统括、安排的原理，才算得上真实可靠的。如果我们根本不重视这种安排的功能，则任何原理都谈不上有什么用处。因为原理不能以自己为根据而成立，它的真实性和确实性都奠基于它所证实的那些知识之上。正如这些知识都不能不属于可观察的与现实的事物之范围，原理也不能绝对离弃或超越这范围。通过在法国的牛顿信徒们（伏尔泰、达朗贝尔等）的努力，上面的这种见解终于在 18 世纪中叶获得普遍承认。一般人有一种看法，以为转向机械论与唯物论乃是 18 世纪自然哲学之特色，并且以为这个看法殆已概括了法国精神的基本趋势。但实际上这种唯物论只是一种无关紧要的孤立现象。这种理论以下面两人的著作为代表，即霍尔巴赫（Holbach）的《自然的体系》（*System of Nature*）与拉·梅特里（La Mettrie）的《人是机器》（*Man a Machine*）。但这两部著作只能代表某些特例，而且是向独断思想退化的特例，这种思想正是 18 世纪先

① 伏尔泰，《无知的哲学家》（*Le philosophe ignorant*）第十章。参看《论形而上学》。

进的科学心灵所反对并极力想消灭的。当时能够代表百科全书派的科学情操的，并不是霍尔巴赫与拉·梅特里，而是达朗贝尔。后者认为解释一切事物的最终法则，以及破解宇宙之谜的明显方法，在于毫不留情地弃绝机械论与唯物论。达朗贝尔从不背离牛顿的方法。他也摒弃一切有关事物之绝对本性与形而上学之根源的问题。"物质就保持像我们在概念中所设想的那样。在这个情况之下，只要我们能够从我们认为初级的（primary）那些属性中演绎出我们在物质身中所知觉到的那些次级的（secondary）属性；只要始终如一的连续的现象之秩序不向我们呈现矛盾，则我们能不能触及物体之本质又有什么关系呢？让我们就停止在这里吧！不要再用精巧的诡辩进一步缩减清楚确实的知识之范围了！这个范围本来就已经很可怜了。"关于灵魂与肉体的统一和互相关系的问题，关于我们的单纯观念（simple ideas）的问题，关于运动之最后根由的问题，他说道："至高的神明在我们微弱的视力之前放置了一层面纱，我们想把它移开而不可能。这对我们的好奇心和自尊心而言自是令人泄气的命运，但这确是人类注定的命运。由此我们可以得出一个结论：哲学家论究最形而上学的问题的思想体系（更确切地说，应该是梦想），在以追求人类心灵所能获致的真正知识为目的的著作中没有任何地位。"[1]

达朗贝尔对形而上学知识的否定，引发了一个更困难更深刻的问题。他的哲学放弃了建立形而上学公式的一切要求，这公式向来被认定可以把自在的事物之本性揭示出来。他的哲学的目标是留在现象的领域内，只把现象的秩序，其恒常而普遍的秩序揭示出来。但是我们如何能信赖这种秩序的真实，或者说有这种秩序存在呢？有什么保证，有什么决定性的证据可以证明现象的这个普遍秩序是自持的、同质的、始终一致的？达朗贝尔假定了这种一致性的存在，却没有更明确地证明。这假定会不会只是一个伪装的信念？它会不会包含了一个未曾证明的无法证实的预设？笛卡儿、斯宾诺莎与莱布尼茨的古典理

---

[1]　达朗贝尔，《哲学之要素》第四章；*Mélanges de Philosophie* 卷四。

性论一直都面临着这个基本问题。这一派思想相信只要把自然之统一性这一问题还原到关于神圣第一因之统一性的问题，就可以解决它。自然无疑是神的作品，因此它无疑带有神灵的影像；它反映了上帝的不变的永恒。因此自然是由它的根源获致其真与实的保证。自然之一致性来自上帝之基本形式。斯宾诺莎有关上帝与自然之恒等式——"上帝或自然"（god or nature）这一公式，完全建立在这个基本概念上。假定自然可能有另一套秩序，无异于假定上帝可能成为和他自己不同的东西："因此，事物如果可能具有另外的一番本性，或者可能被决定以另一种方式活动，则自然之秩序必将完全两样，上帝的本性也必将与其现有的完全两样……"① 所以当我们说到自然法则和上帝法则的时候，实际上不过是以不同的说法在表示同样的东西。因为"统辖与决定一切现象的普遍自然法则，不过是具有永恒真实性与必然性的永恒上帝的敕令"②。

莱布尼茨认为，除了求助于感觉世界与概念世界所由生的最高原理之统一性，也找不到其他明确的证据，可以证明自然之稳定性、证明理想世界与现实世界之和谐、证明事实与永恒真理之一致。为了证明微积分之基本原理可以不受限制地应用在自然界，为了证明连续性原理不仅具有抽象的数学的意义，而且具有具体的物理学的意义，莱布尼茨认为现实法则不能背离数学与逻辑之纯粹理想的法则："这是因为一切事物都归理性所统辖，若非如此便没有知识，若非如此，知识便会与最高原理之本性相反。"③ 不过莱布尼茨的这个推论是不是包含了一个循环论证呢？我们从经验的同质性推论出上帝之绝对统一性与不变性，这做法正当吗？我们可不可以又反过来以上帝之统一性与不变性为证据，来证明自然秩序之同质性？我们把待证的东西变成最重要的论据，我们拿一个形而上学的假定来支持我们的判断和结论之

---

① 斯宾诺莎，《伦理学》（Ethic）第一册命题三十三，证明。

② 斯宾诺莎，《神学政治论》（Tractatus Theologico-Politicus）第三章第七节。

③ 莱布尼茨致瓦里尼翁（Varignon）的信，1702 年 2 月 2 日。

确实性（这个形而上学的假定比待证的确实性更成问题），我们这么做是不是违背了逻辑的最基本法则？在这里，我们的思维被迫非做一个决定不可，这个决定牵涉到更为困难的一桩工作和更为重大的一项责任，跟这个比起来，自然哲学的内容问题倒显得微不足道了。因为现在我们面对的问题并不是有关自然之内容的问题，而是有关其概念的问题；不是有关经验之结果的问题，而是有关经验之形式的问题。比较起来，对启蒙时代思想而言，使自然科学摆脱神学的支配，还算是简单的工作。要完成这桩工作，它只需好好利用前几个世纪的遗产就行了；科学与神学的划分，过去早已在事实上做过，现在只需在概念上也加以确认便可。因此，这方面所成就的事情与其说是一件知性工作的新开端，不如说是一个结论还恰当一点；这只不过是把方法学上的一项发展加以阐明而已，这项发展可以看作 17、18 世纪科学的进步所促成的。可是当同样的这个科学被要求证明自己之正当的时候，情形就不一样了。这时我们所面对的乃是一个更为彻底的新问题。如果我们不能将其结构中的形而上学成分消除掉，我们光是使自然科学摆脱一切神学-形而上学的内容，使它只能含有纯粹的经验陈述，能有什么用？任何陈述，只要是超出对直接知觉对象之肯定的，不都含有这种形而上学成分吗？大自然之体系化的结构，经验之绝对同质性，难道也是由经验得知的吗？它真的可以从经验演绎出来吗？真的可以被经验证明吗？还是经验反而要以它为前提呢？这前提，这逻辑上的先验者，难道不是和形而上学或神学的先验者一样成问题吗？我们不能只把经验科学中非经验性的个别概念和判断一一加以剔除；我们应该有勇气追根究底，不要再拿上帝概念来支持自然概念。这一来，自然之必然性，自然之普遍、永恒、不可违背的法则，会变成什么样呢？这必然性是基于一种直觉的确实性吗？还是基于其他有力的演绎性证据？或者我们只好放弃所有这类证据，下定决心采取最后一个步骤，就是干脆承认：事实世界自己就能够支持自己，而我们为它找寻更坚固的基础，为它找寻合理根据的一切努力都是白费的？

以上这些问题无异于预见了后来的由数学式自然科学的现象主义到休谟怀疑论的发展。这并不只是关于知性结构物的问题，也是关于一段具体历史过程的问题，这段历史过程可以在 18 世纪思想中一步一步找出其足迹，并且可以通过其关系与分枝而加以阐明。到现在为止历史学家都未能做到这一点，因此也就找不到休谟怀疑论的渊源。如果我们只知道通过英国经验论来了解休谟的教诫，并以经验论的预设作为它的历史渊源，我们将无法看出休谟真正的出发点。而这正是历来研究休谟所采取的途径。休谟的学说不应该被理解为一个终点，而应该被理解为一个新的开端；它并不仅是由培根到霍布斯、由霍布斯到洛克、由洛克到贝克莱那条思想锁链的一环。休谟固然从上述思想家手中接过了某些思想工具，即经验主义与感官主义之概念和体系，但是他特有的问题却有另外的来源，即 17、18 世纪科学思想之连续性与直线性进展。这一思想锁链中的重要一环就是牛顿学派的贡献，特别是荷兰哲学家与科学家对牛顿基本概念所做的系统处理。这些概念经他们发展之后，变得极具一贯性与不变性；他们试图根据它们建立一套实验科学的逻辑。在 17 世纪的荷兰，存在一种趋势，这种趋势要求对事实做准确观察，且要求发展出一套严格的实验方法。而这种趋势又和另一种批判性的思维相结合。这种思维的目的在于清楚确定科学假说之意义与价值。伟大的荷兰科学家惠更斯正是这种结合的一个古典实例。在他的著作《论光》（*Treatise on Light*，1690）中，他有系统地陈述了有关经验与思想、理论与观察之关系的原理，并且陈述得比笛卡儿更为清楚与精确。他强调物理学绝对无法像数学之证明与推论那般清晰，强调物理学的基本真理绝不可能有直觉的确实性。他认为物理学所需要的只是"相当的确实性"（moral certainty），这种确实性可以有很高的概然性（probability），对所有实际的目的而言，这样的确实性已经不逊于一个强有力的证据。他认为，物理学所能要求的真理远无法与数学中的真理相比。只要从一个假说所推出的结论能够被经验证实，只要根据这个结论我们可以预测某些未来的事实，而这些事实又可以被经验证实，则这个假说便可以算是真理，物理学所能要求的真理便是这样的一个真理[①]。18 世纪的荷兰物理学家都秉持上述的基本看法，他们深信他们的观点可以在牛顿的理论中得到最终确证。因为他们认为除了可以由直接经验加以检证的东西之外，这个学说并没有掺入其他假定成分。1717 年，格拉夫桑德（S'Gravesande）受邀赴莱顿大学（University of Leyden）教授数学与天文学，在就职演讲中，他试图详尽阐发牛顿的理论。但当他这么做的时候，却遭遇到一个奇异而困难的问题。在我们观察了若干现象之后，我们根据观察的结果，可以预测某些未经直接观察到的事物，这个预测完全是基于有关自然之一致性的公理。如果没有这项公理，如果没有这项假设（即假设今天存在于自然界的法则，明天还继续有效），则一切根据过去经验以推断未来事物的结论必将丧失其基础。但是这项公理本身如何被证明？格拉夫桑德回答道：这公理并不是一个严格的逻辑的公理，而是一个实用的公理；它的有效性并不系于思想的必然性，而系于行动的必然性。因为如果我们不能假定得自以往经验的教训在未来也同样有效，则一切行动，一切事物之间的实际关系，必将不可能。因此，科学的预测完全与形式逻辑的三段论式结论无涉，其所涉及的只是由类比而得出的有效而不可避免的结论。但是我们应该而且尽可以满足于这类的结论，因为如果我们否定这类结论，即无异于否定人类一切经验性的存在与他的一切社会生活。

就这样，事物突然呈现了一副新面貌；物理学的确实性不再基于纯逻辑的预设，而是基于生物学与社会学的预设。格拉夫桑德为了冲淡他这个观念的新颖性与极端性，竟然也像前人那样托庇于形而上学的解说。他宣称："自然的作者使我们不得不依类比而推理，因此类比可以作为我们推理之一个合法基础。"[②]从这个结论可以清楚看出

[①] 惠更斯，《论光》（*Traité de la lumière*）。

[②] 格拉夫桑德，《物理学要素》（*Physices Elementa*）。

格拉夫桑德之转向另一种推理。因为一个类比推论之心理学与生物学的必然性殆与该一推论之逻辑的必然性风马牛不相及。在此，数学经验论已经快要迈过怀疑经验论的门限，从牛顿到休谟的这步跨越已是无可避免。如今，这两个观点之间仅有一纸之隔。以前，为了替他论述知识确实性的学说找根据，笛卡儿曾经不得不诉求于"上帝之真实性"（truthfulness of God）。否定纯粹数学概念与原理之绝对有效性，无异于怀疑这一真实性。现在，为了要确定最高物理学原理的真实（亦即经验之真实），我们也不得不求助于上帝，不过现在是求助于祂的良善，而不是求助于祂的真实性。因为从上帝的良善可以推断：攸关人类生死的这么一个信念一定可以在事物的本性中找到客观根据。如果我们把造物者的良善考虑进去，我们便大可信赖由类比得出的结论，格拉夫桑德说："因为类比之确实性是基于那些法则的不变性，该法则如果变了，人类一定会感觉出来，而且很快就会绝灭。"[1]这样一来物理方法的基本问题竟然变成了神义论的一个问题。如果我们取消了这个神义论的问题，或给它否定的答案，那么对物理学归纳法之确定性就会出现迥然不同的看法。发生在休谟身上的，正是这个改变。数学的经验论早已走到一个地步，在那里，自然之一致性只不过基于一个信念。休谟接受了这个结论，不过他把这个信念之中的形而上学伪装剥除掉，把其中的超自然成分排除掉，使其不再立基于宗教，而只立基于心理的因素；它变成完全出自纯粹人性内在必然性的东西。就这个意义而言，休谟有关信念的学说，可以说是若干系列思想之继续与反讽式的变形，这些思想一贯试图赋予经验科学一个宗教的基础。这个变形在于将科学与宗教的固有关系予以颠倒。现在不是宗教能够给予科学坚固的基础，倒是科学知识的相对性使得宗教也呈现出它本来的相对性。人们终于看清：宗教原来也跟科学一样，无法被人合理且客观地证明为正当；我们只能满足于认为两者衍生于它们主观的根源。如果不能证实它们确系人性某种基原的本能之表

---

[1]　格拉夫桑德，《谈证据》（"Speech on Evidence"）。

现，至少应对它们做这样的理解。

　　一方面由因果关系问题着眼，另一方面由实体问题（problem of substance）着眼，都同样逼使我们达成上述结论。在这里，数学的经验论也为一个决定性的发展预先铺好了路。它早就怀疑我们所经验到的物质之不同基本性质之间究竟有无明确的先后与同体关系，怀疑是否依照形式逻辑的规则就可以从其中任何一个性质演绎出其他性质。这样的演绎是笛卡儿曾为物理学所设定的理想。他曾经试图向我们阐明，若干纯粹的几何性质如何包含了一切我们平常都归诸物质世界的性质。他认为物质的一切性质，包括不可入性与重量，都可还原为广袤，因此，广袤乃是物质世界的真相、本质、实体，而其他一切性质都不过是偶然的性质。可是牛顿和他的学派却不同意这种看法，针对笛卡儿这种演绎的理想，他们提出了一套归纳的理想。他们坚持说：只要我们扣紧经验，我们只会发现有些性质经常共存，除此之外，再也不可能发现别的；我们并不能从一个性质引申出另一个性质。为了进一步探讨这个问题，我们不妨看看荷兰物理学家们的学说。格拉夫桑德和他的学生兼继承人穆森布罗克（Musschenbroek）都一致强调，区别物质之本质的与非本质的属性是没有意义的。因为我们永远无法知道被经验普遍证实并因此被承认为普遍自然法则的某一条法则（如惰性定律）会不会把物体的某一本质的、必要的属性透露给我们。"我们就是不知道这些法则是不是从物质的本性引申出来的；不知道它们是不是可以从上帝赋予物体的某些基本的但绝非本质的、必要的属性引申出来；不知道我们所见的果是不是从外在的因产生的。"我们固然可以把广袤与形状、运动与静止、重量与惰性当作物质的基本属性；但是并没有东西可以阻止其他属性跟上述已知的属性一起存在，虽然现在我们并没有发现这些属性存在，但将来却不无可能发现，并且可以凭同样的乃至更大的理由也把它们当作基本的、最初的属性。因此，谈到物体属性的区分，我们必须知道绝无最后的决定可言。因此，我们应该完全在现象世界的范围内运作，不要妄分本质与表象，也不能从前者引申出后者；应该满足于经验所示的不同属性之并存，不要妄图依据其中的一个说明另外的一个。依据实际知识，我们尽可摒弃物体之一切超自然的性质而一无所失；我们只不过是把一再妨碍经验科学发展的某一虚妄理想予以摆脱罢了。一旦我们的想法达到了这么一个境地，那么从这里进至完全摒弃实体概念，从这里进至认定有关一个东西的观念（idea of a thing）其实只不过是有关一堆性质的观念（idea of a mere sum or aggregate of qualities），便只剩下小小的一步了。这个转变是渐渐地、不知不觉地进行的。想从经验哲学中消除一切形而上学成分的企图，终于获得十分可观的进展，结果竟致于对这哲学的逻辑基础也一并加以质疑。

三

当数学物理学坚守其现象主义的本分，甚至迈向怀疑的结论时，流行的自然科学之哲学却往相反的方向在发展，丝毫没有经历过批判性的怀疑或疑虑，这哲学一点都没有显示出任何认识论上割舍的倾向。它想知道究竟是什么东西在世界最内层的核心维持着这整个的世界。它还觉得解决这个世界的谜题完全是它能力所及的事。要达到这个目的，并不需要作什么积极的努力，只消把途中的一些障碍排除开就可以了。它认为历来妨碍人类心灵使它未能真正征服自然、使它未能泰然自在的，乃是人类追求超自然领域的心理倾向。如果我们能够抛开这个超越问题，自然界便立即不再有任何神秘可言。自然原非神秘不可知，只是人类心灵把它裹上一层人为的黑暗。只要我们把语言的面具、任意造成的概念的面具、幻想的成见的面具等等从大自然的脸上揭去，它就会现出它的真面目，让我们看清它原是一个有机的整体，是自己维持自己的，自己可以说明自己的。从自然界之外的地方去找寻说明，到超自然的领域去找寻自然之原理，是永远达不到目的的。因为人是自然之作品，除了自然界之外，他别无其他存在之所。

他想摆脱自然法则的支配是不可能的，因为即使在思想中他也只能表面上超出该法则而不能真正摆脱它。他的心灵固然努力想走出感觉世界，但是它也总是非回到这个世界不可，因为它唯一的力量就在于结合感觉资料。我们所能得自自然界的一切知识都在于这历程，但一种秩序也在这历程中呈现，它十分清楚与完全，没有任何暧昧不明之处。凡是敢于追根究底的心灵，都可以破解自然之谜。因为这种心灵终会发现法则只有一个存在、一个形式，其间没有矛盾，没有割裂。自然的一切历程（包括通常所谓的"知性的"历程），事物之整个物理的与道德的秩序，通通可以还原为物质与运动，可以用这两个概念加以阐释。"去生存就是去体验适当的运动。自保就是发出与接受运动（其结果使得存在得以维持）；也就是吸收适于增强自己之存有的物质，排拒可能削弱或伤害自己之存有的物质。"我们目前的面目、我们将来的面目、我们的观念、我们的意向和行动，都不过是自然所赋予我们的存有与基本属性之结果，都不过是周遭环境之结果（由于这环境，我们的属性才得以发展和变迁）[1]。

因此能向我们保证自然知识之真实无误的，并不是演绎的、逻辑的或数学的结论，而是由部分以推知全体的推论。只有在以人性为起点的场合，自然之本质才可能被我们测定。因此，人性生理学乃成为自然研究之起点与关键。在唯物论奠基者的著作中，数学与数学物理学从此失去了中心的地位，而被生物学与一般生理学凌越。拉·梅特里从医学的观察着手，霍尔巴赫则特别求助于化学与有机物的科学。狄德罗对孔狄亚克的哲学表示异议，认为仅以感觉作为一切实在之基本要素是不够的。科学应该超出这个界限，而把我们感觉之原因揭示出来，这些原因除了我们的身体组织别无出处。因此，哲学的基础并不在于感觉之分析，而在于自然的历史、生理学与医学。拉·梅特里的第一本书即名为《灵魂的自然历史》(*The Natural History of the Soul*)。他指出：唯有严密追踪物理历程，而且绝不采取精确观察所

① 霍尔巴赫，《自然的体系》(*Système de la nature*)。

不需要的，以及未经其证实的步骤，才有可能写出这样的一部历史。而正如他所说，也正是如上的一种观察决定了他研究工作的性质以及他整个哲学的倾向。^①其后，感觉的有形的经验成了他唯一的向导；他提到感觉的时候，常常说："这些就是我的哲学家。"^②依狄德罗，这个世界上那些不满足于看得见的东西而偏要去为看得见的东西找寻其不可见的原因的人，其智力绝不会高于把钟表的运动归因于钟内的鬼怪的农夫。

就这样，独断的唯物论走上了与现象主义相同的路径，利用现象主义的武器，却不接受它的结论。因为唯物论也向我们肯定表示不想去确定物质的绝对性质为何，并认为这个问题对它的结论不具决定性的影响。拉·梅特里写道："我安于不知道无活动力的简单的物质如何变成活动的组合的机体，犹如我安于非借红色玻璃就无法注视太阳一样；对于其他无法理解的自然奇观，对于看来和一堆尘土无异的东西身上怎么会出现感情与思想，我也抱持同样的观感。我觉得有组织的物质赋有一种运动原理，正是这原理使得它不同于没有组织的物质，一切动物的生命都系于这个组织上的歧异……。"人的行为与猩猩和其他高等生物的行为之区别，则犹如惠更斯所制造的钟与原始计时仪的区别一样。"如果记录行星的运动比指示时间需要用到更多的工具、齿轮与弹簧；如果沃康松（Vaucanson）制造吹笛童子需要用上比制造鸭子更多的技艺，如果他再用上更多的精力就可能做出一个会讲话的东西……人体就是一个钟，不过是很大的一个，而且用了许多匠心与技术才造出来，所以即使转动秒针的齿轮停了，转动分针的齿轮还可以照走不误……"^③18世纪唯物论的方法有一个特征，就是它不再像17世纪的伟大思想体系那样，从实体的观点来考虑肉体与灵魂的关系，而几乎没有例外的都从因果的观点来考虑它们。我们其

① 参看拉·梅特里，《灵魂的自然历史》（*Histoire naturelle de l'âme*）。

② 同上，第一章。

③ 拉·梅特里，《人是机器》（*L'homme machine*）。

实大可不必为灵与肉之"本质"到底有什么关系的问题而伤脑筋，我
们只要确知它们两者之结果有一种稳定的关联就够了。在它们两者之
间其实并没有明显的界限存在，因为肉体与心理现象之分纯然是一种
抽象的区分，并没有经验的证据以资证明。不管我们如何讲究我们的
观察，不管我们如何深入分析，我们都无法找到心理与肉体的分界
点。它们两者事实上是如此地紧密相关，以致你绝不可能摧毁了其中
的一个而不连带摧毁另外的一个。既然我们无法不由事物之结果去认
识与判断该事物，我们便只好从灵与肉之结果有一种必然而无法分开
的关联，以推断它们的本性之一致。死的物质与活的东西之间、运动
与感觉之间的明显脱节并不重要。我们固然不知道感觉如何由运动而
生起，但我们不是也一样不知物质本身与其基本现象之间的确切关系
吗？我们也无法从概念上了解机械冲量的历程，或某一动量如何由一
个物体传达到另一个物体；我们只好满足于在经验中观察它们。对
于这所谓的心-物问题，我们也可以从事经验的观察。这个问题跟上
面的问题一样，从一方面看来，简直是一个谜，但从另一方面看来，
却是再明白不过了。如果我们满足于从经验中学到的一切，而不再
企求其外的东西，则经验确实可以像告诉我们不同物质属性之间有
什么固定关联那样，也告诉我们肉体与心理现象之间有什么固定关
联。如果我们毫不奇怪地把广袤之外的其他属性也归诸物质，那
么，我们为什么就不能把感觉、记忆与思想等能力也归诸物质呢？
说到不相容，思想与物质固然不相容，但不可入性、电、磁、重量
等等又何尝跟物质相容呢？它们也无法还原为广袤，而是代表着某种
不同于广袤的新事物。对感觉与思想而言，情形既是如此，对爱好与
欲求、决心与道德行为而言，情形也应该一样。要说明这些现象，确
实用不着任何超自然的与非物质的原理，也用不着什么实体——这毕
竟只是一个空名。"只要我们设定最起码的那个运动原理，那么，生
物便已具备了所需要的一切，以从事运动、感觉、思想、憎恨等，总

之一切物理的与道德的（依赖于物理的）行为。"①

　　但是以上大家熟知的这些唯物主义的结论，还只是其思想的外表，并不是真正的核心。因为这个核心思想并不能在自然哲学中找到，而要从伦理学中去找——这初看起来也许有点奇诡。照它在 18世纪呈现的样子来说，照它被证实、被辩护的实况来看，唯物主义绝不仅是一套科学或形而上学的教条；它更是一则命令。它的目标并不只在于建立一套有关物性的学说，同时也在于命令与禁制。这一点在霍尔巴赫的《自然的体系》中可以看得特别清楚。粗浅来看，霍尔巴赫的学说简直就是一个最严格最一贯的决定论思想体系。依它所言，自然界的事物，根本无所谓善或恶、正当或不正当；一切存在的东西和发生的事情，在价值上和正当性上都不分轩轾。所有的现象都是必然的；由于其既有的性质与存在的特定环境，没有一个存在的东西能够采取它实际已采取的行动之外的行动。因此在自然界里面，根本无所谓邪恶、罪咎与失所。"自然界里面一切都各得其所，没有一个部分可以背离出自其天赋本质的法则。"②如果有一个人相信自己是自由的，他不过是自显其危险的幻觉与心智上的弱点而已。是原子的结构形成了他，是原子的运动在推动他；决定他的天性与左右他的命运的是不待他决定的许多条件③。霍尔巴赫的学说尽管包含了以上非常唯物主义的内容，但是其表达却涉及一个奇异的对抗。因为它一点都不遵循斯宾诺莎的格言——"不嘲笑，不悲伤，也不嫌恶，但求理解"。霍尔巴赫的自然哲学相当肤浅，只不过权充一个引子，以引介包罗更广泛的一套完整哲学。他的《自然的体系》不过是他的《社会体系》（Social System）与《普遍道德》（Universal Morality）的基础，支配他思想的真正倾向只能在后面这两本书中被清楚看到。依这两本书所言，人必须摆脱一切偶像，一切关于事物之最初原因的幻想，因为只

① 拉·梅特里，《人是机器》。

② 霍尔巴赫，《自然的体系》第一部第四、五章。

③ 同上。

有这么做，他才能成功地依照自己的观念整理和确立这个世界。书中以为，到当时为止，神学的唯灵论一直在阻止政治-社会体系的自动调整。这唯灵论乃是在每个阶段妨碍科学发展的东西。"作为经验之天生的敌人，神学，亦即有关超自然事物的学问，一直都是自然科学之无法超越的障碍。除非通过迷信之恶毒的眼睛，它禁止物理学、自然历史与解剖学去看任何东西。"[1] 迷信支配了以上的学问固然已经非常危险，但如果它居然塑造了道德秩序，其危险就更大了。因为在这里它不但取消了人类知识，更窃取了人类幸福的真正基础。它以千百种的幻象吓唬人类，而且剥夺了他每一种生存的喜悦。只有决然而彻底地与一切唯灵论断绝关系才能救治这个境况。神、自由、不朽等观念，应该一劳永逸地连根加以拔除，这样，自然界之合理的秩序才不会被超自然世界之不断干预威胁与推翻。这同样的思路也可以见诸拉·梅特里的《人是机器》一书中。依此书所言，这个世界除非变成无神论的世界，不然绝不会有快乐。一旦对神的信仰消失了，一切神学的争论与宗教战争也就消弭于无形："至今一直沾染了神圣毒素的大自然将可恢复它的权利与纯净。"[2] 可是当《自然的体系》以一个挑战者与控诉者的身份出现，当它不满足于神学的结论而希望为人类思想与信仰建立一个规范的时候，它本身却面临了一个困难的窘境。它所主张的学说既然坚持自然事件的绝对必然性，它就被自己的推理难住了。因为以这个学说为立足点，我们有什么权利跟人家谈规范呢？有什么权利去作要求、去作评价呢？依照这个学说，每一项"应然"岂不都是一个幻觉，而应该转化成"必然"才对？而除了屈服于此"必然"，还有什么别的选择呢？我们能导引这个"必然"而指定它的路径吗？即使是18世纪施诸《自然的体系》的批评也已揭露了其论证所存在的这个基本弱点。腓特烈大帝（Frederick the Great）对这本书的答辩特别提醒他人注意这点。"在作者举过所有证据，"这答辩反

---

[1]　霍尔巴赫，《自然的体系》第一部第四、五章。

[2]　拉·梅特里，《人是机器》。

驳道，"以证明人类在一切行动中都受到一种宿命的必然性所导引之后，他不得不得出一个结论：我们不过是一部机器，一个由盲目力量所操纵的活动木偶。可是他却激情地反对教士、政府，反对我们整个教育制度；他确实相信行使以上功能的人是自由的——即使当他对他们证明他们本身是奴隶的时候。这可真是愚蠢！无聊！既然每一样东西都是由必然的原因所推动，一切咨商、一切训诫、一切报偿与惩罚岂不都是多余而又无法解释的；因为这实在犹如对一棵橡树说教，劝说它变成一棵橘子树。"当然一个比霍尔巴赫的论证更精巧更有弹性的论证还是可能克服以上的异议而把它编成对自己有利的论证。狄德罗就把宿命论思想体系终必导致的自相矛盾的论旨看得很清楚，并且一一把它陈述出来；但是他却利用这些自相矛盾的论旨作为动力，以激发自己彻底的辩证思想。他承认一个循环论证的存在，但随即把这个境况转变成一个大戏谑。他的一本最独出心裁的书直把这个刺激当作它的灵感。这部小说《宿命论者雅克和他的主人》(*Jack the Fatalist*) 就是想告诉我们：命运概念乃是一切人类思维的全部。但它也告诉我们：思想如何一再地陷于与这个概念冲突的境地，如何被迫否定与取消这个概念——甚至在它肯定它的时候。我们别无选择，只有承认这个境况是无可避免的，并且扩充必然性概念，以容纳与这概念有关的那个不一致性——这不一致性，是我们一切思想与判断、一切肯定与否定都不能避免的。依狄德罗所见，正是在自由与必然两极之间的这个摇摆使得我们思想与存在的领域臻于完美。也是通过这个摇摆，而不是通过单纯的肯定或否定，我们才能发现那个无所不包的自然概念，这个概念分析到最后，毕竟超越了一致与矛盾、真实与虚假，正如同其超越了善与恶一样，因为它无所区别地包含了两端。

就整体而言，18 世纪可以说并没有被卷入狄德罗辩证法的这个大旋涡中，这辩证法把他由无神论带到泛神论，由唯物论带到泛心论，然后又颠转往复。在狄德罗思想的一般发展中，《自然的体系》一书扮演的是比较不重要的角色。即使是最接近霍尔巴赫的圈子的思想家，也摒弃了他著作的激进结论；不但其结论，就是其前提，也遭到他们的否定。伏尔泰一面就其最大弱点抨击霍尔巴赫的著作，一面提出自己的确切判断。他毫不留情地明白点出霍尔巴赫的矛盾，因为后者一面大力攻讦独断主义与不容忍的态度，一面却把自己的论旨立为教条，以盲目的狂热极力护卫它。伏尔泰不容许自己的观点建立在这样的论证上，他不愿意从霍尔巴赫及其门徒的手中接受"无神论者的专利品"（patent of an atheist）。对霍尔巴赫的见解，伏尔泰固然很挑剔；对霍尔巴赫的文章风格，伏尔泰甚至更为挑剔。他把霍尔巴赫的文章归为他所无法忍受的一种类型，即"烦人的类型"（boring genre）。事实上，霍尔巴赫的风格，除了啰唆与文不对题之外，还特别的艰涩与枯燥。它的目的是要把一切宗教的与美感的成分都排除在自然哲学之外，而且要把一切情感与幻想的力量都中和掉。他认为称赞和崇拜自然都是愚昧的，因为它只是绝对盲目而机械地运作着。"让我们把自己视为毫无情感的整体之有感觉的部分，视为其形式与组合在呈现并持续若干时间之后必归于消灭的整体之部分。让我们把自然当作一个大作坊，它含有制造我们眼前一切形构所需的每一件东西，让我们不要把自然的作品的产生归诸仅存在于我们脑中的想象性的原因。"[1]当歌德风闻百科全书派思想的时候，曾经说过：他和斯特拉斯堡的青年朋友们感到宛如走在大工厂无数运动的线轴与织机之间，由机器、错综复杂的生产历程以及制造一块布所需的一切考量等所引起的迷乱，使得他和他的朋友不由得对他们身穿的衣服心生厌恶。这个时候，歌德的心里一定想的是与这段引文相类似的话。关于《自然的体系》，歌德说他和他的朋友根本无法理解这么一本书怎么会有危险性："在我们看来，它是如此的幽暗、如此的昏沉，如此缺乏生气，以致我们甚至连它的存在都难以忍受，我们不禁对它打了个寒战，仿佛它是一个亡灵似的。"对霍尔巴赫这本书的负面反应——这反应在该书出版之后不久即已出现——主要是由于它对当时一切宗教的与最

---

[1] 霍尔巴赫，《自然的体系》。

有生气的艺术力量浇了冷水。这些力量不但正在促成一项美学的改革，而且在 18 世纪自然哲学之形成上也正产生着积极的作用。它们激起了一场注定要对近代科学的成长产生划时代影响的运动。

四

狄德罗在他的文章《对自然的解释》（*On the Interpretation of Nature*，1754）中指出：18 世纪似乎已经到达了一个决定性的转折点。狄德罗可能是 18 世纪的思想家当中对一切知性活动与时代变迁具有最敏锐感觉的人。他感到科学领域中的一场大革命当时已经开了端。"我几乎敢肯定不到一百年之后欧洲将找不出三个大几何学家。这门学问即将陷于停顿，永远停在像伯努利（Bernoulli）、欧拉（Euler）、莫佩尔蒂、克莱罗（Clairaut）、方丹（Fontaine）、达朗贝尔与拉格朗日（Lagrange）这样的大几何学家们所止步之处。他们将在此功成身退。而我们以后永远也无法超越他们。"我们都知道：就纯数学的历史而言，这预言与以后的事实相差很远。高斯（Gauss）逝世的时候，狄德罗所说的一百年都还没有过去，但高斯却已彻底革新了数学，无论在内容上或方法上都以 18 世纪所无法预见的方式做了重大的推展。不过在狄德罗的预言后面仍然存在着一种天才的敏感性。因为他所要强调的重点乃是：在各种不同的自然科学之间，数学将无法再保持其独一无二的支配力。一个强大的对手已隐约可见，数学将无法完全凌驾于它之上。无论数学在它自己的领域中多么完美，无论它能多么精确地发展它的概念，这完美只限于它自己本身。因为它无法跨越它自造的概念一步，因为它无法直接触及经验的具体实在。这实在唯有通过实验、通过正确可靠的观察才能被我们触及。不过如果我们希望实验方法达到完全有效的程度，我们就得允许它完全自动，免除任何外物对它的教导。因此，在自然科学的范围内，抗拒数学与形而上学的体系化精神，乃成为一件必要的事。一旦数学家不

肯安分地只以发展自己的概念世界为务，却相信他可以用他概念的罗
网捕捉实在，他就把自己变成形而上学者了。"几何学家既大声反对
形而上学者，他便显然不认为他们一切的学问都只是形而上学而已
了。"基于这个认识，支配所有 18 世纪物理学的数学式自然科学之理
想，遂开始萎谢；代之而起的是一个新的理想，即要求一种纯粹描述
性的自然科学。在这个理想被详尽领会之前，狄德罗早已为它勾出了
一个大概的轮廓。他质问道：为什么在数学有了这一切惊人的进展之
后，我们所拥有的真正可靠的自然知识却这么少？到底是缺少天才，
还是缺乏思想与研究？答案是：绝对不然。其原因是在忽略了概念性
知识与事实性知识之关系。"抽象的学问已经占据了第一流的心灵太
过长久。言辞无止境地增加，事实性的知识却遥遥落在后面……但哲
学的真正财富却在于事实，不管它是哪一类的事实。可是理性哲学却
有一项偏见，以为拥有许多王冠却不会数它们的人几乎不比只拥有一
顶王冠的人更为富有。很不幸，理性哲学对于比较与组合已知的事实
的兴趣，远大于搜罗新的事实。"[①]在这几句话里面，狄德罗揭出了一
个新标语，它宣告一种新思维模式的诞生。17 世纪计算的、体系化
的精神，现在受到一种新倾向的挑战，这倾向就是力求以清楚分明的
概念去描述实在，或把它化约为大小与数量。即使 17 世纪式的体系
还能被建立起来，人们也不再认为它可以表现实在。"体系哲学家是
幸运的，他们像古代的伊壁鸠鲁和卢克莱修或柏拉图和亚里士多德那
样，都被自然赋予了活泼的想象、滔滔的辩才以及以庄严惊人的图像
表达自己观念的技巧。他们所建立的建筑也许有一天不免倒塌，但他
们的雕像即使在废墟之下也仍将屹立不移。"这样的体系，其所具有
的个体性事物将多于普遍性事物，美感因素将多于客观的逻辑意义。
作为一种建立知识的工具，它是不可少的，但我们必须提防变成工
具的奴隶。我们应该拥有工具，而不是被工具拥有。"你尽可占有拉

---

① 狄德罗，《对自然的解释》(*De l'Interprétation de la Nature*) 第四、十七、二十、
二十一诸节。

伊丝（Lais），只要拉伊丝不占有你。"①一种新的学风呈现了，其本身及其方法都有待人们的承认与辩护。

这辩护可以从一种考虑开始，这种考虑早已行诸数学式的物理学。牛顿的门人和追随者在与笛卡儿之"理性"物理学争论的时候，就已再三强调：应以对自然历程作充分描述之要求替代对自然作解释之要求。其所需的将变为描述而不再是定义（像见诸纯数学之中的）②。对物理学家而言，有关一件事情的精确描述，实无异于其大小之测定；唯有能以数值测定并以数值表示的东西才能真正准确描述。不过，场合如果由物理学转到生物学，则上述有关描述的必要条件便有了不同的含义。这时所谓的描述就不再是把直接观察到的实在转变为特定的数量，而毋宁是保留经验中的实在之特殊形态。生物学家眼中所见的就是这些形态之多样存在与千变万化。类（classes）与物种（species）概念，则是一种逻辑结构，我们借以洞察自然，它们本身只是存在于人类心中的理念，这套东西俨然与实际的自然直接对立。这些概念必然会限制直接的观察；它们不会促成我们对自然界内容的充分理解，只会导致理解的贫乏化。这贫乏化的作用只有当我们找到构成概念的一个适当方法时才能加以抵消。这方法容许我们直接接触到杂乱无章的现象，以及上述自然物各种形态之个别实例，并且把注意的焦点放在这里；而在另一方面，我们的概念却得以保持像现象自身那样的弹性。狄德罗在陈述其植物学内容时为这个概念的构成方法提供了一个典型。他写道："如果我够胆量，我一定要说一句奇诡的话：在某些情况之下，再没有比方法更累人、更浪费的东西啦！方法诚然是导向真理的指南，这种真理谁都少不了，因为一个人如果错过它，必将误入歧途。可是如果一个人想教小孩子讲话，却采取一种特殊的教法，即先教他以 A 字母开头的字，再教他以 B 字母开头的字，然后再依次教他以 C、D 等开头的字，那么，在这个小孩学遍 26 个

① 狄德罗，《对自然的解释》第二十一、二十七节。

② 见本书第二章第二节开端。

字母之前，必已过了半辈子的时光。在推理的领域，方法固然是很灵光的，但是据我的估计，在一般自然历史的领域，特别是在植物学的领域，它却是很不利的。"这倒不是说这些学科可以不要体系与方法；它毋宁是说它们的体系之形态不应该承袭自理性的训练，而应该由来于这些学科的题材，并且适应于这些题材。

　　狄德罗之所以能把有关描述的必要条件表达得这么清楚与确定，也是因为在他用心于解释自然时，正好有人在相当程度上以具体的实例体现了它。因为就在这个时候布丰的《自然历史》前三卷出版了。布丰的作品树立了自然科学的一个新典型，而且堪为牛顿《自然哲学之数学原理》(Mathematical Principles of Natural Philosophy) 之姊妹作。当然在主旨上、在原创性上、在创造力上，布丰的贡献都无法与牛顿相比拟；不过从方法的观点来看，就其清楚表示了有关自然科学概念之构成的一个基本倾向而言，就其以涵盖万物的研究规模来表现这个倾向而言，它是一点都不稍逊色的。布丰在导论中明白表示：为自然科学树立一个严格一元的理想，要其他各支的科学研究都屈从它，乃是无益而错误的。由于数学与物理学的对立，任何此类方法学上的一元论必将归于失败。因为数学的真理单纯在于一套纯粹的分析命题，它们由严格的必然性联结在一起，分析到最后，不过是同一个知识内容之不同形态的表达。但是当我们想接近真实世界并且使我们适应于此世界时，上述真理概念便失去意义与力量了。在这个时候，我们已不复只在处理自己塑造的概念——其形式与结构，我们了如指掌，而且可以用演绎的方法从其中的一个推演出另外的一个；这时，事情已经不像我们单纯进行观念与观念之比较时那么一清二楚；这时我们所能获得的充其量也只是事情之概然性（而不是必然性）。我们只能把自己付托给经验之指引，因为只有经验能够产生上述的确实性——物理学只能达到这个程度的确实性。这时，我们只得增进和锐化我们的观察；我们必须从有限的事实引出一般性的论断，借着类比把事实组合起来以形成结论，最后得出一种知识，根据这种知识，可以看出特殊者如何与整体结合在一起，特殊的结果如何依赖于一般的结果。这时，我们不再是拿自然与我们的概念相比较，而是拿自然与它自己相比较；我们观照每一个自然的作用如何与其他的作用接榫，而最后接合成一个整体的活动①。如果我们企图把这个统一体分割成许许多多的类与物种，我们便不能理解它。因为这样的分类只能得出一个名称术语的体系，而不是一个自然的体系。为了概括观察事实，这名称的体系也许是有用的——事实上是不可少的；但是最危险的也莫过于把这些仅是符号的东西跟它们所指涉的实物相混淆，莫过于只顾为名词术语下定义，而期望从它们身上得到对自然事物的某种解释。在布丰看来，甚至林奈（Linnaeus）的《植物哲学》（*Philosophy of Botany*）也不能免于这个毛病。林奈随意选取了若干性质和特征，试图按照它们把植物世界加以归类，他以为依据这个简单的排列以及分析分类的程序，就能够给我们一幅关于植物世界之顺序、组织与结构的图像。而事实上，只有通过完全相反的一个程序才可望获得这么一幅图像。我们应该应用的与其说是带有分析性的区别原理，毋宁说是联结原理；我们必须就生物之亲属关系，就它们之如何由一个形态转变成另一个形态，就它们之演化与变形等等而研究它们，而不是把它们落在截然划分的物种中而研究它们。因为前者才是造成自然界中实际生命的东西。既然自然物都是经由无法觉察的细微步骤从一个物种、一个类属转变成另一物种、另一类属，在两个步骤之间还有许多中介的步骤，这些步骤看来一部分属于一个类属，另一部分则属于另一个类属，那么，除了追踪所有这一切细微的转变，除了使我们的概念保持弹性以代表自然形态之弹性之外，也实在没有别的办法。因此布丰倾向于彻底的唯名论（nominalism）；他说：在自然界里面只有个体，没有种与属。他深信这个见解普遍地被观察证实。一个大陆的动物，不能在另一个大陆被找到，如果我们认为找到同一类的东西了，我们会发现它们已经变化得几乎无法识别了。难道我们还需更多

---

① 布丰，《自然历史》（*Histoire naturelle*）。

的证据来证明生物的类型是可以改变的，证明动物的特征在时间过程中是可能完全改变的，证明比较不完美的物种、最不适于生存的物种都已绝灭或将消失吗？

作为演化论的先驱，布丰的见解在这方面的重要性无须在此讨论。就布丰之见解与我们关注之问题的关系而论，其内容倒不是最重要的，重要的是其形式以及对某一种知识之理想的倡导，这种理想随着布丰作品所取得的整体性进展而逐步得以实现。生物知识之独立结构在此第一次得以清楚呈现，也开始自我肯定其异于理论物理学之形态。科学方法不复单独被数学支配；它现在被供以另外一个焦点，即被供以历史知识这基本形态的焦点。康德的《判断力批判》（*Critique of Judgment*）里面著名的一段话——自然考古学的观念就是在这段话中首次清楚呈现——似乎是直接参照布丰的著作写的。"在人类历史中，为了测定人类精神生活的兴革与时代，人们参考文件、检验钱币与奖牌、译解古代铭文，同样，在自然历史中，人们也必须搜寻世界的档案、发掘远古遗物、搜集残迹，把可以溯源至自然之不同年代的各种物质变迁迹象组合成一套证据。这是在无限空间中标定定点与在无尽时间路径中树立里程碑的唯一办法。"[①]在这个程序中存在着一种纯粹描述性的自然科学之力量，这股力量在生物学中逐渐取代了以往经院逻辑的方法，取代了依据属别与种差以行定义的方法。唯有名副其实地被"定义"了的，亦即清楚地被认知的与鲜明地被勾勒出外形的，才算已经被描述过。有关自然的概念既已改变，构造科学概念之目的既已不同于往昔，人们对自然历程之基本内容所持的态度也改变了。即使在笛卡儿有关定义的逻辑-数学学说中也要求有一套严格的有关自然的机械论的解释，作为其补充与申论。不过由于思想的重心已由定义移到描述，从物种移到个体，机械论再也不能被视为解释之唯一与充足基础；旧的自然概念正在过渡到一个新的自然概念，它不再设法从存有引申出变化、不再拿存有解释变化，反而设法由变化

---

① 布丰，《自然历史》。

引申出存有、拿变化来解释存有。

五

在法国，笛卡儿的物理学体系曾经很快地克服了教会学说与经院派的实体形式物理学的反对。17世纪中叶以后，它的进展甚为神速；它不但赢得知识界的认可，更成为社会一般文化的一部分——这是丰特奈尔《对谈世界之多元性》所造成的结果。笛卡儿主义的影响力既强大又持久，终至那些就本质而言反对其目标的思想家也无法逃脱其影响。在这个世纪，笛卡儿学说的特有形式深深铭印在法国人的心底，这形式很经得起磨炼，它甚至还能克服与吸收完全异质的内容。不过，笛卡儿主义却从来未能在英国或德国赢得像这样近乎无限制的权势。德国思想是在莱布尼茨的影响之下成长的。莱布尼茨思想的主流获得承认之历程进行得十分缓慢，几乎每一寸的进展都是力战的结果；然而它却能深远而有效地透入别的事物。在英国，不但经验主义思想体系变得对笛卡儿体系愈加挑剔——特别是对它的天生观念说与实体概念之形式，而且当地更存在着某一形态的自然哲学，它与文艺复兴时代的物力论（dynamism）直接相关，而且还设法推溯它的根源至古代哲学，特别是新柏拉图学说。这些趋势在剑桥学派的著作中有概括而成系统地表现出来。这个学派的一位领导人物，亨利·摩尔（Henry More）在笛卡儿哲学刚一出现的时候，曾热烈地对它加以赞扬，因为在它身上可以看到唯灵论的决定性胜利，看到心与物的彻底分离、广延的实体与思维的实体之彻底分离。但是在其自然学说的后期发展中，摩尔却恰是在这一点上强烈反对笛卡儿。因为摩尔认为笛卡儿不但区别了这两大实体，而且把它们分离了。笛卡儿把它们划分得如此彻底，以致两者之间的任何真正关联都成为不可能。然而，自然之统一与生命却是基于心与物之关联，基于它们相互作用之统一。如果我们认定只有到了人类的自觉（human self-consciousness）出现时才开始有心灵存在，如果我们认定心灵的领域只局限在"清楚而分明的"观念，那么，这个统一与生命就遭到破坏了。只要我们洞悉自然之形态，我们一定无法同意这种局限。在生命之各种形态与自觉之形态之间，并无鸿沟存在。在自然界之中，由生命之最基本历程到思想之最高等历程，从昏昧的感觉到最高形态的反省知识，一个阶段连着一个阶段，中间毫无中断。经验既然向我们揭露了事物之间这样的关联，我们就不能不加以正视；现象既然形成这么一个不间断的系列，原理就不应该和它相反——像笛卡儿思想中的情形那样。笛卡儿完全把植物和动物的生命划出界外；他宣称动物是机器，而把它们归诸机械论的范畴。与这个观点对立的是摩尔与卡德沃思（Cudworth）所持的"有形成力的自然"之说（doctrine of "plastic natures"）。他们认为生命并不限于思维与自觉；它更基本且普遍地表现为一种形成力。我们应该承认，举凡其存在方式与外形中有迹象显示有一种形成力在它们体内作用的东西都具有生命。这些东西，由最简单的到最复杂的自然历程，由元素到最高等有机体，形成一个"有形成力的自然"之阶级体系；宇宙之秩序与关联只能根据于这些有形成力的自然，而非根据于单纯的质量与运动。

莱布尼茨则从另一个角度攻击笛卡儿哲学，明确拒斥上述有形成力的自然之说。因为作为一个生物学家与形而上学家，他虽然集中注意力于有机生命现象，可是他却非常小心地避免妨害笛卡儿所已建立的数学物理学的伟大原理。所以，如果说剑桥学派谈到笛卡儿的"数学病"（mathematical sickness），并将这种病看作他的自然学说的基本缺陷，莱布尼茨则大异其趣地强调：关于生命的学说应该以不违背数学物理学之基本原理的方式呈现。依莱布尼茨之见，唯有当一个人领会到一切自然现象都能够以数学的与机械的解释加以说明时，才能确定上述两种思维方式可以达成和谐。不过，机械论本身之原理却不能在广袤、形状与运动中寻找，而应该视为来自其他根源。机械论是一个理智的罗盘，它可以引导我们循着唯一可靠的途径穿越现象世界，它可以使一切现象服从于"充足理由原理"（principle of sufficient reason），因而使它们可以被理性理解，使它们可以被充分说明。但是由这种说明并不足以达成对这世界的理解。这种理解绝不会满足于获得对现象之仓促概观以及其时空次序之知识。这种理解一定会追问整个现象系列之一般根由，而不只是从历程的一个因子追究另一个因子（在时空上邻近的），不只是步步追踪一个有机体的不同发展阶段。这根由本身绝不作为这系列的一个成分而从属于它，而是存在于这系列之外。为了要了解这一根由，我们必须离开现象之数学-物理学的层次，而进入实体之形而上学的层次；我们必须在基原的力量中为衍生的力量寻找基础。这正是莱布尼茨在其单子论中试图完成的工作。单子正是一切事件所由起的原因，而它们的活动与发展之原理，并非因与果之机械关联，而是一种目的论的关系。每一个单子都是一个真实的圆极（圆满实现，entelechy）；每一个都奋力去发展、去改善它的存有，以从其发展的一个阶段跃升到更完全的另一个阶段。我们所谓的机械历程，其实不过是在这些实体内部进行的、在目的论的力量内部进行的有生气的历程之表象，是它对感官之呈现。因此，广袤（在它身上，笛卡儿以为看到了物质的实体）是由非广袤的东西衍生的；外延的东西是由内包的东西衍生的；机械的东西是由有活力的东西衍生的。"在物质中被机械地或广袤地展示的东西，都富有生气地、单子式地凝聚于圆极本身，在那里，它是机械作用之根源和机械事物之代表；因为现象由来于单子。"[1]

就这样，尽管完全承认有关自然的数学式解释之价值，关于有机体的一套新哲学还是奠定了它的基础——至少一个新问题已经受到正视，其影响可以见诸整个 18 世纪自然哲学之发展上。使这个问题持续得到关注的，并不只是理论性的思维与抽象的玄想。除此之外，一种由具有艺术倾向的伟大心灵所代表的富有美学色彩的新哲学也有同样重要的一份功劳。上述两个成分的融合早在莱布尼茨的和谐概念中

---

[1] 莱布尼茨致沃尔夫的信。

已可见端倪。而在沙夫茨伯里（Shaftesbury）那里，这种美学倾向在一种自然之新概念的构造中所起到的重要作用则表现得更为明晰。沙夫茨伯里的自然哲学建立在剑桥学派"有形成力的自然"之说上。但他摒弃了亨利·摩尔由这个学说引申出来的一切带有神秘色彩的结论。因为沙夫茨伯里希望他所陈述的形态概念，一方面可以让人看得出它是出自理智的、超感觉的根源，一方面却又不失其为直觉产物的面貌。沙夫茨伯里把世界视为一件艺术作品，他要以这个作品来追溯一位艺术家，这位艺术家创作了这件作品，并且直接存在于其形态之一切表现形式之中。这个艺术家并不是依照外在的一个模型来工作，也不是遵循一个规定的创作计划而进行。他的活动完全是由内在决定的；因此，它不可能受外在历程之类比所规定，也不可能受一个物体加诸另一个物体的动作所规定。依此，贯穿与支配整个沙夫茨伯里哲学的目的（purpose）概念，便具有了一个新的地位与意义。正如艺术的创造与欣赏并不受另外的目的所支配，正如这类活动的目的就在这活动本身——在创造与静观——自然之"天才"（genius）的情况也是一样。它的活动就是它的一切。可是它的本质却无法被它的任何一个特定作品穷尽，即使它的无限量的作品之总和也不足以穷尽它；它只在创造与形成的历程中表现它自己。而这个行动也是所有的美之根源："美化作用，而非被美化者，才是真正美的东西。"从他的美学所得来的这个内在目的概念，也出现在沙夫茨伯里的自然哲学中，而在其中形成一个新的基本倾向。在这里，他也超越了剑桥学派的模式。因剑桥学者主要把"有形成力的自然"设想为从属的势力，他们把它置于神旨的引导与统治之下。上帝站在世界之上，作为它的"最终目的"（telos）和超越的原理，有形成力的自然则在世界中活动，由第一因[①]委托它以执行创造之细节的工作，因为第一因只管一般性的目标。在沙夫茨伯里那里，这一切较低者与较高者、最高神明力量与自然之"恶魔的"力量（"daemonic" forces）间的区别都消失了！他

[①]　即上帝。——译注

在一切之中看到一，在一之中看到一切。他在自然之中看不到"在上"（above）或"在下"（below），在内或在外，因为"这里"（here）和"那里"（there）、此岸和彼岸的绝对对照，并不存在于现象世界。"内部形态"（inward form）这观念克服了所有这一类的对立。用歌德的话来说，就是："因为自然之内容是这样的，所以举凡在外面是正确的，在里面也正确。"一股对自然的新感受就从这个根源扩及整个 18 世纪的知性活动。沙夫茨伯里对自然的这种态度在德国思想的发展上产生了决定性的影响；它反映了塑造赫尔德（Herder）与少年歌德之自然哲学的基本势力。

讲到赫尔德与歌德的自然观，我们当然超越了启蒙时代的极限，不过，18 世纪思想的连续性在此处仍然没有遭到破坏。这个时代经历了一个十分有规律的发展才最终达到了它的极限。这个发展之统一性与连续性一开始就由于莱布尼茨的体系以及他思想的广泛性而得以确保。在法国，自 18 世纪中叶以后，莱布尼茨单子概念的影响力就稳步增强。把莱布尼茨思想带到法国的，以莫佩尔蒂的功劳最大。他跟莱布尼茨在私人关系方面固然存在矛盾，但是他的形而上学、自然哲学、知识论与莱布尼茨基本观念客观上的血缘关系则是不容否认的。他的最少行动原理、他对连续性原理之陈述与证明、他关于时空现象性的学说等等都可以溯源至莱布尼茨。莫佩尔蒂诚然曾经试图避免在这几点上面直接承袭莱布尼茨；尽管他悄悄地采纳了莱布尼茨的基本学说，他仍然继续批评和抨击莱布尼茨式的体系，特别是经由沃尔夫及其弟子而重现的形式。这个暧昧的立场使得他在与柯尼希（König）争辩时居于不利的地位。而正如柯尼希所指出的，莫佩尔蒂的生物学说承袭莱布尼茨的痕迹甚至比他的最少行动原理更显著。这些学说包含在一篇名为《论自然之普遍体系的形而上学》（*Dissertatio inauguralis metaphysica de universali Naturae systemate*）的拉丁文论文中。这篇文章以署名鲍曼博士（Dr. Baumann）的形式于 1751 年在埃尔朗根（Erlangen）出版。这篇文章在思想史上的特殊意义由于当时的环境而益发突显，因为是这篇文章做出了第一次的尝试，去调和17世纪自然哲学之两大对立思潮。莫佩尔蒂是牛顿思想在法国的第一个大力提倡者；在这方面他可算是伏尔泰的先驱，为后者铺了路。可是不久他就发现牛顿万有引力原理无法充作描述性自然科学的充足基础，无法充作了解与解释有机生命的充足基础。尽管牛顿学说业已在天文学与物理学中证明了它的优秀，但一旦进入化学的领域，就会面临一些全新的问题，这些问题无法依照牛顿思想予以解决。如果我们希望在化学中继续将质量引力原理作为解释的基本根据，我们至少要赋予引力概念一个更为广泛的新意义。而如果我们由化学转到生物学，试图说明一种植物或动物的构成，那我们就要进一步改变这个意义。物种繁殖问题以及遗传的一切复杂问题，都无法以物理学的方法加以解决；这些问题甚至无法从这个观点进行陈述。在这里我们被迫去找寻关于物质的另一个基本概念。笛卡儿的广袤或牛顿的重力都无助于理解生命现象，更不要说从广袤与重力引申出这些现象的困难啦！因此我们只得在不可入性、运动性、惰性和重量等物理的属性之外，另外加上一点东西。在这个节骨眼上，莫佩尔蒂转而求助于莱布尼茨，后者已经阐明：关于自然历程之解释，其真实而终极的根据不能求诸物质概念，而该求诸一种单纯实体，这种实体的本性，只能从意识（consciousness）出发而加以描述，也就是借助构想与渴求等属性而加以描述。莫佩尔蒂更坚持说：除非我们决定把上述属性看作存有之基本元素，而非衍生性质，否则，关于自然之解释将不可能臻于完全。而在另一方面，莫佩尔蒂却不愿意接受莱布尼茨所提倡的极端看法，这看法硬把世界分为实体与现象、简单元素与复合元素。在他接近莱布尼茨单子概念的时候，他并不把它设想为形而上学的点（如莱布尼茨所设想的），而只把它设想为物理的点。要接触这些点（它们是一切自然历程所由组成的单位），并不须离弃物质世界，不过我们却必须把物质概念加以扩大，扩大到它不排拒意识之基本事实。换言之，我们不但要容许物质之定义中包括广袤、不可入性、重力等性质，而且还要容许它包括欲望、厌恶、记忆等性质。也许有人会反对说：这个组合含有矛盾，这类全然异质的、全然对立的属性不可能结合在同一个东西身上。但我们尽可不受这类反对的困扰。因为这类的反对只有基于一个假定才能算是有效，即假定科学家所运用的解释乃是有关实在的定义，而这些定义已经穷尽了事物的本质。如果我们也跟笛卡儿及其门徒一样，认为意识与思维是灵魂的基本属性，广袤是肉体的基本属性，那我们自可以顺理成章地在灵魂与肉体之间树起一道绝对的障碍，因为这两种类型的属性之间并没有共同的地方——它们归属其中一个类型，便将为另一个类型所排拒。但是一旦觉察到我们实际上只能就呈现于经验中的诸般属性而考虑，我们就可以看出：认定上述两类属性必定互相排斥并不见得妥当。因为既然只能就经验所及的范围而论，则这些属性内部如何关联、它们在本质上可否和谐共存，实不是我们所能问的，也不是我们所要问的；只要经验总是一起把它们显示出来，只要我们可以观察到它们经常一起存在，便足够使我们断定它们可以并存。既然思想和广袤"是仅有的属性，它们可以一起属于一个我们不确知其真正本性的东西；并且哲学家的一切推理一定是没有结果的，它并不能证明思想与广袤必然不可能并存，犹如它不能证明广袤必然不可能和运动性并存一样。如果我们觉得把思想和广袤设想为并存于同一个东西，反而比把广袤和运动性设想为并存于同一个东西更为让人容易接受，那是因为经验不断把思想和广袤并存的实例摆在我们面前，并且只允许我们通过推论与归纳去认知广袤与运动性并存的事实"①。

莫佩尔蒂认为，如果借此可以消除一种反对意见——这种反对意见基于逻辑学与形而上学而提出，反对心理属性与物理属性可以协调并存于物质概念之中——那么我们便可毫不犹豫地继续建构一套自然哲学。既然我们永远无法想象从无意识的东西身上可以引发意识（因为这么做必得先肯定可以从无中生出有），既然认为借原子的组合

① 莫佩尔蒂，《自然之体系》第三、四、十四、二十二诸节。

（这些原子既不具有感觉，也不具有知性，或其他任何心理性质）以说明灵魂的由来是荒谬的，那么我们别无选择，只能假定意识本来就是原子里面原有的现象。我们不能假定意识是由原子里面凭空生出来的，我们只能假定它在原子中发展，而逐渐清晰起来 [①]。到莫佩尔蒂构建出自己的一套思想的时候，莱布尼茨自然哲学的基本原理已经被排除净尽了。莱布尼茨的唯灵论这时在莫佩尔蒂的学说中已退化而成一种模糊的物活论（hylozoism）。依这个学说，物质本身就是有生命的；它赋有感觉与欲望，赋有同情与厌恶。每个物质颗粒（particle of matter）都对应着一个"本能"，它使得该物质颗粒去找寻适合于自己的其他颗粒，而逃避对立的颗粒。然而，每个颗粒又具有某种自觉。当一个颗粒和别的颗粒结合并构成更大的东西时，它并不放弃自己的自觉；反之，从这个有生命的分子之积聚物中生起了一个新的一般意识，构成这一整体的各元素的自觉统统加入这个新的意识并融为一体。"作为元素的一种基本属性，知觉显然是不会消亡、减弱或增强的。元素的不同组合确实可以导致它的不同改变；但是在整个宇宙中，知觉必然永远保持同样的总量，即使我们无法证明这个总量是多大……每个元素由于和其他元素结合，已经把它的知觉和其他元素的知觉混合在一起而失去其独特的自觉，我们因此也无从回忆诸元素的原始状态，因此对自己的由来也就一无所知。" [②]

狄德罗在他的《对自然的解释》（*Thoughts on the Interpretation of Nature*）中继续发挥莫佩尔蒂的学说，但是狄德罗是非常尖锐的批评家，不会看不出它的弱点。他十分正确地看出：莫佩尔蒂虽然企图超越唯物论，结果却只是提出了另一种唯物论。针对这种抹过粉的唯物论，狄德罗提倡一种迥然不同的、纯净的动态哲学。当然，在谈到狄德罗的时候，想以一个简单的名目来概括他的整个思想，乃是很危险的事。狄德罗的思想只能在其各阶段的不断变迁中加以领会。这变

①　莫佩尔蒂，《自然之体系》第五十三、五十四节。

②　同上。

迁，不会因任何特定目标的达成而终止，我们也无法通过其历程中的任何一点指出这整个历程的特性是什么或它的目的何在。狄德罗在他的一生当中不知道有多少次改变了自己的观点，但这些改变既不是偶然的，也不是任意的。这是他的信仰的一个表征，因为他相信我们据以观照自然的任何一个观点都不足以使我们完全把握住它（自然）的丰饶、它内在的多彩多姿以及它不断的突变。因此狄德罗的思想并不谋求固定化自然，也不谋求以明确的公式表现自然。它是一种流体，一种疾驰的东西，而且始终保持如此；但狄德罗相信正是由于思想的这个灵活性他才得以更接近实在，因为实在本身也是永远流动不居的。这个无限可变的宇宙，唯有一种有弹性的思维才能加以理解，唯有容许自己一程又一程不断被驱策前进的思想才能加以理解，这种思想绝不会满足于业经呈现与确定的，它宁可沉湎于丰盛的可能性中，不断探测和试验它们。由于这个基本特征，狄德罗成为最先挥别 18 世纪静态哲学而把它变成真正动态世界观的一个人。一切概念系统、一切将事物加以分类的企图，在狄德罗看来都是心地褊狭而不适当的；在他看来这些东西只有在描述某一特定时刻的知识现况时方才派得上用场。这些程序不能给知识加上限制，也不能据它们以推测知识之未来情况。我们的心灵必须对一切新的可能性开放，我们不能容许经验的眼界受到任何体系或规则的局限。这些考虑使得狄德罗酝酿出一个自然哲学之新概念。他认为想对自然加以限制是徒劳的，想把自然归入我们人为的分类之中也是徒劳的。自然只有分歧与绝对的异质性。它的形态没有一个是能够维持不变的；每个形态都不过是代表塑造这形态的诸般力量的一个暂时的平衡，这些力量能够而且将会归于乌有。"正如在动物界和植物界那样，个体由生成而发展而暂住而绝灭。整个物种又何尝不是如此呢？……哲学家是不是能够做出如下猜想：动物界自远古便已获得了它的构成元素，这些元素本来散布、掩盖在大堆的物质当中；这些元素在偶然的机会中结合在一起，因为本来就存在此种可能；由这些元素所形成的胚胎历经了无数不同的结构和阶段；它依次经历了运动、感觉、观念、思想与反省的发展阶段并得以继承；……以上各发展阶段都跨越了数百万年的时间；这胚胎还可能必须经历更多的变迁。"[①] "有谁知道在我们存在之前已经有多少物种消逝了？有谁知道在我们作为一个物种消逝之后还会有多少物种出现？每样东西都在变迁，每样东西都会绝灭；只有整体是永恒的。世界不断地盛衰消长；每一瞬间都有开始与结束……在无法测量的物质之海中，没有一个分子会有一瞬间是完全和别的分子相同的——甚至也不和自己相同。'事物的一种新秩序产生了'：这句话是宇宙永远适用的口号。"对哲学家而言，没有一种幻觉是比"蜉蝣的诡辩"（"le sophisme de l'éphémère"）更危险的，没有一种幻觉是比相信世界必定是它现在所是的样子更危险的。世界的现状不过是其变化之无尽历程中的一瞬，没有一种思想可以先验地测出这个变化所可能变出的花样。"事物的一种新秩序产生了"（"rerum novus nascitur ordo"），狄德罗用以指陈大自然的这句口号，正可以用来形容他在 18 世纪思想史上的地位。他引进了思想观念的一种新秩序，他不但超越了前人的成就，而且改变了使这成就可能产生且使其永垂不朽的思想之形态。

---

① 狄德罗，《对自然的解释》第五十八节。

第三章　心理学与知识论

一

18 世纪思想的一个特征是有关自然的问题与有关知识的问题彼此紧密关联，无法分开。思想如果不是在观照外在客体世界的同时也反观自己，则其对外的观照亦将不可能；它总是在同一个动作中，企图同时肯定自然之真实与自身之真实。知识不仅作为工具而被毫无保留地使用，更有许多人对这样的使用是否正当、对这工具的品质究竟如何等问题一再提出质疑，态度也越来越强硬。康德绝不是第一个提出这类问题的人，他只不过是换一种新的方式来陈述这类问题，并且赋予它更深一层的意义，给予它一个全新的解答。笛卡儿早就对厘清心灵界限的工作有了相当的认识。洛克则将同样的问题作为他整个经验主义哲学的基础，甚至其经验主义也显示出一种刻意而为的"批判的"（critical）倾向。依洛克之见，在对知识对象做任何决定之前，倒是先得对经验之功能做一番研究。我们不可随便抓住一个对象，便不分青红皂白地一概想凭借我们的知识去研究它们；我们先得问究竟哪一类的对象才是与我们的知识相称的，才是凭我们的知识可以决定其为如何的。但是要解决这个问题，也就是想洞悉人类理解力之特性，却非得查验这理解力的全幅内容不可，非得从头到尾追踪它的整个发展过程不可。因此，这个批判的问题分明根植于一个发生的问题。因此，对人类心灵的一个真正适当的解释只能求之于它的演化过程。心理学于是成为知识论之基础，而且直至康德的《纯粹理性批判》问世为止，心理学的这个地位始终没有遭到异议。对这种观点的反应，始自莱布尼茨的《人类悟性新论》，但亦已延搁数十年之久，因为这本书一直到 1765 年才根据汉诺威图书馆的手稿编定付印；而即使是在这本书出版之时，这种反应在很长的一段时间内也仅限于德国思想史的圈子里。超越方法与心理学方法之明确区分、经验之开始与起源之明确区分（如康德所系统地阐明的）最终未能成为 18 世纪思想之基本问题而被提出。由于两种方法经常有所重叠，超越的演绎与心理的演绎从来没有被分开。知识之基本概念是否具有客观性竟然依其起因而判定。职是之故，心理起因竟然成为一项逻辑的准则；而另一方面，则有若干逻辑规范被用以指导心理学问题之处理。就这样，心理学竟然获致一种内省的性格；它并不满足于单单了解心灵运作之种种形态与历程，它还要追究这些运作之最后根由，追究它们的构成因子，以期把它们拆解成组成的零件。由于这个方法，心理学觉得自己属于自然科学。正如化学是无机世界的分析者，解剖学是有机世界的分析者，心理学的最高理想就是成为"灵魂的分析者"（analyst of the soul）。伏尔泰谈到洛克的时候说："已经有许许多多的哲学家写下了灵魂的传奇，这时一位圣人驾临了，他恰到好处地写下了灵魂的历史。洛克阐明了人类理性，正如一位优秀的解剖学家解释了人体的各个部分。"[1]

　　17 世纪几大理性主义思想体系，都是借着把概念与对象双双还原到同一个原初存有层（stratum of being）之伎俩，以解决知识之真假的问题、概念如何与对象一致的问题。在这原初的存有层，概念与对象会合了，从这原初的和合道出以后两者的符合。这些体系只能以发现于人类心灵中的观念[2] 来说明人类知识之本性。这些天生观

---

[1]　伏尔泰致安格雷（Anglais）的信。

[2]　即下文所谓"天生观念"。——译注

念无疑是一开始就被刻在心灵上的印记，用以保证它（心灵）的起源和命运。依笛卡儿之见，所有的哲学都起于对心灵中这些"原始观念"（primitive notions）的熟思，它们（原始观念）是其他一切知识之模型。在这些观念之中，有存有（being）、数（number）和绵延（duration）等概念，这是对任何思想内容都有效的；此外，另有广袤、形态（form）与运动（motion）等概念，这是物质领域的概念；在心灵领域中，则有思想（thought）这概念①。一切经验的实在、一切物体的种类、一切不同的心理历程，都包括在上述单纯的模型和原型里。这些模型与原型向前指向经验的实在，但它之所以能够如此，却是因为它同时也可回溯而指向它的起源。天生观念是神工打在他产品上的商标。在此根本无须进一步追问它们（天生观念）如何与实在相关联、它们如何可能用以形容实在。它们一定可以用以形容实在，因为它们与实在同出一源，因为在它们的结构与实物的结构之间没有任何对立之处。理性（作为清楚分明的观念之体系）与世界（作为一切造物之总和）无处不和谐，因为它们只是代表同一本质之不同版本或不同表现。上帝之"原型的智"（archetypal intellect）因而成为笛卡儿哲学中思维与存有之间的、真理与实在之间的黏着剂。笛卡儿思想的这一面在其学生和继承者身上甚至表现得更显著，他们把这方面的思想更向前推进一步，超越了笛卡儿原有的限度。在他们的思想中，实在与人类心灵间的、思维实体与广袤实体间的直接关联都被彻底地否定、切断了。除了由上帝之存有所造成的连接，灵魂与肉体之间、我们的观念与实在之间均无连接。存有之一极与另一极之间无路可通，唯有通过神圣的存有与活动才有沟通之可能。唯有通过这个媒介，我们才能认识外物，才能作用于外物。就这样，笛卡儿天生观念的学说竟然在马勒伯朗士手中被强化为此一种主张：我们始终是在上帝身中看万物。除非我们使感官知觉与纯粹理性的观念产生联系，否则绝对不可能获知任何有关于事物的真实知识。只有通过这个关

---

① 参看 1643 年 5 月 21 日笛卡儿致伊丽莎白女伯爵的信。

系，我们的观念才能获得客观意义，才不再只是自我之种种变形，才得以代表客观实在与秩序。声、色、香、味的感觉不含一点有关存有或世界的知识，因为它们仅代表不时变迁的心灵状态。只有科学方法可以在这些心灵状态之中知觉到客观潜存的、客观有效的自然秩序。但是唯有把偶然者与必然者、把事实的东西与理性的东西、把暂时的与永恒的关联起来，上述知觉才有可能。我们是通过将物质化约为广袤，而不是通过将感官可以知觉的任何性质归于物质，才获致关于物质世界的知识的。但这个化约必然引致更进一层的化约。因为我们不能仅把广袤理解为具体知觉之中或者想象之中的那种广袤。为了要抓住广袤的正确意义，我们必须使它摆脱一切图像式的内含，我们必须把想象的广袤提升为知性的广袤。人类心灵只能通过知性广袤的概念以认知自然与物理实在，但唯有把这个概念与上帝（作为"观念之所在"［the place of ideas］）关联起来，心灵才能领会这个概念。就这个意义而言，可以说每个认知的动作，每个理性的动作，都导致上帝与人类灵魂的连接。我们知识之基本概念的有效性、确实性与价值，之所以无可置疑，乃是因为我们都通过这些概念、都在这些概念之中，参与了神圣的存有。一切逻辑真实性与确实性最后无不以这个形而上学的参与为基础，这参与确是它们不得不赖以证明自己的。照亮知识之路的光发自内在，而不是外在；它从观念与永恒真理之领域，而不是从感觉之物的领域放射而出。可是这个内在之光并非全然属于我们，它往后指向另外的更高的一个光源："它是吾主光明实体之一种光辉。"①

在我们考量笛卡儿理性论之上述发展的时候，我们能够明确地发现，它最终必然会在哪一点上与启蒙运动哲学产生对立。在处理知识问题时，启蒙时代哲学发现了一项工作，这项工作与它在处理自然问题时已经遇到过且自信已经加以完成的工作完全一致。自然与知识都应该建立在自己的根基上，而依它们自己的条件来解释它们。任何诉

---

① 马勒伯朗士，《形而上学对话》(*Entretiens sur la Métaphysique*)。

诸超验世界（transcendent worlds）的做法都应该避免，不容有任何外来的因素介入知识与实在、主体与客体之间。问题必须建立在经验的基础之上并以经验加以解决，因为一旦逾越经验的范围，其解决必定是虚假的，其解释也一定会变成以一个更不为人所知的东西来解释一个不为人所知的东西。因此，一向被先验主义与理性主义视为知识之最高确实性基础的那个中介物，便决然地为启蒙时代哲学所摒弃。在此，被这个哲学引为己任的思想世俗化工作，便益发显得重要了！有关知识及其对象之关系的逻辑与知识论问题，绝不会因为形而上学原因的引入而获得解决；这些东西只会混淆了问题。康德在致赫兹（Markus Herz）的那封有名的信中（这封信第一次精确地陈述了他的批判问题）力斥如此解决问题的任何企图。"柏拉图采用了一种较为古老的神明概念，作为悟性之原理与纯粹概念的根源；马勒伯朗士则采用了仍在流行的一个上帝概念……但是在决定知识之起源与有效性时搬出神仙之类的东西，乃是所能选择的最荒谬的做法；除了由它（神仙）所推出的推论必然含有循环论证之外，它还有另外一项缺点，就是会促进种种不经的怪想。"在他论点的这个否定的部分中，康德仍然在为启蒙运动的一般信念辩护。这个时代早已再三反对借超越的世界以解决知识问题的企图。伏尔泰在他反抗这倾向的不断努力中，也常常求助于马勒伯朗士的思想体系。在马勒伯朗士身上，伏尔泰看到了历代最渊博的一位形而上学家；因此，他一再提到马勒伯朗士，以证明形而上学的体系营造精神之无力。在伏尔泰以及法国百科全书派的整个运动中，这个否定的取径无疑蕴含着一个明确的立场，一个向来被视为是无懈可击的立场。因为如果我们取消了超越者，不以它作为桥梁，那么在自我与外在世界之间、在主体与客体之间，还会有什么关系存在呢？除了一者直接影响另一者，主体与客体还能发生什么关联呢？如果自我与物质世界分别属于实在之不同阶层，则两者如想有所接触而建立一种关联，除了外在实在（物质世界）参与内在意识，这种关联殊无可能建立。然而就经验所及的范围而言，这类参与只有直接影响这一种形式，只有它可以在观念与对象之间架起交通的桥梁。既然如此，有一个主张遂俨然成为无可置疑的原理，那就是：凡是发现于我们心中的每一个观念都是基于在先的一个印象，而今只能据此而加以解释。对印象与观念间的这个因果关系，即使是休谟的怀疑论也没有加以摈斥——尽管这理论大肆攻击一般因果关系的普遍有效性。虽然我们未必总能把观念的最初样本找出来给人家看，虽然这些最初样本非常隐微不显，但我们却不能怀疑它们的存在，不能怀疑找寻它们的必要。这样的怀疑只能显示我们的肤浅与缺少一贯的思维 [①]。

结果我们发现了一个惊人而奇诡的现象：心理学的经验主义为了推展它的论点，竟然不得不把自己的学说建立在一个心理学的公理上。"凡是不先存于感觉中的一定不存在理智中。"（"nihil est in intellectu quod non antea fuerit in sensu."）这句经验主义的格言无论如何绝不能自命为经归纳所得的事实性真理。可是人们都不但认为它具有经验的概然性，而且认为它具有完全的、无可置疑的确实性——一种必然性。狄德罗说得很有意思："如果'凡是不先存于感觉中的一定不存在理智中'这个古老原理不能算是第一公理的证据，那么，形而上学必将无法证实任何东西，我们对我们的智能以及知识之起源与进展也将一无所知。"这段话很有代表性，因为它阐明：即使是经验主义也不能完全不求助于一般原理及其先验的证据。只不过这个证据的地位现在已经有所改变，它不再被用以肯定纯概念之间的关联，而是被用以肯定对事实脉络的洞见。灵魂的形而上学应该被灵魂的史学取代，被洛克用以反抗笛卡儿的那个"历史的平易的方法"取代 [②]。在有关心理学与知识论的一切问题上，洛克的权威在整个 18 世纪上半叶实际上都还分毫未损。伏尔泰把洛克的地位置于柏拉图之上，达朗贝尔在《法国百科全书》的序言中说：洛克是科学的

---

① 休谟，《人性论》（*Treatise of Human Nature*）第三部，第二节。

② 洛克，《人类悟性论》（*Essay concerning Human Understanding*）第一册。

哲学之创造者，犹如牛顿是科学的物理学之首创者。孔狄亚克在一篇心理学历史概论中，由亚里士多德直接跳到洛克，宣称：以对心理学问题之解决所做的真正贡献而论，在亚里士多德与洛克之间的一切思想家都是无关紧要的。只有在某一方面，英国和法国的心理学曾经企图超越洛克。这两国的心理学都想抛掉残余在洛克心理学原理中的二元论遗迹；它们都想擦去内在与外在经验间的分别，而把所有人类知识都还原到单一的根源。它们认为感觉与反省之不同只是表面的，进一步加以分析，这不同便告消失。由洛克到贝克莱、由贝克莱到休谟的经验论哲学之发展，代表着一连串的企图，这企图就是想减少感觉与反省间的这个不同，以求完全把它抹除。着力于同一重点的法国 18 世纪哲学批判也是企图消除洛克所许予反省的独立性。反省（reflection）被设想为心灵对自己的状态与本性的知识，但是实际上有任何真正经验的资料来支持这个知识吗？我们是不是真正有过一种经验，在此经验中，我们只经验到自己，却没有发现与物质、与我们身体状况有关的感觉？我们是不是真正能够在经验中找到纯粹对自己的感觉，找到抽象的自觉？提出这个问题的莫佩尔蒂不愿意独断地对这个问题做出答复，但他却倾向于给予否定的答案。我们越是深入地考虑纯存在的观念，越是仔细分析它，就越可以看出很难把它和一切感觉资料分开。我们可以看出在这个观念的发展中，触觉特别扮演了一个决定性的角色。同样的结论，曾经被孔狄亚克以更激进的形式予以表达，这促使他对洛克心理学与知识论之基础提出尖锐的批评。毫无疑问，洛克曾经在这方面向前迈出了重要的一大步，而且率先开辟了注重经验的研究路线。可是他却半途而废，在最困难的问题面前退却了。因为在涉及心灵较高等的功能（如比较、分辨、判断、意欲等功能）之处，他看起来对他的发生研究法失去了信心。他仅止于列举出这些功能并肯定其为心灵之基本能力，却不再追究它们的根源。因此，研究的过程就在最紧要之处中断了。洛克成功地攻击了天生观念，但他却容许有关心灵之天生作用的成见继续存在。他没有看出：观察与理解等心灵作用，犹如看和听一样，也不是不能再行分割的东西。他也没有看出：它们也只是我们通过经验与学习而获致的发展成果。因此他没有进一步向前研究。心灵之不断成长的历程是不应有上限的。这个历程是不应该在未发展出所谓"较高等的"（higher）智能时突然停止的；反之，唯有在它发展出这些能力时，它才算已竭尽其能。这里也同样没有任何东西不包含在原初的感觉作用中。心灵作用绝不代表任何真正新颖而神秘的东西，它们确实不过是感觉之种种变形。如果我们一步一步追踪心灵作用的发生经过以及感觉作用之变形历程，我们便可以看出心灵活动的各个阶段之间实际上并没有截然的界限，这些阶段难以察觉地融为了一体。如果我们把这些心灵的变形物作为一个整体而考虑，我们就会发现思维与意欲原来竟与感触与知觉同属一个系列。孔狄亚克并不像休谟那样想把自我化约为"一束或一堆知觉"（bundle or collection of different perceptions），就这个意义而言，他并不是一个感觉主义者（sensationalist）。他主张灵魂的结构单纯，认为唯有在这样的结构中才能找到意识的真正主体。人的统一性必须以一种知觉性存有的统一性为先决条件；后者则又以灵魂是一单纯实体为先决条件（这实体随着肉体受纳的印象之不同而改变）[1]。因此，严格而言，感官并不是知识之原因，它不过是知识之场合（occasion）。因为司知觉者并非感官，而是心灵，它在身体器官发生改变时从事知觉。我们必须仔细观察我们最先觉察到的感觉；我们必须找出心灵最初的作用之根基，注视它们的发展，穷追不舍，直至其极限。总之，正如培根所说的，为了理解它的结构，我们必须重造人类的整个心灵。

在他尝试重造心灵的时候，孔狄亚克当然并不画地自限于经验性的观察。《感觉论》并不仅是试图提出一份观察所得之清单；它是遵循着一套有系统的严格计划，而从一个成体系的假定出发，这假定正是它设法要加以坚持的，也是它设法要一步一步加以证明的。孔狄

---

① 孔狄亚克，《动物论》（*Traité des animaux*，1755）第二章。

亚克对心灵所作的说明表明，他着力写就的"灵魂的自然历史"并未
摆脱玄想式的与推想式的思虑。孔狄亚克也并不仅仅满足于陈示心灵
成长的实况及其各种形态；他想做的是阐明这个成长的倾向，透视其
推动的力量。我们在孔狄亚克身上看到一条新颖而有效的途径。他
认识到，只要我们一天停留在概念与观念的领域（亦即理论性知识
之领域），我们便一天把握不住心灵成长的最后动力。因此求助于心
灵世界的另一向度乃成为不得不然之举。心灵之活动性以及其多重能
量之根源，并不存在于玄想或静观之中。因为运动并不能依休止而获
得说明，心灵的动力也不能立基于其静力学之上。为了要解释潜在于
心灵之一切变形背后的能量（这能量不许它保持一定形态，却驱使它
不断更新形貌与作用），我们心里必须假定一种原初的致动原理之存
在。这原理不能求诸构想与思想之中，只能求诸欲求与奋斗之中。因
此，冲动先于知识，并且成为它不可缺少的先决条件。洛克在分析意
志的现象时，强调说：使人类起意的，作为个体下定决心的具体原因
的，绝不是关于未来之善的观念——一般认为人类起意、人类下决
心想做什么，都是为了要达成此善。在这个观念（善）之中绝不会有
动力存在，在有关各种可能目标的理论性思虑中，也不会有这种动力
存在。这个动力并不是依照有关未来之善的预期而运转；它毋宁是起
自若干不快和不安的记忆，这些不快和不安是心灵在某些情况之下感
觉到的，它们也一定会促使心灵回避这些情况。洛克认为这种不安乃
是我们一切意志活动中的真正推动力。孔狄亚克以这些议论作为他的
起点，却逾越意志现象的范围，把论断的对象扩及整个心灵作用的领
域。在他看来，不安并不只是我们欲求与希冀的起点，不只是我们意
愿与行动的起点，同时也是我们一切感情与知觉、思维与判断的起
点，一切心灵所能成就的最高等反省行动的起点。因此，通常公认的
观念之顺序便得颠倒过来——这顺序曾经获得笛卡儿心理学的重新肯
定与认可。不是意志基于观念，而是观念基于意志。在这里，我们
首次遇到了那有名的唯意志论倾向（voluntaristic tendency），它的发

展，在形而上学中可以直通叔本华，在知识论中可以通达现代的实用主义。依孔狄亚克之见，心灵的第一个活动起于纯知解的层次；这是把握感官所呈的资料的单纯活动，也就是知觉活动。紧跟着知觉活动而来的，则是注意的活动，它要求心神停驻在某些知觉上，而把某些感觉经验从心理历程的整体中选取出来。但是如果没有一个取舍的根据，对特定知觉的这个选择与着重必定不可能，而这个取舍的根据却不属于纯知解的领域，而属于实践的领域。注意总是集中在跟个体有利害关系的事物上面，也就是可以回应他的需求与爱好的事物上面。同样，我们的需求与爱好也决定了记忆方向。记忆这个能力绝不能以机械的观念之联合来解释；它受我们的爱好与欲求所决定与导引。把某些已经遗忘的观念从黑暗中重新召回而使它们复活的，乃是我们的需求："观念再度被曾经引生过它的同一需求所引生。"观念在心中形成一个一个的旋涡，而当我们的情绪动力增长与分化时，这些旋涡也就增多起来。每个旋涡可以看作某一运动的中心，这运动一直由中心延续到心灵活动的外围——清楚而可以被意识到的观念。"这些旋涡随着与它们有关联的需求之涨落而互为消长。它们随着感情（这是它们的力源）之起伏生灭或灭而复生而互相挤迫、互相毁灭或毁而复成。刚才正把其他旋涡拉到自己轨道上来的，下一瞬间可能已被别的旋涡消灭；而当需求消失的时候，所有旋涡便合而为一了，只剩下一片混沌。观念毫无秩序的来来去去，形成各种不同的场面，这些场面提供种种稀奇古怪的不完全的影像。必须重新赋予它们明确的性格，使它们呈现出本来的真面目的，是我们的需求。"[①]孔狄亚克认为，我们观念之逻辑秩序并非基本的事实，它们只是一种派生的现象。在一个特定的场合中，究竟什么东西才算是基要的，倒非决定于事物的本性，而是决定于我们兴趣的方向；而我们兴趣的方向则决定于对我们生存有利的和必需的是什么。

在这里我们遇到了一个有关启蒙运动之一般特性的重大问题。由

① 孔狄亚克，《动物论》第二章。

于受到有关"启蒙运动"的一个不当概念之影响，大家都习以为常地指控 18 世纪的心理学是完全唯智主义的，指控它只限于分析观念与理论性的知识，而忽略了感情生活之力量与特质。但是这种想法却经不起无偏的史学的推敲。事实是几乎所有 18 世纪的心理学体系都已承认和陈述了这个感情生活的问题。甚至在 17 世纪，对情感与激情的分析便已成为心理学与一般哲学的兴趣焦点。笛卡儿论灵魂之激情的文章，斯宾诺莎的《伦理学》（*Ethics*）第三册论感情的部分，都不是即兴之作，而是他们思想体系之不可少的一部分。不过，整体说来，在这些思想体系中有一个想法还是占着优势，那就是认为从感情生活这个角度无以把握与确定灵魂之纯粹本质。因为这本质在于思想，而且只以如此的面貌出现。灵魂之真正本性是以清楚而分明的观念，而非以不能言喻的感情为特征。欲求与爱好、感性之热情等，只是间接属于灵魂；它们不是它原有的属性与倾向，而是它的紊乱之源，这是它与肉体结合的结果。17 世纪的心理学与伦理学主要都是基于这样的概念，即把感情看作"心灵的紊乱"（perturbations of the mind）。只有克服了这种紊乱的行为，只有能显示灵魂之主动的部分战胜被动的部分（理性战胜热情）的行为，才具有伦理的价值。这种斯多葛学派的见解（Stoic view）不但主宰了 17 世纪的哲学，也渗入了该时代一般的知性活动之中。在这一点上，笛卡儿的教诫倒是与高乃依（Corneille）的思想一致。他们都认为理性的意志主宰了一切感官欲求、爱好与热情，无异于宣告与表示人类之享有自由。18 世纪却超越了 17 世纪对感情的这种负面的描绘与评估。它并不单单把感情看作一种障碍，它还设法阐明它们是心灵作用之原初而不可缺少的推动力。在德国，莱布尼茨的见解对于思潮之朝这个方向发展颇有影响。因为莱布尼茨在界定单子的时候并没有把它的本性完全化约为观念或理论性的知识。单子并不局限于观念形成（ideation），而是结合了观念形成与奋斗（striving）。因此，伴随着观念之概念（concept of idea），还有一个同等有效的倾向之概念（concept of tendency），伴随着知觉（perceptio），还有"人们急于去知觉的东西"（that which one is eager to perceive）（percepturitio）。德国的心理学一般都信持上述之预设，因此，它得以替意志与感情现象在心理学体系中争得一个地位。从另外一个角度看来，同样的发展也发生在英国与法国。休谟之知识论的怀疑论，甚至在心理学领域也使得先前一切有效的规范都受到动摇。它把一切价值标准都颠倒了过来，因为它指出，向来被尊为人类最高能力的理性在我们整体心灵历程中其实只扮演着一个纯然附属的角色。它不但一点都未能宰制心灵之"较低的"（lower）能力，反而经常有赖它们的协助；没有感性与想象的合作，理性简直寸步难行。一切理性的知识都可以还原到由果至因的一项推论；但严格而言，这项推论并没有纯逻辑的根据。我们所能为它做的唯一解释，乃是一项间接的解释，这项解释的要点在于揭示它的心理根源，在于推溯它的渊源——它源于我们的一项信念，即深信因果原理为有效。这时我们会发现这个信念并非基于普遍有效与必然的理性原理，而是衍生于人性的一项本能。这本能是盲目的，但也就在这盲目中存在着它的真正力量，它就以这个力量支配我们的一切思维。利用这项研究的结论，休谟由此出发，继续拉平一切的心灵能力。他按照一个一贯的计划，把向来所谓的上层心灵一概铲除掉。在他的《宗教的自然史》（*Natural History of Religion*）中，休谟力图阐明一点，那就是宗教尽管断言它可以使我们进入一个"更高的世界"（higher world），但所有这类的话都是虚妄而站不住脚的。宗教的真正领域，对神的观念与对神的崇敬的真正领域，都别有所在。我们不应该在天生观念中找寻这个领域，也不应该在原始直觉的确实性中去找寻；我们也不能通过思想与推论、通过理论的证明及其推衍，以达到这个领域。我们只能在人类本能中找寻宗教之最深的根柢，此外别无他途。恐惧之情乃是一切宗教之起源，一切形态的宗教都衍生于这个感情，也只能以这个感情加以解释。在这里我们看到了一个新的思想趋向，这个趋向在18世纪的法国也是锐不可当。沃弗纳尔格（Vauvenargues）在其《人类心灵的认识导论》(*Introduction to the Knowledge of the Human Mind*, 1746）中说：人的真性不在理性，而在热情。这不啻是一项暴烈的革命之举。依此，斯多葛学派所要求的以理制情无异于痴人说梦。理性并非人类身上的支配力量，理性只能比作钟面上指示时间的针。转动这针的机械则装在钟表里面；知识之动力与最后原因在于基原的推动力，这是我们得之于完全非理性领域的。即使是法国启蒙运动中最冷静的思想家，纯粹理性文化的泰斗与发言人也同意这个论点。伏尔泰在其《论形而上学》中说，没有热情，没有求名之心，没有野心与虚荣心，就没有人性的进步，就没有鉴赏力的提高与艺术和科学的精进："上帝（柏拉图称之为永恒的几何学家，我则称之为永恒的机匠）就是以这个动力活化并装饰了自然：热情是发动所有这些机器的轮子。"① 爱尔维修在其《论心灵》中也采取了同样的态度。狄德罗的第一部思想性著作《哲学思想》(*Philosophical Thoughts*）也以这个观念发端。反对热情是无益的，企图毁灭它更是荒谬之至，因为这么做无异于自毁理性之根基。在诗歌、绘画、音乐中的每一样优秀的东西，在技艺与道德中的每一样崇高的东西，都是衍生于这个根基。因此感情不应该被削弱，而应该被增强，因为灵魂的真正力量来自热情之和谐的平衡，而不是来自它们的毁灭。就这样，在心理学取向上和评价上的一项渐进的变迁日益变得明显，这是在卢梭的重要著作还没有出版之前已在进行的改变，而且它也完全不受卢梭的影响。我们将可以看到这个改变并不只对理论性知识是重要的，它的影响遍及各个方面，它影响了启蒙时代的伦理学、宗教哲学以及美学，赋予这些学问中的主要问题全新的意义。

二

概括地观察一下 18 世纪知识论与心理学的诸般问题，可以看出：

① 伏尔泰，《论形而上学》第八章。

尽管这些问题种类繁多、内容歧异，但它们却聚合在一个共同中心的四周。对于这些分散问题的个别研究的结果，总是又回到一个普遍的理论问题，一切研究的线索最后都归结到这个问题上。这个问题，由莫利纽克斯（Molyneux）最先于他的《光学》（*Optics*）一书中提出，而不久之后便唤起了极大的哲学兴趣。这个问题可以略述如下：由某一类感官知觉所形成的经验，能不能作为充足的基础，以构造另一类的感官知觉——这类知觉与前一类知觉在性质上歧异，在结构上不同？有没有一个内在的关联允许我们直接从一类知觉（如触觉）转换成另一类知觉（如视觉）？一个天生的盲人（他已经由经验获得有关某些物质形态的知识，而且能够正确分辨它们），如果由于手术成功而获得了视觉能力，能不能光凭视觉资料而不借助于触觉以分辨眼前的对象？他能不能立刻凭视力分辨一个长方形和圆形？或者他需要一个漫长而困难的适应期以建立触觉印象与视觉印象间的关系？这些问题一时并没有获得一致的答案，但问题既已被提出，其影响便不仅限于特定的某一学科。贝克莱的哲学日记显示：这些问题如何占据了他的心灵，它们如何成为他整个知觉理论的酵母。《视觉新论》（*Essay towards a new Theory of Vision*）是贝克莱哲学的序曲，其中显然包含了他所有的重要观念。但是这篇文章不过是在试图完整而有系统地阐发莫利纽克斯的问题。几十年之后，这问题的力量与影响还可以见诸法国的哲学中。伏尔泰在其《牛顿哲学之要素》中详尽地阐述了这个问题；狄德罗则以这个问题作为其第一篇有关心理学与知识论的文章《论盲者信函》（*Letter on the Blind*，1749）的中心论点。至于孔狄亚克，由于他极其关注这个问题，以至于他竟宣告这个问题为一切近代心理学之根源与关键，因为这个问题使得我们注意到判断能力在知觉作用与知觉世界之结构中所扮演的决定性角色[1]。莫利纽克斯所提问题之决定性意义至此已经可以看得十分清楚，刚才所提到的都不过是这个问题所呈现的特例，这些特例代表了一个普遍的问题：感觉是否

---

[1]　孔狄亚克，《感觉论》（*Traité des sensations*）。

造成了见诸我们意识中的物理世界？或者它需要其他心灵能力的协助才能做到这点？我们如何确定它所需的是哪些能力？

贝克莱在他的《视觉新论》与《人类知识原理》（*Principles of Human Knowledge*）中，都是从一个自相矛盾的论点出发。这个论点告诉我们：可用以建立感觉世界的唯一材料即单纯的感官知觉，但是从这些知觉却看不出丝毫与知觉"形式"（forms）有关的迹象。我们都相信我们看见了展现于眼前的知觉世界，它是一个牢固的结构，其中每一个部分都有其特定的位置，它和其他部分之关系都已确定。这整个世界的基本特征就在于这明确的关系。如果并存的诸多知觉之间、先后呈现的诸多知觉之间，没有一定的秩序，如果不同的知觉之间没有明确的空间与时间关系，则不可能有客观世界，不可能有"万物之自然"（nature of things）。而即使是最坚定的观念论者也不能否认这个万物之自然的存在；因为他也不得不假定现象之中有不可破坏的秩序存在，否则他的现象世界必将沦为纯然的幻象。因此，一切知识论的主要问题一定是有关这个秩序之意义的问题，而一切发生心理学的主要问题一定是有关这个秩序之由来的问题。但是在这些问题上，经验（这是我们唯一可望由之获得指引的东西）似乎未能给予我们所期望的启示。因为它总是展示我们以产品，而不是历程；它摊开在我们面前的是已然具备明确形状，特别是具有特定空间安排的对象，却不告诉我们它们如何获致这些形状。我们对事物的最初一瞥，不但已足以告诉我们每个事物具有什么感觉品质，而且还可以告诉我们它们的空间关系；我们可以说得出每个对象有多大，占着什么位置，与别的对象距离多远。可是如果我们想为这些判断找出一个根据，我们立刻就会发现这个根据不能求诸视觉所与的资料。因为这些资料只有品质与强度上的不同，但没有包含任何足以指示我们有关对象之大小或数量的线索。由对象反射到我们眼睛的光线不能直接告诉我们任何有关对象之形状或距离的消息。因为眼睛所知的仅止于视网膜上的印象。从这印象的性质却无法获得有关其起因（外在对象）的知识，也无法获得有关其与眼睛之距离的知识。由此可以获致一个结论：我们所谓的对象之距离、位置与大小本身是不可见的东西。在此，贝克莱的基本论点似已沦为一项谬论，存在者（being）与被知觉者（being perceived）似乎已不再相等[①]。我们于感官所直接知觉到的（这是我们无法避免的）现象之中，发现了一样全然存在于知觉范围之外的东西。对象与对象之间的距离，由其本性可以推想而知一定是无法被知觉的，但它却是我们构成这世界之概念时所不能缺少的东西。知觉之空间形式与它的感官材料融为一体，但它却不是由这材料单独提供的，也不能还原于这材料。因此，知觉之形式竟然在直接感官材料的世界中构成一个外来物，但是一旦把它消除，却必然会导致这个世界的崩溃。在《视觉新论》中，贝克莱对这个困境有过最生动透彻的表达："……距离，本性注定它无法被知觉到，但它却由视觉而被知觉。"这个困境乃是感觉主义的（sensationalist）心理学与知识论一开始就遭遇到的。

贝克莱借赋予知觉概念一个更广的含义来克服这个困境，他不但把单纯感觉包括在这个概念之定义中，而且把表象（representation）活动也包括进去。每一个感觉印象都具有这个表象能力，具有这个间接指涉的能力。它不但把自己的特定内容呈现给意识，而且还能使一切在过去经验中经常与它一起出现的东西（印象）也一并在意识中呈现。印象与印象间的这种交互作用，这种规律性（依此规律性，它们互相回忆对方，互相在意识中表象对方），也是空间观念之最终基础。这观念并非由一个特定的知觉所提供，它既非单属于视觉，也非单属于触觉。空间并非像颜色或声音那样的原初所与的性质，它是由感官资料之关系所生的东西。既然在经验进程中，视觉与触觉的印象总是牢牢结合在一起，意识便获得一种能力，能够依照若干规则从一类感觉转到另一类感觉。空间观念之起源应该在这个转移上面寻找。这个转移本身自当被视为一种经验所致的转移，而不是理性所致的转

---

① 贝克莱执以为观念论之基本原理者，即"存在的就是被知觉的"这一句话。——译注

移。它并不是逻辑和数学性的东西；使我们从某些视觉知觉联想到某些触觉知觉或从触觉知觉联想到视觉知觉的，并非理性之推理。形成这两者间之联结的，乃是习惯与实践，它们使这联结越来越牢固。因此，空间观念所涉及的并不是感觉意识中的某一成分，而是在该意识中进行的一个历程。这历程如此迅速而又很有规则，使得我们平日在对它反省的时候，忽略了居间的步骤，而总是一开始就预期着其结尾的出现。可是较仔细的心理学和知识论的分析都可以使我们看出这些居间步骤的存在，而且使我们认识到它们之不可缺少。这种分析使得我们看清：存在于不同种类的感觉经验间的关联，犹如存在于我们语言符号及其意义间的关联。语言符号和它所指的含义，完全是两码子的事，也没有什么客观必然性使它们关联起来，什么符号代表什么意义完全是随意规定的；发生经过与性质各有不同的感觉经验，其间的关联也没有什么必然性，只是在我们经验中它们常常如此关联着而已。不同的只是感觉印象与感觉印象的关联比语言符号及其所指的意义之关联更有普遍性与规则性。在阐释贝克莱的观念时，伏尔泰写道："我们经过一番学习才学会看东西，正如我们经过一番学习才学会讲话和阅读……到了某一个年龄，关于距离、大小和位置，我们已能迅速而前后一致地作判断，这使得我们以为只要睁开眼睛便能看到实际上所知觉到的那样的事物。但是事实并非如此。……如果所有的人都说同一种语言，我们便会倾向于相信在文字与观念之间有一种必然的关联。但就与想象有关的问题而言，我们可以说都在使用同一种语言。大自然对我们大家说：在你持续看着某些颜色若干时间之后，你的想象会在你的脑中描绘出若干物体，这些颜色似乎就属于这些物体。你将会做出的这种迅速而不由自主的判断，在你的生活中将对你相当有用。"[①]

贝克莱关于视觉的理论，大体上几乎为所有引领 18 世纪心理学研究的学者所接受。孔狄亚克与狄德罗修正了它的若干细节，譬如他

---

① 伏尔泰，《牛顿哲学之要素》（Éléments de la Philosophie de Newton）第二部第七章。

们两位都指出，视觉印象本身就包含某种"空间性"。他们认为触觉只能使视觉更清楚更固定；认为触觉只是对空间概念之成长而言不可少，对该概念之生起倒不是不可少的。但是这一切的修正都没有影响到贝克莱的经验的论点。空间之一切先验性都遭到全力的排斥，因此，有关其普遍性与必然性的问题乃呈现出一番新的面貌。如果我们对空间关系的一切洞见都得诸经验，那么，空间之本性将随着经验之变迁（譬如当我们身心组织发生变化时）而变迁，便不是什么难以理解的事啦！自此以后，人们便努力不懈地通过它所有的细节处去追寻空间概念。我们通常认为为知觉与理解之形式所具有的常恒性与客观性，究竟有什么意义？这常恒性是否意味着与外物之本性有关的某种东西？或者它只是与我们自己的本身有关？我们基于这概念所做的判断究竟是由于与宇宙的面目相应（ex analogia universi）才有效，还是由于和人的面目相应（ex analogia hominis）才有效？由于这个问题，有关空间观念之起源的问题终于发展得远超于它最初的界限。在这里我们可以看到 18 世纪心理学与知识论思想之所以再三重提这个问题，是因为真理概念之命运究竟如何全系于这个问题。如果空间（它是一切人类知觉的一个基本要素）只包含感觉印象之融合与相互关系，那么，它就不能具有较诸组成它的那些元素而言更高的必然性与逻辑尊严。它将和呈现于我们感觉中的种种质（qualities）一样，只具有主观性——这主观性是近代科学所周知与公认的。但是事情的发展绝不能止于此，因为对空间而言为真者，对知识之"形式"所据以成立的诸因素而言也是真的。即使在古代的心理学也截然区分各类感觉内容，它一面区分颜色与声音，酸甜与香臭，另一面则区分种种纯粹"形式概念"（form concepts）。所谓"形式概念"，除了空间之外，还包括绵延、数、运动与静止。这类概念被赋予一种特别的地位，它们不被归诸任一特定的感官，而被归诸一个"共同感官"（common sense）。近代的理性主义知识论又恢复了这个区分，为的是要使产自两类不同感觉内容的两类观念有不同的有效性。莱布尼茨指出，通常被人归诸"共同感官"的观念，事实上属于心灵，并且由心灵产生："……它们是纯粹理性的观念，但是都涉及外物，而且可以被感官知觉；因此它们可以下定义和做证明。"但是对莫利纽克斯之问题所做的确切分析却似乎推翻了这个见解。1728 年，切塞尔登（Cheselden）成功地为一位天生目盲的 14 岁男孩动了一次手术，这时莫利纽克斯的理论性问题似乎获得了一个经验性的解答。对这位骤然获得视力的男孩所施的观察似乎在每一点上都印证着上述的经验性讨论。贝克莱从理论上所做的预测完全被证明为正确。人们发现当这位男孩的视力开始产生作用的时候，他并没有获得完全的视觉能力，他必须辛勤地逐渐学习着去区分呈现在他视界中的各种物体形式。就这样，经验终于证实了以下的一项理论：触觉资料与视觉资料之间并无内在的密切关系，它们之关系完全是由于两者惯常相伴出现而建立的。不过这个结论如果真属有效，那么，我们就不能再说在一切感觉之下有一个同样的空间作为一个同质的基层了。这个同质的空间（莱布尼茨视之为心灵的创造物）现在终于被证明只是一个抽象物。我们在经验中找不出空间的这个统一性和一致性，我们找到的是和感觉经验之种类一样多的性质上不同的空间。视觉空间、触觉空间、动觉空间，都各有其独特的结构；它们并没有经由一个共同本质或抽象形式而关联起来，它们只是经由它们之间惯常的经验性的关联而关联起来，它们也是凭借这个关联而可以相互代表对方。至此，一项更进一步的结论似乎已难以避免。关于这些感觉空间之中的哪一个空间才是"真实的"空间这问题现在已经完全丧失了它的意义。它们都具有同样的有效性，没有一者可以宣告自己具有比别的更高的确实性、客观性与普遍性。因此，我们称之为客观性，或真理，或必然性的东西，并不具备绝对的意义，而只有相对的意义。每个感官各有其自己的世界，除了以纯粹经验的方式去了解与分析这些世界，并且不求把它们化约成一个公分母之外，别无替代的办法。启蒙运动的哲学从不倦于反复灌输这个相对性。这个主题不但渗透于科学思想，而且还在一般文学中被普遍宣扬。斯威夫特（Swift）在他的《格列佛游记》中以伟大的讽刺力量与极为理智的敏锐性来处理这个主题，其影响力还由此扩及法国文学，其中尤以伏尔泰的《小大人》（*Micromégas*）[①]为甚。狄德罗也在他论盲者与聋哑者的信函中给予我们此一思想的精心的变奏。他第一篇文章的基本倾向就是想借著名的盲人几何学者桑德森（Saunderson）的例子，来说明人类器官配置上的任何一项偏差都会导致精神生活的彻底改变。不仅是感觉的世界，就是知觉的模式也会受到这个偏差的影响；如果我们再深一层观察，我们就会发现在人格的各个方面也都发生了同样的改变，在理智上犹如在道德上，在审美上犹如在宗教上，统统都一样。相对性延伸到最高的领域，也就是所谓的纯粹理智观念的领域。对盲者与正常的人而言，"上帝"这个概念，这个词语无法意味着同样的东西。那么，究竟有没有一套逻辑、形而上学或伦理学能摆脱我们感官的束缚呢？难道我们有关物理世界与理智世界的一切陈述所说的都只是我们自己以及我们身心组织的特殊性吗？如果我们禀得一个新的感官，或者失去原有的一个感官，我们的存有不就是要发生根本的变化吗？18世纪的哲学家喜欢依照宇宙论的玄想来详述和解释这类心理学的玄想。从丰特奈尔的《对谈世界之多元性》到康德的《天的概略自然史与学说》（*General Natural History and Theory of the Heavens*），其间有一个一致的倾向可以清楚地看出来。也许我们所能想象出来的以及所能在抽象思考中构想出来的一切可能发生的事物，当其在宇宙间实现的时候，竟是出于以下的方式，即在每一个星体上居住的生物刚好都生得有与该星体相应的心理-生理特质。"他们说我们缺少一种第六感，这种感觉可以为我们阐释某些眼前我们一无所知的事物。这个第六感显然是存在于别的世界，那个世界却没有我们五官中的一官……我们的知识有一定的范围，这个范围之外的地方，人类心灵无法进入……这些地方属于别

---

① 为天狼星人来访地球的幻想故事。——译注

的世界，在那里，我们所知的事物却不为所知。"① 如上的观念不知在启蒙运动的心理学与知识论文章中出现过多少次。逻辑、伦理学与神学似乎越来越失去其本来面目，而最后都变成了人类学。洛西厄斯（Johann Christian Lossius）在其《真理之物理成因》（*The Physical Causes of Truth*）中把这个倾向发展到了极致。他主张我们应该以关于我们观念之成长的学说来代替关于逻辑命题与结论的学说，前者才是有用的，后者则毫无用处；而当我们这么做的时候，我们不应该依照概念之内容或观念所涉的对象来把概念分类，而应该依照器官来分类（看什么概念与什么器官相关）。他认为用这个方法应该比从亚里士多德到莱布尼茨为止的所有解释都更能清楚地理解人类观念之本性。当然我们将不得不放弃一切对普遍有效性与客观性的主张；但是这对真理并没有什么损害，犹如它对美构成不了什么损害一样——既然我们承认真理与美"性属主观更甚于客观"，而且它们（真理与美）也不是事物之属性，而毋宁是事物与我们的一种关系。

从这个基本观点到充分承认"主观观念论"不过是一步之差，但是迈出这最后一步的人却绝无仅有，而上述的结论也只是勉强得出的。贝克莱并无直接的继承人，追随其心理学方法的人都设法避免其形而上学的理论后果。这点在孔狄亚克论人类知识起源的文章及其《感觉论》中可以看得特别清楚。孔狄亚克起先相信只在触觉经验中就可以找到证据证明外在世界之实在。其他感觉之证据，如嗅觉和味觉的、视觉和听觉的，在他看来，则只是不充分的证据。因为在这些感觉经验中，我们所把握的不过是我们自我之种种改变，却没有迹象显示有引起这些变化的外在原因。在视、听、嗅、尝时，心灵只是知觉，却没有觉察到有身体器官参与了这些知觉活动。它只专注于知觉活动，却对这活动的物理基础一无所知。只有当我们进行触觉的感知时情形才有所改变，因为每一个触觉都必然会展示一种双重关系。它在每一个现象中都会提醒我们身体之某一特定部分的参与和存在，可

---

① 丰特奈尔，《对谈世界之多元性》，"第三晚"。

以说它代表着我们对客观实在世界的最初洞察。但是孔狄亚克并没有停留在对这个问题所做的最初解答之上，在《感觉论》的第二版中他处心积虑地对这个解答加以补充和改进。这时孔狄亚克的思维转向比较激进的一路。在一方面，我们必须承认所有的知识都来自感觉；而在另一方面，我们的一切感觉显然都只是我们存有样态（manières d'être）之表示。那么，我们怎么能够知觉到外界的对象呢？我们可以上升到最高的上天，也可以下坠至最深的深渊，但我们却永远不能超越自我之束缚，因为我们所碰到的永远只是我们自己以及我们自己的思想。就这样，孔狄亚克毫不躲闪地面对着这个问题，可是用他感觉主义的方法却找不出一个首尾一贯的解答。狄德罗清楚地认识到这个弱点，他说孔狄亚克采用了贝克莱的原理，却试图逃避其理论后果。可是心理学的观念论却不能以这种方式加以征服。狄德罗，如日后的康德那样，在这种观念论中看到了一个"人类理性的耻辱"（scandal of human reason）："一个思想体系，它是最难击溃的，虽则是最为荒谬的。"

在莫佩尔蒂的哲学信函和有关语言起源的思想中，我们也可以发现类似的缺少把握的情况。在这里这个问题再度清楚而醒目地被陈述出来。莫佩尔蒂不但公然主张：就其客观实在性而言，广袤跟其他一切感觉特性并无丝毫差异。他不但坚持，就其内容与心理发展而言，纯粹空间与颜色声音等现象并无基本的不同；他还仔细查究当我们说一个东西是实的时候究竟有何所指，当我们断定一个东西为"有"而说"There is"的时候，这判断究竟是什么意思。这个判断到底表达了什么意义？它的真正内容和根据是什么？当我们不只是说我们看见或触到一棵树而且还肯定有一棵树"存在"时，我们到底是意味什么？"存在"这一属性究竟为单纯的感觉资料加添了一点什么？我们能不能指出有一种对"存在"的知觉，其为一种原初的单纯的知觉，犹如对颜色或声音的知觉那样？既然这是绝对办不到的，那么，我们说某某物存在究竟还有什么意义？如果一个人好好思考一下这个问题，他一定会得出一个结论："存在"一词除了是一个新符号之外，并没有指谓什么新的事实。这个符号使我们得以用一个单一的名词去代表复杂的一串印象，使这串印象在意识之前定型下来。这个符号所表示的不过是若干直接印象、记忆与预期所形成的一个丛结。它所指的那个经验，系由重复出现的某些类似的经验以及伴随这些经验的某种环境（这环境把这些经验紧紧联结起来，使它们显得好像更为真实）所组成的。譬如"我看到了一棵树"这知觉与"我当时在某个地方；我再回到那个地方，又看到那棵树……"这知觉连在一起。因此我得到了一个新认识："只要我回到那个地方，我总会看到那棵树。"这便等于是说："有一棵树。""树存在"的知识便是这么形成的。以上的说法似可驳倒感觉主义者对存有问题的解释，因为"存有"（存在）概念并不能被还原为一个单纯的感觉。但是我们所获的进展却很有限，因为这么做只不过把感觉主义的解释换成"唯名主义的"（nominalistic）解释而已。莫佩尔蒂就清楚意识到这并不是一种解决，而只是问题的转移而已。因此，他的分析最终也归于怀疑论。莫佩尔蒂说："'有一棵树'这知觉可以说带给它的对象一种实在性，从而构成'树在我之外独立存在'的命题，但这个命题并不比前述的那些仅作为我的知觉之符号的命题多出什么。如果我平生只有过一次下列的知觉——'我看到一棵树'，'我看到一匹马'，则不管这些知觉是多么鲜明，我也不可能由之推论出'有'（There is）这命题。如果我的记性够好，不在乎多使用符号，则我尽可使用 A、B、C、D 等简单符号以表示我的知觉，每个知觉用一个符号表示，则我必将永远不会得出'有'这个命题，即使我一而再再而三地得到相似的一个知觉。这个命题实际上不过是'我看''我看过''我将看到'等知觉之综合缩写式。"莫佩尔蒂这番见解的进步之处在于把实在问题的焦点由感觉转移到判断。但莫佩尔蒂并不把判断当作逻辑上的东西而去了解它，却试着把它转变成一个积成之物——一堆并存与前后相连的知觉。上述实在问题的根本转变与解决，唯有当这个障碍被移除后也即在康德将判断分析为"行动之单位"（unity of action），并且由于它的内在自发性将其认知为"自觉之客观单位"（objective unity of selfconsciousness）之表现以后，方才可能。由此，"观念及其对象之关系的问题"（problem of the relation of an idea to its object）最终得以建立在一个新的基础上；它的地位被提升到单纯心理学问题的层次之上，而成为一种"超越逻辑"（transcendental logic）的焦点。

<h1 style="text-align:center">三</h1>

　　尽管富有革命性，但是这个哲学方法上的最后发展在历史的准备工作尚未完备之前还是不会产生。因为洛克、贝克莱、休谟与孔狄亚克的学说从来没有在德国赢得毫无异议的承认。洛克的影响虽然一时在此颇占上风，却从一开始就局限在某一范围之内，这也是沃尔夫对心理学的系统发展所导致的结果。沃尔夫之理性与经验的心理学自有其自身的发展途径，它还保持了对莱布尼茨基本原理的忠诚。它把它有关灵魂的学说建立在有关单子之自发性、自足性与独立性的学说上。单子不从外界接受任何东西，它照它特有的法则产生它所有的一切内容。这种自发性，根本无法与"物理的流入"（physical influx）观念、与英法心理学所持之"印象"概念相协调。在莱布尼茨与沃尔夫看来，企图在印象身上寻找心灵之基础的心理学，根本就是误解了整个的问题。它完全没有看到心灵的基本现象，这心灵的本性在于主动性而不在于被动性。在此，他们提出功能心理学以抗衡感觉心理学。不过如果有人依照一种广泛流传的见解，把功能心理学只当作一种"才能心理学"（faculty psychology）看待，那他就错了。因为在莱布尼茨看来，世间并没有单纯作为一种可能性、单纯作为一种空洞的潜能的所谓"才能"；也不能死板地把心灵划分为几种不同的能力，对这些独立的力量而言，也不存在一种诸能力之本质。沃尔夫也一贯坚持灵魂统一之假定，虽然他倾向于截然划分不同的概念，这使得他

看起来像是喜欢把心灵的各个部分孤立起来看。沃尔夫把心灵区分为种种不同的才能，并且对之下定义、命名称，但这主要是为了方便于陈述；实际上，像他所说的，这一切能力并不是各自独立的力量，而只是同一个基本力量之不同倾向和表现，这个力量即是表象的力量。

这个表象作用不应该被理解为单纯对外界实在的反映，而应该被理解为一种纯粹主动的活力。莱布尼茨说，实体之本性在于它的多产，也就是说在于它造出无穷观念的能力。因此，自我就不仅是观念之场景，而是它们的根源了。而自我之真正的完美也正系于此；它之制造观念的工作进行得越自由，它就越完美，在《论智慧》（On Wisdom）中莱布尼茨写道："凡是存有之增强，我都称之为完美，正如疾病是健康之减损，完美则为凌驾健康之上的某物……正如疾病是出自受损的行动，完美则呈现于行动能力。一切存有确实都在于某种力量，该力量越大，该存有也就越高等越自由。而且这力量越大，我们越能够从一（unity）中见多（multiplicity），越能够在多中见一，因为一统理其外之多并预先造成其中之多。所谓多中之一实不外乎和谐，而由于物与物之调适有等级之别，因此便有了秩序，由于有秩序，便有了美，美则唤起了爱。由此可见幸福、愉悦、爱、完美、存有、力、自由、和谐、秩序与美都是连贯在一起的，这是很少人能够正确理解的事实。当灵魂在自己内部感到一大和谐、秩序、自由、力或完美，并且因而高兴时，便引起了愉悦……这种愉悦既然是知识之结果，而又伴随着光，它便不会欺蒙或招致以后的悲苦；由于这种愉悦，会有一种向善的倾向起于意志，那就是德行……由此可以推想而知，再没有比理性之光与依理性而行的意志更有助于幸福的了；也由此可知，这种光尤其应该求之于有关某些事物的知识，这些事物可以使我们的心灵越来越趋向一种更高贵的光，因为这种光可以使智慧与德行（因而也使完美与愉悦）产生持久的进展，其效力甚至在此生以后还会继续遗留在灵魂中。"

在这几句富有特色的简要话语中，莱布尼茨勾出了德国哲学在启蒙时代的大概发展情形；他界定了启蒙运动的中心概念，并且描述了它的理论纲领。这几个句子本身也表象了一个真正的"多中之一"，因为它们概括了德国启蒙运动在心理学、知识论、伦理学、美学与宗教哲学上所做的贡献，以及它在以后还要加以贯彻的工作。正是上述这个好的开始使得 18 世纪的德国哲学免于折中主义的危险。正如通俗哲学总有流于折中主义的危险，而且常常屈服于这主义，科学与系统的哲学也总是可以找到它们的道路回到莱布尼茨最先提出的那些问题。沃尔夫过去是"德国人的导师"（preceptor of Germany），如今仍然如此，康德说他是德国人特有的彻底精神之创始者，这话是一点也不错的。康德不仅能够从德国启蒙运动的思维起步，并且他对问题的陈述以及他的体系的方法也是这个思维之直接结果，这是因为这个时代的哲学已经清楚看见了发展一个一致的思想理论体系的巨大可能性，而且它对这一点还有所记载。要阐明这个基本倾向，我们不妨从上面已经提过的反对方面谈起。18 世纪的英国和法国哲学都受到一个倾向的鼓舞和引导，那就是要发展一切哲学知识，以使它不必再建立于借来的根据上（借用洛克的说法）。整个的知识结构应该是独立的，并且建立在自己的基础上。由于如此假定了知识的自主性，天生观念的体系便遭到了摒弃，因为求助于天生观念实无异求助于一个外来的主宰者——无异把知识建立在上帝之存有与本性上。当笛卡儿认为天生观念之意义渊源于上帝之创造力时，当他发现观念与永恒真理都是这个创造力之结果时，他很明显地求助于上述的主宰。马勒伯朗士则以人与神的合一来代替上述的因果关系，他认为人对观念与永恒真理的静观正是人类心灵直接参与上帝本性的明证。经验主义哲学摒弃这类超越的事物，不在经验与"万物之自然界"（nature of things）之外找寻知识之基础。但即使是这个"万物之自然界"也从另一方面威胁着心灵的独立性。因为照经验主义的说法，心灵的真正工作不啻是拿着一面镜子对着自然——这面镜子只能反映影像，却不能独立地创造它或形成它。"在这部分，悟性只是被动的；它是否会具有知识之材料，并不是它能左右的……这些单纯观念一旦被提供给心灵，悟性便不能再拒绝拥有它们，一旦被铭印在心灵上，它也不能改变它们，或抹掉它们而重造新观念，犹如镜子不能拒绝、改变或抹掉它所对的对象在它上面所造成的影像。"①

对于上述有关形而上学的"超越者"（transcendence）的学说，莱布尼茨同样反对，他自有其独特的观点。他也假设有内在者，因为在单子里面的每一件东西都是从它内部产生的。但当他强化这项原理的时候，他不但发现回归上帝是不可能的，而且发现回归自然也很困难。他不以为所谓"万物之自然界"与"心灵之自然界"真有什么不同，也反对后者单方面依赖于前者之说。"我们所说的对万物的自然界之静观，实不过是对我们心灵的自然界以及内在观念之知识，这些观念是无须在心灵之外寻求的。"②当心灵成为反映实在之镜子时，它便永远是反映宇宙的一面活的镜子，它并不仅是诸多影像的总和，它还是一切构成力量的组合。心理学与知识论的基本工作便在于阐明这些各有其特殊结构的力量，并了解它们的相互关系。这正是德国启蒙运动思想家彼时所从事且以坚忍的苦干努力完成的工作。如果说这番苦干有点各行其是，如果说第二流的心灵难免有时看不清楚目标，但它仍然是相当深入的。因为这些哲学家在这些问题的分歧中有一个一以贯之的目标，那就是要证实某一个原理，并且从各种不同的角度来阐释与证明它。从心理学方面陈述与辩护自我之自发性，正好为有关知识和艺术的一个新概念准备好应有的根据；知识论与美学之前进的新途径与新目标现在都已被披露了。

把心灵区分为若干个别的"才能"不但有助于对现象做一种经验的分析，而且成为未来的一个普遍体系——一门真正的"精神之现象学"（phenomenology of the spirit）——的开端，为它勾出了一个大

---

① 洛克，《人类悟性论》第二册第一章。

② 莱布尼茨，《人类悟性新论》（*Nouveaux Essais sur l'entendement humain*）第一册第一章。

体的轮廓。在这方面最具有原创力、最天真坦率的一位分析家提顿斯（Tetens）早就看出了这个可能性，并且加以大力宣扬。他有一部著作《人性的哲学论文》(*Philosophical Essays on Human Nature*)，在命名上与贝克莱和休谟的作品相仿，却采用了跟他们不同的方法。书中他不唯努力对个体心灵现象加以分类和描述，他简直把这番描述当作有关"客观精神"（objective spirit）的一般理论之序曲在处理。我们观察悟性的才能，不应该只在它搜集经验以及从知觉制出其最初的感觉观念时观察它，也应该在它更上一层楼时，亦即在它建立理论以及把真理组合成一门一门的学问时观察它。在这类活动中，心灵的力量显示出它的最高能量；在这里，我们就应该提出有关基本规律的问题，心灵正是依这些规律建立几何、光学、天文学等庞大的学问结构。提顿斯对培根、洛克、孔狄亚克、博内（Bonnet）与休谟等人在解决这个问题上所做的贡献并不满意，他认为这些思想家甚至没有就其特殊的意义去理解理性知识之问题，而且由于他们脑中早就先入为主地塞满了有关感觉知识之问题，关于理性知识的这个问题几乎完全被他们忽略了。提顿斯对有关"灵魂之才能"（faculties of the soul）的学说所做的最富有独创性的贡献，在于他所提出的基本概念，这概念也反映了他在上面所表现的同一倾向。当他要求对感情之特征做精确的刻画，把它截然和感官知觉区别时，他并不是单单由内省来做这个区别；相反的，他是考虑到感情和感官牵涉到两种不同形态的客观关系，然后才做了这个区别。知觉当然是属于我们的，但是它的要点并不在于它表示了我们自己的一个存有状态，而在于它表示了对象的一个特质。感情则表现了一个不同的、一个更彻底更纯粹的主观关系；我们只知道它表现了我们自己内在的一个变化，我们把它当作直接的所予而加以接受，并不把它关联到外在对象。但是这个关系之所以是主观的绝不是因为它是纯然任意的，而是因为它含有自己内在的规律和法则，并且感情事实上自成一个微观世界——以上这几点都为德国启蒙运动哲学所接受，它们认为这几点都已经被艺术现象证实。

在艺术中，这个微观世界的表现和发展均已完成。恰在此处，门德尔松（Mendelssohn）的学说介入进来。这个学说采用一种重建的方法，通过观察研究心灵中的影像以及影像间的独特差别得出结论，这些影像与潜藏在诸心理活动之后的种种力量有关。为了清楚而肯定地区分艺术的对象与理论知识的对象，为了区别美的事物与真的事物，门德尔松认为有必要承认一类特殊心理现象的存在。美的对象既非知识对象，也非欲求对象。如果我们试图把它当作一个知识对象来处理，并且以科学的方法、以分析与定义之历程来接近它，它便会从我们指缝间溜走。可是如果我们从"实践的"（practical）观点去接近它，使它成为希求和行动的对象，我们也同样无法抓住美的对象之本性，因为一个对象一旦被我们欲求或争取，它就不再是一个美的对象，不再是一个艺术家静观与欣赏的对象。基于这番考虑，门德尔松假定有一种独立的心灵才能存在，他称之为"称许的才能"（faculty of approval）。对美的称许，丝毫不夹杂一点欲念："被人带着一种平静的喜乐之感而静观，即使我们不拥有它，它也同样悦人，而我们似乎也真的没有拥有它的欲念，以上这些特点似乎正是美的特征。只有当我们把美的事物跟我们自己牵扯在一起，而认为拥有它是对自己有利时，拥有它的欲念才开始在我们心中生起；但是这个欲念根本与美的欣赏风马牛不相及。"[1] 因此，有关心灵才能的学说总是不把心理学只当作有关意识之成分的学说（即当作有关感觉和印象的学说）而处理，而是把它当作一个有关态度和行为的广泛理论而处理。人们所应研究并精确地描述的不是心灵的内容，而是它的活力。从这个观点我们才能理解何以这时心理学与美学之间会发展出一个紧密的联结。自从杜博斯（Dubos）的《诗歌、绘画与音乐之批判性反省》（*Critical Reflections on Poetry, Painting and Music*，1719）出版以来，在美学中早已流行着关于心灵活力的类似理论，杜博斯的思想和观察心得简直和莱布尼茨的观念如出一辙，因为莱布尼茨把一切审美的喜乐都视为"存有

----

[1] 门德尔松，*Morgenstunden*。

之提升"（exaltation of being），视为心灵活力之活化与强化。他认为，由于感到活着而获得的喜乐可能大大超过由于对对象的静观而引起的不乐。莱辛则在信中对门德尔松说："不用我告诉你，你也知道，伴随着我们活力之较生动的运用而生的喜乐，可能远不如我们的活力直接指向的对象所引起的不乐那般强烈，以致我们不再感到那喜乐。"舒尔茨（Sulzer）在其《论艺术作品之活力》（*On Energy in Works of Fine Art*）中也表示了同样的基本概念，而在此预设之下，他试图分辨理论思维的活力、审美静观的活力，以及意志活动的活力。

　　这时美学理论从另一个角度进入了纯知识论的领域。在替纯"想象"（imagination）赢得了一席之地，在力求表明"诗歌才能"（poetic faculty）并非一种组合的才能，而是一种原生的创造才能的同时，美学也导致了逻辑之变迁，导致了有关概念之意义与起源的思想之变迁。贝克莱、休谟与孔狄亚克都以为概念不过是把若干印象显示出来的东西，也即这些印象的累积，或代表这个累积的符号。这个符号本身并没有什么独立的意义，它只是间接地表现了知觉所留下的记忆，即使我们所说的是关于关系的概念，而不是关于事物的概念，情形也是一样。因为除非心灵先经验过事物的实际关系，否则它不会凭空确立起它们的关联；它如果没有先查证过实际的情形，一定不能构想出事物与事物之一致或差异。但是，功能心理学却对这个见解有所批评。提顿斯指斥这种学说是把艺术创造看成"脑中物象的调换"（transposition of phantasms）。他认为不论思维会受到多少感觉印象、经验资料的刺激，它绝不会仅止于此。因为思维不只会形成概念（只作为若干印象之堆积），还会构成理想。而这些理想如果不借助"想象之形塑力量"（plastic power of the imagination），是无法被理解的。"心理学者通常都把诗的创造解释为对若干观念的分析与综合，这些观念则是我们在记忆中回想起来的。……如果情形确是如此，那么，诗歌将不过是脑中物象之调换，而绝无法在我们意识上引出新的单纯观念。"然而这种解释是完全不适用于任何真正艺术作品的。一个人一定不能算对克洛普施托克（Klopstock）或弥尔顿（Milton）作了公平评判，"如果他认为这些诗人在他们生动的诗的语言中所表现的意象只不过是若干知觉观念之堆积……"。这同样的道理也适用于科学的理想——例如我们在数学中所见的。它们同样不能被解释为仅是个别知觉之相加或相减；相反，它们乃是"诗意想象之真正产物"（true products of the poetic imagination）。"大家都知道，对于一般的几何概念而言，情形确是如此。但是对其他概念而言，情形也是一样。"仅仅靠经验的推广作用绝不足以把一个感觉影像提升为一个纯粹概念。因为普遍的感觉表象还不是普遍的观念，也不是诗意想象之概念或悟性之概念。它们只是构成这些概念的材料；至于它们的形式却无法从它们身上产生，也无法以它们来解释。但概念之精确却完全系于这形式。"譬如现在有一个向内弯曲的曲线之观念，这个观念是从视觉知觉而来的，这个观念也从视觉知觉获得它自己的形式——诸多片断的视觉与知觉组合起来终于构成这个形式①。但是，此时所发生的事情还不止于此。形成有关广袤的概念是我们能力范围以内的事，我们可以随心所欲地修改理想中的广袤。因此，我们的想象可以如此安排那个圆周的影像，使它上面的每一点都跟圆心等距离，没有一点是稍近一些或稍远一些。对感觉影像所添加的最后这个修改，正是创造的想象之所为，正如它对所有其他的理想之所为那样。"

这种对感觉印象中直接提供的东西的超越，这一理论的想象力，绝不只施诸纯粹数学。它也同样清楚地施行于我们有关经验之概念的构成过程中，因为我们绝不能将理论物理学所据以成立的那些概念解释为知觉观念之组合。当然，它们始于这类观念，但绝不终于这类观念；它们利用这些观念作为一个起点，但是它们又借悟性之自动的活动来使这些观念变形。这种自动的活动才是构成运动第一定律的核心和实体者。自然科学之普遍原理自是无法单从概念先验地衍生出来，但是我们却不可以因而认为它们只是由归纳而来——这归纳是指个别

---

① 指曲线观念的那个弯曲的形式。——译注

观察所得之累积。即使是像惰性定律那样的定律也不能完全由这个方法得出。"有关一个运动物体的观念——这物体既不对其他物体施加任何行为，也没有其他物体对它施加任何行为——会使心灵产生一个观念，认为这个物体的这个运动会不变地继续下去；即使后面这个观念是由知觉而衍生出来的，但是把它和前一个观念关联起来的却是思想能力，这能力照自己的本性在我们心中建立起这两个观念的这个关系。……"一般而言，不管我们所构想的观念之关系是怎么样的一种关系，光以感觉，光以被动的印象，绝不足以解释何以会有这个性质特殊的关系。这个特殊性质之存在是无可否认的，因为并非观念间的一切关系与关联都可以化约为相同与相异的关系，化约为符合与矛盾的关系。除了这两类关系之外，观念与观念还可以有各色各样的关系。事物之前后相续、邻接、并存、相依，所有这一切关系显然不仅是一致与歧异的关系而已。因此，在所有的思维中都可以看到特殊的迥异于其他的关系之形式，在每个形式中又都可以看到一个方向。这方向犹如一条路，是我们的思想自动地采取的，印象和习惯的机械力量并没有迫使它这么做。因此，所谓的判断和联结，或推论与作结，绝不同于把观念安排在次序和关联中，也不仅止于观察它们之间的同与异。"因为即使我们是拿两个观念与第三个观念比较，而从它们与第三个观念之同异以得知它们两者之同异，这种由别的关系以得知两物之同异的做法，也是悟性所特有的活动；这等于从一个关系观念主动制造出另一个关系观念，这并不只是对两个关系之知觉而已。"

在这里，作为德国启蒙运动思想之特色的内在统一性与系统完整性（尽管各个问题之间有很大的差异）变得清晰可见。因为我们现在正从两个不同的侧面，即从心理学与逻辑，逼近同一个中心问题。而当有关关系观念之性质与起源的问题被提出时，这两者就碰头了。提顿斯是以一个心理分析者的身份来接近这个问题，兰伯特（Lambert）则把这个问题当作其逻辑与一般方法学之焦点。他也回归莱布尼茨，而他对若干莱布尼茨原理的再发现真可算是历史性的贡献。他并不满足沃尔夫及其门人所绍述的莱布尼茨哲学遗产，而是更进一步追溯莱布尼茨哲学所由起的渊源。使他终生着迷的乃是莱布尼茨企图建立一套普遍逻辑的计划，他的符号学就是根据这个计划而拟定了大纲。他要找出一套思想的形式，而且希望能够使每个形式都拥有一套可以媲美微积分数字系统的符号语言。他认为只有当做到了这一点之时，只有当每一个明确的观念的关系都与一个明确的符号的运作相应时，只有当我们把握住这些运作之普遍规则时，准确的思维才有可能。兰伯特还要把这种思维推广到纯粹几何的范围之外。因为在他看来，认为只有广袤与大小的观念才能得到清楚的说明并进行演绎性发展，显然是一种偏见。这种发展之确实性与终结性，并非只能求诸量的领域；它们同样可以在涉及纯质的关系的场合中找到。从这个立场出发，兰伯特还相信他能够清楚地指出洛克哲学之极限及其对知识概念的分析之极限。他并不想非难洛克的"概念之解剖学"（anatomy of concepts）；他承认我们用以表现实在之要素的诸多概念并不能凭空杜撰，而应该求诸经验之中。关于实在的真知识绝不能仅仅建立在诸如充足理由律这样的只与形式有关的命题上。关于实在的知识必须处置实质的属性，必须处置所谓的"固体与力量"（solids and forces），一种力量的性质不能依据概念而加以解释，只能依据经验而加以解释。出于经验的缘故，我们应该放弃任何标准定义而满足于作描述；我们应该借着分析感觉与料以发现它的最后成分，却不能说由于概念做了清楚的解释，这些成分就可以变得更容易理解。如果还可能对概念作更进一步的厘清，也只能遵循洛克的路线，也即一种对单纯观念进行来历分析的方式，而不是通过在逻辑上更求精致的方式加以厘清。不过一旦我们通过以上的方法把基本概念弄清楚，同时对它们的数目和次序有了相当了解，情形就不一样了。这时我们会发现在每个这类概念的简单而特定的性质上还有许多进一步的特性存在着——这些区别是内在于这性质且直接由它所致的。这时若要充分揭示这些特性，就不必再回头去参考经验了。我们可以看到不同的基本概念之间有着相符、矛盾、依赖等关系，这些关系只须就它们（概念）的性质加以考虑便可以确定，无须涉及经验。关于这些关系的知识因此便不是经验的归纳性的知识，而是先验的知识。在兰伯特看来，这种先验性并不限于纯粹几何。洛克所没有做的，就是未曾试着为其他单纯观念去完成几何学家已经为空间而做过的工作，那就是以演绎的方法显示其体系结构上的性质。在这点上，兰伯特提出他的"真相学"（alethiology）以求解决这个问题。这是有关真理的一般性学说，也就是有关单纯观念间之关系与关联的学说。这个学说，兰伯特完全以莱布尼茨之"普遍逻辑"（universal logic）为范型而加以铺陈。他不但提到几何，而且特别提到算术、纯粹测时学（chronometry）与纯粹运动学（phoronomy），作为某一类型的学科之例证，这类学科固然由经验获取材料，却不只能够指出这材料中的偶然属性，还能够指出其必然属性。就这样，兰伯特的学说与提顿斯的学说互相关联了起来。而当德国启蒙运动的这两大分离的思潮在康德身上汇合为一的时候，它们相关的目标也就达成了，这目标一旦达成，也就被新的原理和问题取代了。

第四章　宗教

　　如果我们想找出启蒙时代的一个普遍特征，传统的答案一定会告诉我们它的特色就是对宗教抱有批判与怀疑的态度。如果我们想以历史事实来检验这个传统见解，则以德国和英国的启蒙运动思想而言，这个见解立即就会招致我们最大的怀疑与保留。但是，18 世纪的法国哲学却更为有力地证实着这个见解。对这一判断，不论敌人或冤家，歌颂者或虔诚信徒，都一致同意。伏尔泰在他的著作和信件中，永不厌倦地一再重复他的战斗口号："粉碎败德者！"（Écrasez l'infâme）。如果说他还小心地加上一句话说，他的斗争并非针对信仰，而是针对迷信，并非针对宗教，而是针对教会；然而那些奉他为领袖的下一代，可就不再理会这个分野了！法国百科全书派公然向宗教宣战，向它主张的有效性和真理宣战。它指控宗教是理智进步的永恒障碍，指控它未能建立道德以及公正的社会与政治秩序。霍尔巴赫在他的《自然政治论》（Natural Politics）中不厌其烦地一再提起这点。其指控的最高潮，即控诉宗教在教人恐惧某些看不见的暴君时，也造成了他们在面对尘世专制者时的奴颜婢膝与懦弱胆怯，扼杀了他们独立支配自己命运的主动性。自然神论这时也被斥责为无定形的混杂物与软弱的妥协。狄德罗说自然神论砍下了宗教这多头蛇的 12 个头，但是从它残存的那个头上又会长出其他所有的头 [①]。从此以后，似乎只有像这样完全摒弃一般宗教信仰——不管以何种历史形式摒弃，有

———————————
① 　狄德罗，《论容忍》（Traité de la Tolérance）。

何种论证支持这种做法——才能使人类摆脱奴役与偏见，打开通向真正幸福的门。狄德罗让大自然对人类说："迷信的奴隶呀！你在我安置你的世界之外寻求你的幸福是徒劳的。要有勇气摆脱宗教的枷锁，宗教是我高傲的敌手，它不承认我的特权。逐出篡夺了我的权力的那些神，回到我律则的管辖之下吧！回到你由之逃开的自然；它将抚慰你，驱散现在压迫着你的恐惧。重新归顺自然、归顺人性、归顺你自己吧，你将会发现花朵铺满了你人生的道路。""检视一切民族与时代的历史，你总是会发现人顺从于三种法规——自然的法规、社会的法规、宗教的法规；并且被迫接连地违反这三种法规，因为这些法规彼此从未协调。其结果是，不论在什么国家，从来不曾有过一个真正的人，一个真正的公民，或一个真正的信仰者。"[1]不管是什么人，一旦了解了这个事实，便无法再回到以往的情况，其间没有和解和妥协的余地；我们必须在自由与奴役之间、清明的意识与模糊的情绪之间、知识与信仰之间做个选择。对近代人而言，对启蒙时代的人而言，对这个选择是不容有丝毫踌躇的。他必须而且应该弃绝从天而来的一切帮助；他必须自己闯出到真理的道路，这真理唯有当他能够以自己的努力赢得与证实时才能为他所拥有。

可是我们怀疑，是否可以根据启蒙运动的战士与代言人的上述宣告就认为启蒙时代是一个大体而言非宗教的与敌视宗教的时代。因为这个见解有忽略该时代最高正面成就的危险。怀疑主义绝无法造成如此的成就，启蒙运动的最大理智力量并不在摒弃信仰，而在它所宣告的新形态的信念，在它所体现的新形态的宗教。歌德所说的有关信与不信的言论不论在深度上或真确度上都同样适用于启蒙运动。歌德认为信与不信的冲突乃是世界与人类历史的最深刻的，实际上也是唯一的主题，他又说凡是信仰占上风的时代都是光辉、昂扬而且其时与后世都成果丰硕的时代，凡是不信占上风的时代一定没有前途，因为没有人愿意献身于明知没有结果的事。如果歌德的话属实，那么，我们

---

[1]　狄德罗，*Supplément au Voyage de Bougainville*。

就可以毫不犹豫地说出启蒙运动到底代表这场冲突的哪一边。这个时代弥漫着一种真正创造性的感情以及对改革世界的不可动摇的信念。当时人们也期望宗教能够经历这样的改革。我们不应该受到当时明显反宗教的言行的蒙蔽，以至忽略了当时所有理智的问题都与宗教的问题融合在一起，而前者由后者得到经常不断的最深刻的灵感。人们越是发现以前宗教对知识与道德问题的答案有所不足，就越会感到这些问题的迫切与重要。从此之后，人们所争论的不再是某一特定的宗教教条及其解释的问题，而是宗教的确实性（religious certainty）之性质的问题；其所涉及的不再是相信什么的问题，而是信仰本身之性质、倾向与功能等问题。因此，基本的目标，并不在消解宗教，而在消解其"超越的"（transcendental）证明与根据。德国启蒙运动的思想家特别是如此。从这个目标着眼，启蒙时代宗教信仰的特性所在——包括其正面的与负面的倾向，包括其信与不信——便可完全了然于目。也唯有当一个人同时正视正负两个倾向且承认其相互的依赖，他才能了解 18 世纪宗教哲学的历史发展——把它当作一个真正的统一体，当作一个运动，它发自一个固定的知性中枢，而挣扎着向一个明确的理想目标前进。

一　原罪的教条与神义论（theodicy）问题

在 18 世纪浩如烟海、纷然杂陈的宗教与神学文献中——光是关于自然神论的正反两端的议论，就已经多得读不胜读——可以找到一个中心论点，种种讨论最后都要回归于它。这个中心论点倒不是启蒙运动哲学自己提出的；它只是从其之前的世纪继承这一问题，它需要做的不过是以新的知性武器对付它。即使是文艺复兴运动也并不宣称自己仅仅是对古代事物与科学精神之再生，其目的更可说是宗教之改革或更新。文艺复兴致力于建立一种肯定尘世与理智的宗教，一种承认尘世与理智之价值，而不在尘世与人智之退化与毁灭中，却在它们之提升中寻找神性之证据与保证的宗教。自然神论就是这样被建立在 16、17 世纪的人本主义神学中。这种神学基于一个概念，即认为神性只能从其一切表现之总和中看出，因此其每一种表现都有其不可剥夺的独立的价值。固然没有一个形式或名称可以表示上帝的绝对存有，因为形式与名称正是界限的模态，因此与无限者之本性不相应。可是这个道理也可以反过来讲。既然一切特定的形式都同样远离绝对者的本性，它们也就同样地接近它。神性的每一种表示，只要它是真实的，都可以跟其他的任何一种表示相提并论；只要它们不自命表示绝对者本身而只自认是以比喻或象征来指示它，它们就彼此完全平等。这种人本宗教精神之成长与不断强化的迹象，可以由库萨的尼古拉（Nicholas of Cusa）追溯到斐奇诺（Marsilio Ficino），从斐奇诺追溯到伊拉斯谟（Erasmus）与莫尔（Thomas More），在 16 世纪初，这个发展似乎已经达到了它的目的，一种"在人性范围内的宗教"（religion within the bounds of humanity）似乎已经建立了起来。它并不是以一种敌视的或怀疑的态度趋近基督教教条；它是试图以一种特殊的方式去了解与解释这教条，以使自己成为一种新宗教态度之表示。库萨的尼古拉发现他对人性的基本概念早就体现在基督的观念中。基督的人性成为世界之纽带，成为世界之内在统一性的最高证据；因为基督的人性在无限者与有限者之间，在创造的第一原理与被选的事物之间架起了桥梁。这时所建立起来的宗教的普遍性，连文艺复兴时代所产生的各种新学术也都可以加以包容，且从一个哲学观点加以解释。这普遍性同样可以通向数学、新自然科学与宇宙论，且为一种与奥古斯丁及中世纪史观完全相反的新史观提供了基础。这一切似乎都可以在宗教的领域中成就，非但不与它对立，而且有赖于它。于此，宗教无疑表现了前所未有的广度，而在这广度中，它的真正的、终极的深度才第一次得以真正显现。历来大的经院哲学体系与一切中世纪神秘主义所力求解决的人神和解之问题，现在完全呈现出一个新的面貌。这个和解现在已不再被人一味从神恩中去寻求，它被认为会发生于人类精神活动及其自我发展的历程中。

不过事实证明宗教改革运动却是这种人本宗教的死对头。宗教改革运动在赋予尘世生活以新价值与新认许上，似乎与文艺复兴运动一致。它也呼吁赋予信仰内容以精神意义，不仅赋予自我（宗教的主体）以精神意义，也赋予这世界之存在以精神意义——使它和宗教上的确实性发生一种新关系。这就是说要以信仰之确实性来证明这世界之存在为正当。就这样，苦行主义者否定此世之要求再度遭到肯定此世之要求的反抗。对此世的这个肯定，必须在一个人的日常职位中，也就是在世俗的社会秩序中，予以实现。不过，就算人本主义与宗教改革在这点上是相同的，它们仍然有极大的歧见。宗教改革所理解的信仰与人本主义的宗教理想，不论就其起源还是目标而言，都还相差十万八千里。这对立的核心在于人本主义与宗教改革对原罪问题截然不同的态度。人本主义从来不敢公开攻击有关人之堕落的教条，但它的基本知性倾向乃是暗地里破坏这个教条的力量。伯拉纠派（Pelagianism）[1]对人本主义宗教立场的影响越来越显著，挣脱奥古斯丁传统的枷锁的努力越来越见有心。复古，乃是造成这场斗争的因素之一；柏拉图有关求生之本能（Eros）的学说、斯多葛学派有关意志之自我决定的学说都是跟奥古斯丁的见解对立的，后者主张人性彻底腐败，不能靠自力成就神性。人本主义所力倡的宗教普遍性，唯有在柏拉图等人的思路上才能得以维持；只有他们的学说才能证明另一种形态的神启之为正当，这种形态的神启之宣告在时间和空间上都不受限定。可是宗教改革的思想却尖锐地反对这种广泛的学说，因为所有宗教改革运动的宗派都坚信《圣经》才是绝对的、唯一的真理。他们对此世的生活之爱好绝不能也不容动摇这个信仰；这个世界和超越的另一个世界毕竟都是《圣经》的信仰所设立的。《圣经》，以它的超越性，以它的超自然的来历，以它的绝对权威，乃是得救之确定性之基础。因此宗教改革的宗教个体主义仍然彻头彻尾服膺那绝对客观的、

---

[1] 伯拉纠派（Pelagianism），否认原罪，主张人有意志之自由。——译注

具有超自然束缚力的实在。它越是想加强它与这实在的系带，它就越难以摆脱奥古斯丁对教条的概念。对路德而言——对加尔文而言也是一样——教条乃成为神学之真正支柱与核心。与人本主义之决裂遂成为无可避免的结局。这点在路德的《论受制的意志》（*On the Enslaved Will*）中发挥到极致。在路德看来，伊拉斯谟之小心为人类自由辩护，他之支持未因堕落而完全失去的意志自动性，都无疑是宗教怀疑论之表现。在路德看来，最危险的错误莫过于相信人类有这样的独立性，相信人类可以被看作神恩之外的一个特殊力量，看作可以影响与神恩对立或合作的事物的力量。我们必须绝对分清神与人的界限，分清神的力量与我们的力量，分清神的工作与我们的工作，因为对自己的知识、对神的知识与崇拜都系于这个区分。"因为只要一个人相信对自己的得救可以做点什么，他就会保持自信而不致完全绝望；出于这个原因，他就不会在上帝面前谦卑恭顺，反之，他会肯定自己，至少也会希望有适当的机会、时间与工作，以便让他得救。但是只有深信一切依靠神意的人，断绝一切自助的希望的人，不自作选择而只静待上帝行动的人，才最有希望蒙恩与得救。"

从上面的话，我们可以看到宗教改革对人本主义的判决，17世纪虽然多方设法辩驳这判决，却终归无效。当然文艺复兴的理想并没有完全绝灭，且有许多新起的护卫者，这种人在哲学家当中特别多。可是大的宗教运动却对这些倾向置之不理。建立一种普遍宗教的希望——如库萨的尼古拉所怀抱且表现在其著作《论信仰之和平》（*On the Peace of Faith*）中的——至此已完全消失，信仰的和平则被极难平息的宗教论取代。在这论争中，最为严苛的教条主义似乎可以在任何地方赢得胜利。虽然格劳秀斯（Hugo Grotius）在尼德兰、剑桥学派在英国都曾试图恢复这文艺复兴的精神，但是其直接的影响却仅及于比较狭小的范围。格劳秀斯屈服于戈马尔主义（Gomarism）[①]的攻

———————
① 戈马尔主义（Gomarism），荷兰神学家戈马尔（Gomarus）所倡，主张命运神定。
　　——译注

击之下——戈马尔主义最后斗垮了阿明尼乌主义（Arminianism）①，犹如卡德沃思与摩尔无法遏止清教主义与正统加尔文主义的进展。可是这些人的工作无论在宗教上或一般学术史上都不是徒劳无功的，因为它为 18 世纪的"启蒙运动"铺了路。启蒙时代的神学非常清楚这整个的来龙去脉。人们常常指控这个时代，说它目无古人，说它低估了以往的成就，但这些指控完全不适用于这里。启蒙时代德国神学领导人之一的塞姆勒（Semler）就对上述《圣经》风波的前因后果了如指掌，他在辨认与陈述其间的关联时，充分表现了他的历史批判精神。在与天主教的论争中，他就直接回溯到伊拉斯谟，称其为新教神学之父。关于理性自决与道德意志自动性的老问题则再一次被他有力地提出来，可是这一次，对这些问题的回答不再受权威左右，《圣经》与教会也不再被奉为至尊。通过这种方法，中古教条的力量终于首度受挫，因为现在奥古斯丁主义所遭受的攻击并非是针对它的结果和影响，而是针对着它的核心。原罪概念现在成为众矢之的，启蒙运动哲学的各个不同流派都一致对准它进攻。在这场斗争中，休谟站在英国自然神论的阵营，卢梭则站在伏尔泰的一边，目标的一致使大家暂时忘记了有关手段的歧见。

首先让我们来看看这个问题在法国学术史上的呈现——在那里，人们对它做出了最好的陈述。它的所有方面都得到了详尽的阐释，它的逻辑结论也都被发展得淋漓尽致。这工作也只有法国人特有的分析的心灵才能做得如此完美。他们把歧异的解决途径两两并列，以形成鲜明的对比，使得答案宛如经过正反合的辩证过程而自动从这对立中产生。原罪的问题又在 17 世纪的法国哲学中由该世纪最渊博的一位思想家提出。这问题以几乎无可比拟的力量与最清晰的表达形式出现在帕斯卡的《思想录》（Thoughts）一书中。它的内容似乎从奥古斯丁以后便完全未经更动，因为以詹森（Jansen）讨论奥古斯丁思想的

---

① 阿明尼乌主义（Arminianism），荷兰改革派神学家阿明尼乌（Arminius）所倡，主张所有世人都可得到救赎。——译注

著作为媒介，有关原罪观念的陈述完全原封不动地重现于帕斯卡的作品中。可是帕斯卡推理的形式与方法却使得他大大不同于奥古斯丁，这也表明了他是一位近代的思想家。在帕斯卡的时代，思想方法仍然受笛卡儿关于清楚而分明的观念之理想的支配，笛卡儿的学说甚至还被应用于探讨信仰之神秘现象上。奥古斯丁的思想内容与笛卡儿的思想方法结合的结果，成为一个观念的诡异混合体，因为帕斯卡想建立的学说和他用以达成结论的程序正好形成强烈的对比。他所辩护的论旨是理性之绝对无力——理性凭自己的努力绝不能获致任何确定性，它只能经由对信仰的无条件投降而求得真理。但是他并不想通过命令或说教的方式使人同意有投降的必要，他企图证明这点。他并不是对相信的人发言，他是对不相信的人发言，而且他是站在后者的立足点上对付他们。他讲他们的话，用他们自己的武器和他们对打。帕斯卡是一位无与伦比的运用近代分析逻辑的高手，他在其数学著作中已经把它运用得极其纯熟，现在他又把这个工具运用在解决基本的宗教问题上。他用以处理这个问题的方法，正是他用以处理几何圆锥曲线问题的同一方法，也是他用以处理物理学问题的方法。在这里，最重要的仍然是对现象的正确观察与从事假设的能力。我们要做成一个决定，并没有其他妙方，也不需要其他妙方。正如物理学家在回答一个有关自然物性的问题时必须综观所涉的诸多现象，并且依次一一考虑它们，除此之外，别无妙法，同样的，窥探人性的基本奥秘也必须使用这个方法。这时我们也同样必须要求每一个假说都能适当处理有关的现象，并且完整地描述它们。"现象之救济"（rescue of the phenomena）的公设，对神学而言也跟对天文学一样有效。也正是在这一点上，帕斯卡对他的敌手——怀疑者与不信者——提出挑战。既然他们摈斥对这个问题的宗教的解决，且拒绝接受人类堕落与人性二元之说，那么，他们便有责任提出另外的解释。以单纯性来代替二元性，以和谐来代替不和，便成了他们的工作。但是这所谓的统一与和谐却完全与所有的人类经验事实相抵触。因为我们不管在何处碰见人类，都会发现他并不是一个完整而和谐的存有，而是自己分裂对立、充满最深刻矛盾的东西。这些矛盾乃是人性的特征。当他试图去了解自己在宇宙中的地位时，他发现自己陷于无限者与空无之间，在这两者面前，他无法单独属于两者之中的任何一个。他一方面固然升腾在其他一切之上，另一方面却也退堕在其他一切之下；人类既崇高又卑鄙，既伟大又龌龊，既强壮又无力，他是一个大杂烩。他的意识总是把一个他所无法达成的目标摆在他面前，他的存在总是被他自我超越与堕落沉沦的两种倾向来回牵扯。我们无法逃脱见诸每个人性现象的这个冲突。人性的这个无可化除的二元性只能以有关人类堕落的奥秘来解释。通过这个奥秘，本来笼罩在不可穿透的黑暗中的事物一下变得彰明昭著了。虽然这个假说本身就是一个绝对的奥秘，但是在另一方面它又是了解我们最深层存有的关键。人性唯有凭借深埋在它之下的那不可理解的奥秘才能变得可以理解。因此一切逻辑与理性知识之准则都被颠倒过来了。在这类知识中，我们是把未知的事物还原为已知的量以求说明它，但是帕斯卡却把绝对未知者作为直接既有的、现存的现象之基础。他之推翻这一切理性的方法和手段，正是教示我们：我们正在处置的知识之界限，不是偶然的，而是必然的，不是主观的，而是客观的。阻止我们获得关于对象的充分知识的，并不是我们洞察力的弱点；使合理性无用武之地的乃是对象本身，它本身就是绝对自相矛盾的。每一种理性的方法都是一种内在的方法，因为理性知识之形式就在于研究事物之真实本性以求结论。但是现在我们所处置的自然乃是一个自相矛盾的自然，正当我们想好好了解它一下的时候，内在性竟一变而为超越性，从而否定了它自己。"谁将清理这一片混乱？自然淆惑了怀疑主义者，理性淆惑了教条主义者。人类呀，你将变成什么呢？既然你想用你自然的理性去发现你的真相。……高傲的造物，到头来你会知道：对你自己而言你竟是个难以理解的怪物。谦卑一点吧，无能的理性；闭上嘴吧，低能的自然：须知人远超过人所能理解的，还是从你主人那里去认识你的真相吧，对它你是一无所知的。倾听上帝所说的！"①

　　帕斯卡以上的话提出了 18 世纪哲学的最困难、最深刻的问题。在他身上，这个哲学找到了一个势均力敌的对手，只要它还想向前再走一步，就得好好对付这个对手。如果我们无法破解超越性之符咒，如果人类依然是"自我超越的"（self-transcendent），则有关世界与存在的自然主义式的解释必然从一开始就受到牵制。因此，我们不难了解：何以启蒙时代的法国哲学会一再重提帕斯卡的《思想录》（仿佛是受到内在的驱迫似的），何以它会反复以这作品作为批判的对象。作为一位作家，伏尔泰终身都在从事对帕斯卡的批判。这个批判始于他的第一部哲学著作《哲学书简》（*Letters on the English*），半个世纪之后，他又重顾这部少作，对它加以增订，并且提供新的论据。他接受了帕斯卡的挑战，他说他要对抗这位"庄严的人类厌恶者"（sublime misanthrope）以护卫人性。但是只要检视他的各个不同论证，我们就会发现他似乎是在避免从事一场公开的战斗。因为伏尔泰总是小心地避免去追究帕斯卡宗教思维的真正核心，以及他的问题的最深层。他总是试着把帕斯卡留在人类存在的表面，他要阐明这表面是自足的与自明的。伏尔泰以他典型的温文有礼的态度对待帕斯卡的高度严肃，以知性的机敏应付帕斯卡推理之简洁精确，以世俗的肤浅应付帕斯卡感情之神秘深沉。常识被用以对抗形而上学的微言妙义，并据以论断它。帕斯卡所称之为人性之矛盾的种种，在伏尔泰眼中都成了人性丰富与多样之证据。人性当然绝不单纯——如果单纯指的是其存有之有限，且遵循一指定的轨道——因为它永远在冒险尝试新的可能性。但是在伏尔泰看来，这近乎无限的多面性正是人性之力量的所在，而非其弱点之所在。尽管人类所表现的活动千差万别，尽管坚持完成一件事情而不见异思迁十分困难，我们却正可由此多面性见出人性之强劲有力。人之为人就在于他内在的这一切不同力量之显示与发展，人就是他所能的与应然的："那些明显的对立，也就是你称之

――――――――――
① 　帕斯卡，《思想录》（*Pensées*）。

为矛盾的，正是组成人的必要成分，他犹如别的自然物，正是他所应然的。"

但是伏尔泰的"常识"哲学并不是关于这个问题的最后决定论。他虽然对帕斯卡的论证毫不让步，但是我们感觉得出他经常因它们而不安。事实上，在此，光是否定已经不够，启蒙运动哲学非得做出一个清楚积极的决定不可。既然它摒弃了原罪的奥秘，那么，它就得从另一个方向去找寻罪恶之原因与起源，它就得以理性的眼光去辨识罪恶之根源且加以证明。在这一点上，想逃避形而上学似乎是不可能的，因为对教条的怀疑更逼得我们非去面对神义论之谜不可。这个谜对伏尔泰而言也是存在的，因为他认为神的存在乃是一个可以证明的事实。对伏尔泰来讲，"我存在，因此一个必然而永恒的东西也存在"这个命题，其力量丝毫不减于当年。可是如果神义论问题的死结仍然没有解开，我们如何逃得过帕斯卡的结论：这个死结必然把我们带回到信仰的"深渊"（abyss）？乐观主义，如莱布尼茨与沙夫茨伯里的哲学解答，一贯为伏尔泰所摈斥，他不把乐观主义看作一种哲学学说，而把它看作类似神话的幻想与传奇之物。凡是主张世界之一切都美好的人必然是骗子；我们不能不承认罪恶的存在，绝不要执意否认它，以至原已可怕的生活变得更为可怕。不过在这里伏尔泰如果赞成理论的怀疑主义而采取反对神学与形而上学的立场，他便无异于间接地向他所要反驳的帕斯卡之推理投降。因为至少就他的成就而言，他现在已经站在帕斯卡曾经站过的同一位置。帕斯卡曾经做出一个结论（这是他从不厌倦地加以强调的）：哲学本身，或者单凭自己本领而没有神启之支持的理想，必然归结于怀疑主义——"怀疑主义就是真理"。由于在讨论恶之起源问题时伏尔泰早已缴去了自己对抗怀疑主义的一切武器，此后他便只有在怀疑主义的旋涡中身不由己地漂荡了。他拥抱一切的解答，却又摒弃这一切的解答。叔本华常常提到伏尔泰的《憨第德》，而用它作为攻击乐观主义的最有力武器。但是如果他把乐观主义或悲观主义作为一种有系统的思想来讲，则伏尔泰

固然不能算是乐观主义者，也不能算是悲观主义者。他对恶的问题的
立场根本就不是什么合理的学说之产物，那不过是某种短暂的情绪之
表现，他就在这种情绪之下静观世界与人类。这种情绪可以有千百种
的细微差别，而伏尔泰喜欢在这上面变花样。少年的伏尔泰是不晓得
什么悲观主义的。他拥护一种纯粹享乐主义的哲学，其宗旨就是尽量
享受人生的乐趣。在他看来，追求别的智慧，不但困难，而且无益：
"真正的智慧在于知道如何在享乐中逃避悲伤。"伏尔泰的这句话不过
表示他是他的时代的辩护士，为奢华、为风雅、为不受任何成见限制
的官能享受而辩护。后来，由于经历里斯本大地震，他才收敛起对享
乐的歌颂。"一切都美好"这条公理从此不再被奉为圭臬。不肯正视
无处不在的恶是愚蠢的，我们所能做的就是把眼光转向未来，希望它
会带来目前无法解答的谜语之答案："有一天一切都会变得美好，这
是我们的希望；今天一切都美好，却是一个幻觉。"在这里伏尔泰又
接受了一个折中的办法——不论在理论上或道德上。道德的恶是无可
否认的，但它却是人性所无可避免的，因此它有存在的理由。如果我
们一无弱点，生命必将呆板迟滞，了无生趣，因为生命的最强烈冲
动都是起自喜好与热情，那就是说起自我们的缺点（以道德的眼光
来看）。伏尔泰把他对世界与人生的这个看法极为简明扼要地表现在
他的哲学故事《世界之本来面目，巴博克的眼光》（*The World as It Is,
Vision of Babouc*，1746）中。巴博克奉天使以修利尔（Ithuriel）之命
到首都视察当地的民情风俗，以决定该城市应该被毁与否。他目睹该
城市的一切弱点与过失，以及重大的道德缺陷，但他也目睹了它的文
化之灿烂以及社会之精美。基于这些事实，他做了宣判。他叫城里最
好的金匠打造了一尊雕像，它含有各种金属，包括最贵重的和最不值
钱的。他把这个东西带给以修利尔，并向以修利尔问道："你会不会
因为这尊美丽的雕像不是完全由黄金或钻石所造而毁掉它？"以修利
尔心领其意，"他决定不再动改造波斯波利斯的念头，就让它照它的
原样存在下去；因为，他说，即使不是一切都美好，至少一切还都可

以忍受"。在《憨第德》里面，伏尔泰也没有背离这个基本态度。我们无法避免罪恶，我们也无法根除它。我们应该让物理世界与道德世界照它们自己的方式运行，另一方面则调整自己，使自己能够持续与这个世界斗争，因为从这斗争中可以产生只有人才能得到的幸福。

在 18 世纪思想的其他地方，我们也可以找到伏尔泰在神义论问题上所显示的不确定性。有关这个问题的文献数量十分可观，因为哲学家们仍然觉得形而上学与宗教的命运必须以这个基本问题为转移。所以他们不倦地一再重提这个问题，虽然对其解决没有什么重要的新贡献。莱布尼茨的议论不知被重复了多少次，也被人从一切可能的角度加以阐释，但是却极少被关联于他的基本概念与预设而做更进一步的了解。折中式的处理逐渐取代了有系统的考虑。但是当经验心理学以它特殊的工具来探讨这个问题的时候，一个新的趋势出现了。这时似乎已经找到了一个新的方法可以精确测定感情的量。这样一来，此前在论及人类的苦与乐究竟孰多孰少时那种无从确定的窘况便似乎可以克服了，这个问题也可望放在坚实的科学基础上来加以解决。当然，这个问题如果想获得圆满的解决，光凭模糊的猜测是难以令人满意的；我们必须找到一个明确的尺度，用以衡量个别苦乐的值。这就引起了一个问题：如何调和两个截然相反的对立物。模糊的苦乐之感必须变成清晰明白之物而且化为精确的数字或符号。要解决这个问题，似乎唯有结合心理学与数学，即结合经验的观察所得与纯粹的概念分析。莫佩尔蒂在他的《论道德哲学》(*Essay on Moral Philosophy*)中就曾试图进行这种综合。他的第一步就是为苦与乐下定义。他尽量以一种特殊的方式来陈述这定义，以便能够给予这些情绪固定的量值，使人们可以根据这些量值而把它们加以比较。我们关于物理世界之知识，有赖于成功地把这世界的现象化约为纯粹数量上的差别——这些现象之质的差别只能见诸知觉。对有关心理现象的知识而言，情况也是如此。在这里，我们在直接经验中所观察到的异质性不应该妨碍我们把经验的内容想作概念上同质的东西。不管苦与乐的样态有多少，有一点却是一切的苦与乐都相同的，那就是它们有强度上的强弱与时间上的久暂。如果我们能够成功地把这两个因素化为数值，并且成功地确定整体的苦或乐与这两个因素有怎样的一种关系，则问题的解决就有办法了！这时感觉和感情就可以计算得出来，且其精确程度不下于算术、几何与物理学的计算。就这样，莱布尼茨所一度构想的"内包的量之数学"（mathematics of intensive quantities）问题现在竟延伸到心理学的领域来了。现在，莫佩尔蒂试着制定出一条完全可以媲美于静力学与动力学法则的定律。为了要计算苦与乐，我们首先必须考虑到这些情绪的量一方面决定于它们的强度，一方面则决定于它们在心目中呈现与作用的时间之久暂。持续一个单位时间的两倍强度，其结果等于持续两个单位时间的一个单位强度。一般而言，苦乐状况的数值可以定义为苦乐强度与久暂之乘积。根据这个公式，莫佩尔蒂着手去评估各种伦理学体系之价值。所有这些体系，如果进一步分析，则可以看出：它们之间的区别，全在于它们对幸福的不同计算。它们都试图告诉我们如何达成最高的善，也就是说如何获得生活中最大量的快乐。有些主张以增加善的事物来达到这个目的，有些则主张以避免恶的事物来达到这个目的。伊壁鸠鲁学派努力于增进他们的快乐，斯多葛学派则努力于减少痛苦。前者教示我们，生活的目标在于得到快乐；后者则教示我们，其目标在于避免不快乐[①]。这一番计算的结果，终于使莫佩尔蒂陷于悲观主义。因为事实证明：日常生活中，恶的总数总是大于善的总数[②]。康德在他的前批判期著作《试将负量概念引进哲学》（*Attempt to Introduce the Concept of Negative Quantities into Philosophy*）中，曾经提到莫佩尔蒂的计算，并对其结果和方法均加以驳斥。康德认为这个工作根本不是人类所能完成的，因为唯有同质的感觉才可以加在一起，而感情却随情绪之不同而不同，后者是由极其复杂的生活情况所引起的。不过康德真正具有决定

---

① 莫佩尔蒂，《论道德哲学》（*Essai de Philosophie morale*）第一、四、五章。

② 同上，第二章。

性的反对意见则形成于他发展出自己的伦理学说之后。这个学说注定要从根本处撼动当时还支配着 18 世纪通俗哲学的一切处置神义论问题的方法。由于摈弃以幸福论（eudaemonism）作为伦理学之基础，康德的学说从根本处否认苦与乐的计算有任何道德或宗教的意义。自此以后，生活之价值的问题便被人们从完全不同的观点来考察。"如果依照我们的享受，也就是依照快乐的总和来估量生活的价值，则很容易就可以决定生活有多少价值。这个价值一定会低到零点以下。道理很简单：生活之中显然苦多乐少。如果生活的目的只在求取快乐，有谁愿意在同样的情况之下再活一遍呢？——即使按照他自己所拟定的计划（当然不能违背自然之律则）……因此很明显除了我们自己加诸我们生活的价值之外，别无价值之存在。我们赋予自己的生活以价值，不只是通过我们自己的行为，也通过我们有意施诸自然的一切举措。"[1]

18 世纪的通俗哲学还没有成熟到可以接受超乎苦乐以上的人生目的观念。只有两位 18 世纪的哲学家——他们从完全不同的角度来探讨这个主题——能够把握住这个观念，并且以他们的研究成果为康德的学说铺路，在他们手上，神义论问题受到一种新的处理，并且获得一种新的意义。这时形而上学历经各种无效的努力之后，早已黔驴技穷，它已陷于一种进退两难的困境。这时除非完全把这个问题委诸信仰的领域，也就是委诸帕斯卡所谓的非理性的"深渊"，剩下的便唯有一个途径，那就是求助于其他的知性力量来解决这个问题。启蒙运动因之被迫采取一条迂回的路径来接近这个神义论问题。它不再从形而上学的或宗教的研究入手，也不再从神的定义出发。过去是集中精神于对神性的探讨，现在则代之以对自我内部的形构力量的彻底分析。只有这些力量才可望为这个问题带来一个内在的（immanent）解决。所谓内在的解决，就是不强迫理智做它本分以外的事。在这里，我们又隐约看到了那两个基本动机，这两个动机各自以自己特殊的外

---

[1] 康德，《判断力批判》。

貌而呈现，在 18 世纪的学术史上变得越来越重要。这两个动机隐藏在如今已成为热门问题的两大问题背后，其一是美学的问题，其二是法律与国家的问题。这两大问题表面上看来都跟神义论问题没有什么直接关系，但是以后我们可以看出：这两个问题可以导致神义论问题之变形与深化。这发展的推动者是沙夫茨伯里。他建立了一套哲学，其中美学不但代表体系的一个部分，而且居于整个结构的中心。依沙夫茨伯里之见，真理之本性的问题无法与美之本性的问题分开，因为这两个问题不但根基一致，最后的原理也一致。一切的美都是真，犹如一切的真基本上都只能通过形式之意义（美之意义）去了解。每一件真实的东西都带有形式，而不是没有形状的混沌的一堆物质，反之，它具有内在的比例，而从它的本性可以看出它有一种结构，从它的发展与运动可以看出它有一种合于韵律的秩序与规则；这乃是基本的现象，在这现象之中，纯粹的知性（也就是真实事物之超感官的根源）表现了它自己。感官本身绝无法知觉到这现象，更不用说理解它了。凡是仅用到感官的地方，凡是只靠我们的本能与欲望而建立起我们与世界的关系的地方，都无由通向形式之领域。动物如果只停留在对环境中的对象作本能反应的层次，是不会懂得事物之形式的。关于形式的知识不是产生于欲望（作为一种直接的感官反应），而是产生于纯粹静观之力量。这种静观摆脱了一切占有与攫取的欲望。沙夫茨伯里正是在这种纯粹静观之才能以及一种无关乎现实"利益"（interests）的享乐之才能中找到一切艺术欣赏与艺术创造的动力。凭借这个动力，人类实现了他的真我，而且获得了最高的（事实上也是他有能耐获得的唯一的）快乐。至此，研讨神义论问题时可用的有关尺度便已完全不同于往昔了。因为现在计算世界之善与恶显然已经对这个问题没有多大意义。生活之内容不能以其质料来界定，而应该以其形式来界定。它不系于生活所能给我们的快乐有多少，而系于能够产生形式的形构力量之大小。沙夫茨伯里不在苦乐身上找寻存在之终极的理由（神义论实则是为存在所做的辩护），而在内在的自由形构活动上去找寻（这形构活动依照的是纯粹知性的原型）。这种普罗米修斯式的（Promethean，亦即独创性的）活动显示了人类的真正神性，因而也显示了宇宙的神性。这种活动确实与一切肉体的享乐无关。

卢梭对神义论的态度，则代表另一个观点与另一个富有原创性的思想趋势。康德极其推崇卢梭在这方面的开创之功。"牛顿是第一个在杂乱中发现单纯性与秩序、规律相伴存在的人，其后彗星便在几何的轨道中运行了。卢梭则是第一个在人类歧异的外形下发现了深藏的人性与潜在的法则的人，他据此证明了天道之存在。此前人们都相信阿方索斯（Alphonsus）与缅尼斯（Manes）的反对是正确的。自牛顿与卢梭以来，神的存在已经获得证明，蒲柏的论旨也已经成为事实。"[1]这几句话初看之下十分难以理解与说明，因为卢梭的著作中并没有像莱布尼茨、沙夫茨伯里或蒲柏那样清楚剖析神义论的文章。卢梭的真正原创性与重要性见诸另外一个部门；他念兹在兹的并非上帝的问题，而是法律与社会的问题。不过在这方面他却建立了一种新的关系，锻成了一个新的连接环节。卢梭是第一个把这个问题关联到个人以上的领域、关联到社会问题的人。卢梭相信他在社会之中找到了有关人生意义的、有关人之幸与不幸的决定性因素。这是他从他对政治与社会制度的研究与批判中得出的结论。在《忏悔录》（Confessions）中，他说到自己："我看出每一件事情基本上都系于政治科学；不管一个人怎么看这个问题，每个人都是他的政府所塑造成的东西，它把他塑造成什么就是什么。关于什么形态的政府才是最好的政府这个问题，似乎又把我带回到另外一个问题：'什么形态的政府最适宜造出一个有道德的、开明的、聪慧的——总之最完美的民族？'"有关人类生存的一个新规范终于在此出现；在此，法律与社会正义观念终于代替了单纯追求快乐的欲望而成为衡量与检验人类存在的新标准。起初，卢梭运用这个标准来衡量人生的结果，使他对

---

① 哈滕施泰因（Hartenstein）编，《康德全集》第八卷。

人生做了一个完全否定的判断。所有人类自认为得自其发展历程的资产——所有知识、艺术与生活享受等——在卢梭无情的批判之下都烟消云散了。这些众所公认的好处非但没有带给生活新的价值与实质，而且使它越来越远离它的根源，最后终于使它丧失了其真正意义。在他论述人生与人类社会之传统的、因袭的形式时，卢梭发现自己与帕斯卡竟然相契到令人吃惊的程度。他是 18 世纪思想家之中第一个把帕斯卡对人类的指控当真并且充分受到感动的人。他没有试图缓和它，也没有像伏尔泰那样把它归诸厌恶人类者之自我折磨的情绪，反之，他紧紧抓住了它的要点。出现于帕斯卡《思想录》一书中的有关人类之伟大与不幸的描述，又在卢梭的少作，也即其有关艺术与科学的获奖论文以及其《论人与人之间不平等的起因和基础》（*Discourse on Inequality*）中重现。在文明加诸人类生活的炫目光华中，卢梭像帕斯卡那样，只看到幻影与虚饰。卢梭也坚持说：这一切的财富都是处心积虑用以眩惑人类，使他看不见自己内在的贫乏的。人托庇于社会，托庇于各种活动与消遣，只因为他无法忍受自己的思想以及呈现在自己眼中的自己。所有这一切不停的无目标的活动都是出于害怕安静，因为只要他停下一秒钟去反省自己的情况，他就会陷于最深最无可救药的绝望中。对于当前社会中的各种力量，卢梭也抱持和帕斯卡一样的见解。他一再强调说，在当前的社会中，并没有原本的道德冲动存在，也没有希求共同生活的欲望存在，也没有使人结合在一起的自然的同情心存在。一切维系社会的纽带都没有真实的根据。利己主义与虚荣心，想统治与压迫别人的冲动等等，便是当前把社会联结起来的系带。"到处只是一片充门面的空话，只是疯狂的争夺一种虚有其表的幸福。再也没有人关心事物的真际，大家都以为它存在于幻象中。他们都像自恋的奴隶一样随波逐流地过日子；他们这样并不是为了好好生活，而是为了使人家以为他们也生活过。"

卢梭因此接受了帕斯卡一切推理的前提。他既不加增添，也不加删减；像帕斯卡一样，他把人类的现况描述成一种极端的腐败。不过，卢梭虽然承认了帕斯卡所据以立论的现象，他却坚决摒弃了帕斯卡依其神秘主义与形而上学而提出的解释。卢梭的感情与思维双双背离帕斯卡的假定：人类的意志本来就有倒错之处。对卢梭而言，人类堕落的观念早就失去其力量与效力。在这点上，他反对天主教之厉害与彻底绝不在伏尔泰百科全书派之下。也正是这点造成他与教会学说之无法妥协的冲突与最后的决裂。在有关卢梭作品的评断中，教会本身也清楚而肯定地强调这个中心争点。巴黎大主教克里斯多夫（Christophe de Beaumont）在谴责《爱弥儿》（Emile）一书的训令中指出：卢梭的论点——人性最初的冲动均属无辜而善良——与《圣经》及教会有关人性的一切学说极端对立。然而，卢梭却在此处面临着一个难以脱身的两难之境。既然他承认了人类退化的事实，既然他坚持这个事实而且用最黯淡的色彩来描绘它，那么他如何避开不谈退化的原因？如何避免做出人类彻底邪恶的结论？卢梭在这里引进了他的自然学说以及所谓的"自然状态"之说，借以摆脱上述的两难。他说：每当我们对人类下断语的时候，都应该最小心地分清这断语是适用于"自然人"（natural man）还是"文明人"（civilized man）。帕斯卡以人类本来就具有双重天性来解释人性中的矛盾，而卢梭却在人类后天的存在与发展中来寻找人性中的这些冲突。他认为人类后天的发展逼使他接受一种强制的社会，这才把他暴露于一切道德之恶中；社会在他身上培养出一切虚荣、傲慢、对权力的无限贪婪等恶行。卢梭的《爱弥儿》以这几个字开头："当初离开造物者之手时，一切都是美好的；在人的手中却一切都退化了。"就这样，神得以开脱，一切的恶都归因于人。不过，因为罪属于这个世界，不是属于超越的世界；因为罪不存在于人类经验的历史的存在之前，而是发生于这个存在——我们便只能在这个世界中找寻救赎。没有任何上天的助力可以使我们得救。我们必须自救，并且准备好得救的条件。根据这个结论，卢梭找到了一条研究恶的问题的新途径，他在其政治学著作中便始终贯彻这一新的研究途径，并得出其逻辑结论。卢梭的伦理与政治学说把行为责任归诸人们从来没有想到的对象身上。这学说的历史价值与理论价值就在于创造了一个"可归罪"（imputability）之新主体。这个主体，不是个人，而是社会。个人本身，当他离开自然之作坊的时候，还谈不上善与恶。他只是遵从他自保的自然本能，听命于他的"自恋"（self-love）；但是这个"自恋"还没有退化成"自私的爱"（selfish love）——这种爱唯有当别人屈服于我的意志时才能获得满足。只有社会才应该为这种自私的爱负责。使得人专横对待自然乃至他自己的，正是这样的利己主义。社会在人类心中唤醒了自然人一无所知的各种需求与热爱，它也提供了无节制地满足这些欲望与热爱的新方法。渴望被人谈论、热衷出人头地，这些心理妨碍了我们的自知，引诱我们离弃了自己。但这种自我疏离难道是根植于每个社会的本性之中的吗？难道我们无法设想一个真正的人类共同社会，这个社会不是建立在权力、贪婪与虚荣等动机上，而是建立在有内在约束力的必然的律则上？这是卢梭这时所提出并试图在其《社会契约论》（Social Contract）中加以解答的问题。当历来流行的强迫形态的社会崩溃，并代之以一种新形态的政治与伦理的社会时，得救的时刻就到了。这种新社会中的成员，不再像以往那样屈从于别人的专横的意志，而只需服从一个经他承认且视为自己的意志的普遍意志，但是寄希望于外力的解救是没有用的。没有神能使我们得救，人应该成为自己的解救者以及道德上的自我创造者。在此之前，社会一直把最深的创伤加在人类身上，但经过变形与改革之后，社会也能够而且应该治愈这创伤。这就是卢梭在他的法律哲学中所提出的神义论问题之解答[1]。而事实上，他也确实把这个问题放在一个全新的立足点上，使它不复作为形而上学的研讨对象，而成为伦理学与政治学的课题。

在这个阶段，如果我们回顾一下神义论问题在 18 世纪的整个发展，便可以看出一个一般的基本特征。神义论这个问题并不是 18 世纪擅自提出的，而是 17 世纪移交给它的一个问题。不过，当 17 世纪

---

① 关于卢梭法律哲学之内容与基本原理，请看本书第五章。

把这个问题交给它的时候，问题呈现的形式和后来的有点不同。这个问题曾经呈现在 17 世纪几个大的思想体系中，莱布尼茨更是把它阐发得淋漓尽致，启蒙运动哲学几乎不能再对他的理论概念和观点有任何重大的增益。这个哲学从头到尾使用的还是形而上学的语言，运用的也是这门学问的工具。可是这时形而上学的形式却逐渐接纳了新的内容。这个问题脱离了神学与神学形而上学的领域而朝着一个新的方向前进。当这个时代的具体思想内容注入这个问题里面并且渐渐重新塑造它的外形时，一个内在的变化也在它的身上发生了。我们在上面所观察到的发生在自然科学领域的世俗化历程，现在也发生在哲学身上了。17 世纪形而上学所发展出来的成套概念现在还根深蒂固地存在于神学思维中。对笛卡儿、马勒伯朗士、斯宾诺莎与莱布尼茨而言，离开神的问题，真理的问题绝对无法解决，因为有关神的知识形成了知识之最高原理，一切知识的确定性都有待从它推演出来。但是在 18 世纪思想中，知识的重心已经有所转移。各种领域的知识——自然科学、历史、法律、政治学等——逐渐摆脱了传统形而上学与神学的支配与指导。它们都不再仰仗神的概念来证明它们的正当与合法，现在各种科学反而根据各自的特殊形态来决定神的概念之内容。神的概念与真理、道德、法律的概念，两者之间的关系，并没有遭到否定，只是这个关系现在颠倒过来了。以往据以建立其他概念的概念，现在变成必须根据其他概念才得以建立的概念；以往据以证明其他概念之正当的概念，现在反而必须根据其他概念来证明其为正当。最后甚至 18 世纪的神学本身也受到这个趋势的影响。它放弃了一向享有的绝对至尊的地位；它不再设立标准，反而屈从于出自其他根源的某些准则，这些准则是理性（作为诸多独立知性力量之缩影）所提供的。在这地位的调整过程中，神学也摒弃了有关原罪的教条。对这个教条的摒弃，最足以显示启蒙时代神学的基本方向，特别是在德国发展的新神学的方向——这神学在德国有最重要的表现。这些新神学的提倡者一致认为原罪（这种罪会传给后代）的观念至为荒

谬，是对逻辑与伦理的第一原理之侮辱。由于这些人一般并不否定教
义学（dogmatics），他们上述的意见乃益发显得有意义。这时即使有
人提出若干修正并进行重新解释以图保存教义学中的基本成分，也不
能不郑重摒弃其中的一个重要说法：人类由于堕落，已经丧失了获得
真与善的一切能力，除非神降恩宠于他。在这个世纪的所谓"新逻辑
的"（neological）文献中充塞着反对奥古斯丁的尖锐议论。即使莱马
鲁斯（Reimarus）在其《辩解》（Apology）中也强调：罪是思想、欲
望或行为的造作，因此，它与行动主体的意识紧密联结在一起，不能
通过物质的途径而遗传，也不能由一个主体转嫁给另一个主体。同样
的道理也适用于救赎与开脱；因为正如别人不能为我招致道德上的
罪，同样的，别人也不能为我争取道德上的功。由于这项推论，新教
的内在发展产生了一个重大的改变。这时路德与伊拉斯谟之间的争论
再度被挑起，可是这一次却是后者占上风了。文艺复兴与宗教改革间
的鸿沟，有关人类自由和尊严的人本主义理想与有关人类意志败坏身
不由己的学说间的鸿沟终于得到填补。启蒙时代又鼓起勇气重新回归
文艺复兴据以对抗中古思想桎梏的那些基本假定。黑格尔在其历史哲
学中所描述的那些新教徒的概念现在已经瓜熟蒂落。在它与人本主义
的妥协中，新教终于成为自由之宗教。在法国，关于原罪的争论最后
导致宗教与哲学的严重分裂；而在德国，新教之观念却能够完全改头
换面，因而得以吸收新鲜的思潮与态度——这思潮与态度本来也正是
其自身之所由出，并且能够扬弃以往的陈旧形式，以便更有效地使其
理想的意义合法化。

二　容忍以及自然宗教的基础

以各种不同的形式不断出现在启蒙运动哲学中的一项公理，就
是认为探求真理的最大障碍并不在于知识不够。无疑，我们的一切知
识都很难免于这个缺陷，我们几乎步步都为其不确定与疏漏所苦。不

过，一旦我们注意到它，这障碍倒不足以构成真正的危险。科学之错误都可以由科学本身在其内在进展过程中改正；只要我们任其自然，这些困扰我们的错误都会自己把自己消除掉。影响远甚于此的乃是另一种偏差，这种偏差不是起于知识之不足，而是起于知识方向之倒错。这种倒错最为可怕，其影响所及并不只是使人求不到真理而已。这种倒错就是给予我们一个假冒的知识准绳。当我们还在考虑知识应该达到怎样的目标时，它就伪造出这么一个冒牌的知识准绳。因此知识之最可怕的敌人，并不是怀疑而是教条；使知识遭受致命之伤的，并不是无知本身，而是自命为真理而想冒充真理的无知。因为这里所涉及的并不是错误，而是欺诈；不是出于无心的错觉，而是理智之妄谬（它之陷于这个妄谬，完全是咎由自取，而且它在里面越陷越深，终致不克自拔）。这个公理不但适用于知识，而且还适用于信仰。信仰之真正的死敌，并不是不信，而是迷信，因为迷信啃啮信仰之根，而且使宗教所由起的泉源干涸枯竭。因此，在迷信身上，知识与信仰可说遇到了共同的敌人，对它的反抗则是它们的当务之急。它们可以而且应该联合起来执行这项任务。基于这个联合，知识与信仰之间的一项协定将得以订定，它们之间的分际也因而得以确定。

培尔（Bayle）是第一个鼓吹这个道理的思想家，他的主张十分彻底。他在《历史与批判的词典》（*Historical and Critical Dictionary*，下文简称《词典》）中为这个工作打下了基础，其后对这个道理的证明和实现都以此为起点。培尔的怀疑主义也扎根于这个洞见，而且在这里证实了它的成效与积极的意义。"我不知道一个人可不可以说：有碍我们做周密调查的，与其说是心中一无所知，不如说是心中充满偏见。"他的《词典》中论佩利逊（Pellison）的文章中的这句话，可以看作培尔全集的题词。他并不想搅乱信仰的内容，他也避免对这内容做明白的批评。但他猛烈攻击一种把一切保卫信仰的手段都视为正当的态度，这种态度不分真理与幻想，不分洞见与偏见，不分理性与激情，只要它们有利于教义的辩护，便通通点头认可。殊不知这么做非但救不了信仰，反而毁了它，因为信仰只有保持纯净才能活着。他认为应该加以攻击的首恶并不是无神论，而是迷信。这条准则不啻预告了法国百科全书派有关宗教批评的论旨。狄德罗就常常提到培尔，在《百科全书》论极端怀疑主义的地方，狄德罗说道：在推理的艺术上，培尔少有敌手，至于超过他的人，也许一个也没有。虽然他在怀疑上面再堆上怀疑，可是他总是按着方法学上的次序，一步一步进行；他词典中的每一个条目简直就像一只活的珊瑚虫，由一只分裂而为另外的几只，每只都同样活生生的，分而又分。同样的，狄德罗也不断重复一项论断：迷信是比无神论更为严重的对神的误解与侮辱，无知还不如偏见那么远离真理。一个人想把握住狄德罗这个主张的含义与要旨，一定不能忘记这主张所据以成立的那些方法学上的与知识论上的预设。这些预设可以见诸笛卡儿理性主义之最初基础。笛卡儿认为人类知识常会遭到多种妄谬的影响，但它如果听任这些妄谬把它带离真理的正途，那便是它自己的过错。因为感觉或想象固然会欺骗我们，但错误却是表示判断的疏失，而判断则是理智之自由的动作，是理智必须独立负责的。理智可以决定要不要听从感官的一个冲动，或对想象屈服。如果可用的资料不够，不能助它形成正确的判断和获致充分的确定性，那么，它便应该暂时不做决定。只有当理智在时机未成熟前就遽下决定，只有当理智听任自己在尚未掌握必要的前提之前就妄做论断时，它才会陷于错误与不确定之情况中；这时所涉及的就不是心灵的缺点，而是意志之罪咎了。意志的任务本来就在于为知识带路，这个才能含有一种防止知识偏离正轨的能力，它随时昭示知识以那项普遍而不容违背的要求：除非基于清楚而分明的观念，不可轻下判断。笛卡儿的这项原理被启蒙运动哲学采纳，启蒙运动也因为这项原理而订下一条法则，在这条法则身上，康德看出了这个时代的真正本性。"启蒙运动就是人类脱离自招的监护之运动。受人监护表示一个人没有别人的指导就不能使用自己的悟性。受人监护，如果其原因不在于悟性上有弱点，而在于优柔寡断，在于没有别人的指导就没有勇气运用心灵，那么，这监护就是自招的。'要敢于去认知！'（sapere aude）要有勇气运用自己的悟性，这是启蒙运动之箴言。"启蒙时代哲学家对别人犯错的各种情况之不同的态度与评价，都可以借这则箴言获得解释。并不是每个知识上的错误都表示失败，因为那些代表人类能力之限度的错误是必然而无可避免的。上帝对人类设下了特定的绝对限制，因此祂又怎么能责怪人类守在祂指定的范围内而不求全知呢！我们不必为知识的这些限制负责；反之，妄想超越这限制而贸然以专横的肯定态度对宇宙及其根源下判断，才真正是疯狂。因此，怀疑并不足以证明真正不信；它是表示有所保留，亦即知识之单纯而真诚的谦虚。不信更表现于只容忍自己意见却不容许他人意见的那种明显的确定性上。关于上帝，尽管我们所知不全，所虑不周，但是这都算不上什么道德上和宗教上的缺失。狄德罗说："造物者不会因为我是个机智的人而奖赏我，也不会因为我是个酒鬼而诅咒我。"[①]可是盲信却得算是道德上的缺失。这种盲信执意对一切调查与研究的结果关上心扉，而且反对一切的调查与研究；这种盲信非但限制了知识之内容，而且否定了它的存在、它的形式与它的原理。

因此，如启蒙运动哲学所要求的那种容忍，如果被纯粹从消极方面去解释，那就完全错了。容忍绝非意味对宗教基本问题之漫不经心与冷漠。只有在不重要的个别思想家身上我们才看得到把容忍作这种消极解释的倾向。整个来讲，占上风的还是相反的倾向；信仰与良心自由之原理乃是一股新而积极的宗教力量之表现，这股力量成为启蒙运动世纪的独特征象。上述的原理体现了一种新形态的宗教意识。这种新形态唯有当宗教的目标与情操完全改变以后方可成就。这个决定性的变形发生于一种真正的宗教精神气质取代了宗教动人哀感的力量时——前几个世纪的宗教论争都是这个力量所激起的。从此之后，宗教便不再只是攸关容受性的事；能动性成为宗教的起源，也成为其特征。人也不是像受制于一股陌生力量那样完全受制于这能动性，而是

① 狄德罗，《哲学思想录》（Pensées philosophiques）附录。

反过来从内在影响与塑造着这能动性。并不是超自然的力量或神恩在人心深处引发宗教的坚信；人必须自己达到这种坚信，并且维持它。这项信仰与良心自由原理自然且必然地会引出启蒙时代实际上已经由之推出的那一切结论，以及因之而提出的那一切要求。由之，一个结果相应而生，对于习惯于那些有关启蒙运动的传统说法的人而言，这个结果初看起来也许有点奇怪。如果有一句话可以充分描绘出启蒙时代的特征，这句话应该便是如下的一句：启蒙时代是一个纯粹唯理智主义（intellectualism）的时代，它无条件地主张思想与纯理论之优先性。不过在其宗教理想之形成与发展上，这个见解却不适用。在这里，相反的倾向显然占了上风，因为不管启蒙运动多么努力于建立一个"理性范围内的宗教"（religion within the bounds of mere reason），它在另一方面却也企图要把宗教从悟性的统治之中解放出来。这个倾向见诸它对它所反对的独断神学体系之指控，它指控这种体系完全没有领会宗教的确实性之要义，因为这种体系认为信仰就是接受一套理论命题，并且硬把信仰限制在这些命题的范围内。这样的限制是既不可能又不妥当的，因为这会把信仰变成一种意见，因而使它失去了它真正道德的与实践的力量。这种力量才是宗教的生命所在，只要保持这种力量之活泼与纯净，我们便能超越宗教观念与概念上之一切歧异。这些观念与概念充其量不过是裹在宗教的确实性外面的包装。它们尽可以是千差万别的，但我们却不必因而就对宗教之统一感到绝望。因为呈现出多样性的只是感觉的符号，而不是想借这些符号而表现的超感觉的内容。启蒙运动因而又复活了库萨的尼古拉在三个世纪前就已提出的那项原理，这原理郑重宣告：尽管有关各种观念与意见的争论层出不穷，尽管各种宗教的仪式千差万别，但本质上，一切宗教都是相同的。可是启蒙运动的眼界毕竟要比文艺复兴更为宽广，启蒙运动试图加以涵盖的宗教的种类也要比文艺复兴时代的多。尽管如此，库萨的尼古拉的著作《论信仰之和平》所提及的宗教论争，既已不限于基督教、犹太教与伊斯兰教之间；异教世界，鞑靼人与斯基泰人（Scythian），也同样自认拥有关于神的真知。然而在 18 世纪，东方各民族却尤其引人关注，并且要求人们对他们的宗教信念予以同等的承认。在此之前，莱布尼茨早已主张要关注中国的文明；沃尔夫在一篇论中国人的智慧的演讲中，曾称赞孔子是具备纯粹道德性的先知，并且认为他的地位仅次于基督。伏尔泰采纳了这个思潮，并且用它来证明宗教与道德的核心不系于特定的若干信念。孟德斯鸠的《波斯人信札》（*Persian Letters*）比较了欧洲与东方的文明，其中丝毫没有偏袒欧洲之处；波斯人不带偏见的观察与批评，揭露了在欧洲人视为最确定、最神圣的事物中，竟到处充满了任意的、约定俗成的以及偶然的成分。在这部著作中，孟德斯鸠创出了一种特殊形态的文学，这种文学形态此后常作批判、辩论之用。但是，这种饱受议论的文学，其目的并不在破坏；毋宁说，它是要积极利用这种极具破坏性的批评。跟教条之心胸狭窄比较起来，18 世纪的这种批判文学是在争取一种自由，以使人类在世上的任何一个地方都可以觉察到神。狄德罗在其《哲学思想》中曾对这个时代的这个基本态度做了最透彻的描述："人已经把神从他们中间放逐出去，他们把祂圈在圣殿里面，庙堂的四壁就是祂视界的界限，在四壁之外的地方祂并不存在。你们真是疯子啊！把这些阻挡你视线的围墙拆除吧，把上帝解放出来，到祂实际存在的每个地方去看祂，否则就干脆说祂根本不存在。"[①]

　　18 世纪竭尽理智与道德力量为扩充神的概念而奋斗的细节，这里不暇详陈。但有关其主要趋向与一般面貌的概述，还是可以勉强为之。事实上，这场斗争的武器早在 17 世纪就已铸成；而构成所有启蒙运动哲学之弹药库的仍然是培尔的《词典》。在撤销南特敕令（the Edict of Nantes）事件中他为反对路易十四而写的文章里面，培尔带头提出一项特别要求，要求承认新教徒的信仰与良心自由。但是，他对这项要求所做的陈述与辩护却远超过本来所需要的范围，它们最后变得非常刻毒，甚至把培尔的盟友都得罪了，一位新教徒的神学领袖

———————————
① 狄德罗，《哲学思想录》第二十六节。

朱里厄（Jurieu）竟因而成为他的死敌。因为培尔明白宣告他是为宗教自由辩护，而不是为某一特定的信仰出力，他说他的这番辩护树立了一个普遍的、纯粹的哲学目标，代表了一项对各种形态的信仰同等有效、同等有约束力的原理。依照培尔所说，就纯伦理的意义而言，根据道德理性之准则，强制手段乃是荒谬而应受指摘的。因此，即使是出于宗教的缘故也不应该使用暴力，因为宗教与道德不可能也不应该有根本的差别，违反道德精神的必也违反宗教精神。如果它们两者之间有了冲突，如果《圣经》的箴诫与道德良心的箴诫发生冲突，这个争执应该以一种方式来解决，这个方式充分尊重道德良心之优先性。因为如果我们放弃这个优先性，我们也就放弃了宗教真理之任何准则；这时我们也就不再持有任何标准可以衡量宗教的神启之真确与否，或分辨实在与欺骗。因此，如果任何《圣经》的注释居然命令我们去做违反道德第一原理的事，这个注释便必须被我们摒弃。注解《圣经》的真正不容违背的准则，存在于这原理之中，而不在于字义之中，我们不应该为了对字面的忠实而不顾这准则："宁可摒弃考证和文法的箴诫，也不可摒弃理性的箴诫。"因此，注释《圣经》应该基于一项原理：凡是违背最高的最确定无疑的道德原理而劝人犯罪的解释都是错误的——"任何含有叫人犯罪之意的字义必是虚假的"。这是一条很完善的准则，对它的内容，启蒙运动已没有什么可以补充的，它只需把它的主旨充分发挥以达到其所向往的目标就够了。不过，要达到这个目标，还有一件事不能不做，完成这件事的则是伏尔泰。他把埋没于培尔《词典》中有关历史与神学研究之下的宝藏发掘了出来。那就是从道德观点对《圣经》进行批判时所根据的基本原理，这原理在 17 世纪引起强烈的争议，而且同时为旧教与新教所谴责。这项原理被伏尔泰从培尔的记述中发掘出来，提供给研究这个时代的人。伏尔泰在其 1763 年的《容忍论》（*Treatise on Tolerance*）中回顾了这场斗争，文中明确肯定该原理最后终将胜利。伏尔泰说：我们生活在这样一个时代，这时代中，理性已经日益成为光顾王公大人之宫阙与市民商贾之店肆的常客。这个进程不可抵挡，理性之果将会而且必会完全成熟。对过去的尊重不容妨碍这果实的成熟。因为知性世界只有一条基本法则：只有我们日复一日地重新创造它，它才会持续存在下去。"过去的时代仿佛从未存在过似的。我们必须永远从我们所站的、各民族业已达至的高度出发。"这段话所说的自是伏尔泰一贯的思想，这种思想也只有他才能表达得如此扼要清楚；其中可说已经概括了启蒙运动所有知性的信念与倾向。伏尔泰这篇《容忍论》的另一个突出的特征就是严肃而审慎的超然态度，伏尔泰就是用这么一个态度去接近他的基本问题，这种态度是很少在伏尔泰的宗教著作中看到的。他写这篇文章原是出于一个十分具体的动机——重理有关卡拉斯（Jean Calas）的旧案，但是文风却异乎寻常的严峻有力。他完全抑制了嬉笑的幽默，而比平常更不事于争辩。平日常常使伏尔泰忍不住要骂人的那种个人气质，难得在这篇晚年作品中表现得那么动人。盲信的教徒称容忍为危险的错误与荒谬的要求，而伏尔泰却把容忍称作"理性之属性"（appanage of reason）。容忍并不是哲学的一项特殊假设，它是哲学之本质。它（容忍）表现了哲学与宗教间的亲密关系。今天，如果宗教战争的时代终告结束——如果犹太教徒、天主教徒、路德教派、希腊正教派、加尔文教派、浸信教徒与索齐尼教派能够像兄弟般生活在一起，共同为社会的福祉出力，那将是哲学之最大胜利。"哲学，只有哲学，那宗教的姊妹，业已解除了迷信之手的武装，这双手长久以来一直为鲜血所染红；从陶醉中觉醒的人类精神不禁震惊于自己在盲信影响下的过分举动。"①当然，仍旧残余着众多的狂热者与盲信者，但只要让理性进行它的工作，它自会渐次却成功地治愈这种罪恶。"它是温和的，它是人道的；它教会我们忍耐，而且消除了龃龉；它培养德性，使人服从于自己所同意的而不是强制的法律。"

在此，人们再次感到：纯粹理智的标准似乎越来越显得不够。宗

---

① 伏尔泰，《容忍论》（ *Traité sur la tolérance à l'occasion de la mort de Jean Calas* ）。

教的真理不能完全依纯理论的准则来决定，它的正确与否不能不顾它的道德后果而抽象地加以决定。莱辛关于指环的寓言（《智者纳坦》）早在一个观念中被人预示了出来，这个观念认为宗教的最后真理不能由外在的证明加以表现，而只能以内在的坚信加以表现。不管是基于历史事实或逻辑与形而上学的前提，一切外在的证明都是不充分的。因为分析到最后，宗教的本质毕竟在于它本身的所作所为，它的本性除了通过感情与行动实在无从体会。在这里，我们终于找到检验一切真正宗教的试金石。狄德罗就回归到这则基本论证，以证明自然宗教之优于神启宗教。他说：关于历史上的宗教究竟孰优孰劣的争论是得不到直接定论的，因为没有一个宗教不自命优于其他因而独断地排斥其他。但是，这种纯否定的态度也有其限度。尽管每一种宗教都排斥其他宗教，但是却没有一种宗教能够而且愿意完全否定它与自然宗教之关系。因为这是每种宗教都自觉附着其上而无法完全与之断绝的一片自然土壤。如果我们问各种不同的宗教，在不损及它们至高无上地位之情况下，它们愿意把第二个席位许予哪一个宗教，它们的答案必然是一致的。它们一定都会把第二个席位许予自然宗教，但却绝对不会许予其他宗教。狄德罗认为，根据这点，人们便不难通过不偏不倚的纯粹哲学的判断而为上述的争论找到一个定论了。对这些人而言，具有真正普遍性与永恒性的宗教到底是哪一个应该是再明白不过的："凡是有开端的东西一定有结尾，反之，没有开端的东西也不会有结尾。犹太教与基督教都有其开端；除了自然宗教之外，世上的宗教，其起源没有一个是不为人知的。因此，便只有自然宗教永远不会结束，其他的一概都会消灭。"犹太教、基督教、伊斯兰教与异教等都是自然宗教之异教与分立者，只有后者才真正能够被证明为真实者。因为自然宗教之真理与神启宗教之真理之不同，正犹如我自己给自己的箴诫与我受自别人的箴诫之不同，正犹如我直接从内在感到的事物与别人教给我的事物之不同。"前一种箴诫是我自己在内心找到的，是上帝亲手铭刻在那里的；后一种则是迷信的人写在羊皮纸上与大理石上的。前者我永远保持在心里，始终一样；后者存在于我之外，随着国家与风土之不同而不同。前者使文明人与野蛮人、基督徒与异教徒、哲学家与普通人、学者与未受教育的人、老人与孩童聚集结合在一起；后者则使父子成为陌路，使人与人执剑相对，使智者暴露于无知与盲信者的仇恨与迫害中。"至于说自然宗教是最古老的因而乃是最不完美的，这种说法也经不起考验，因为最古老的正大有可能是最真实的，正大有可能是一切宗教之先验的基础。即使一个人接受了事物之发展与日益完美等观念，这问题的结论也不一定就对任一特定的神启宗教有利。因为我们怎么知道我们已经达到发展的极致？既然自然的戒律可以为摩西的戒律所取代，摩西的戒律又可以为基督教的戒律所取代，何以见得基督教的戒律就不能为某一种神还没向我们启示的戒律所取代？在以上引自狄德罗《论自然宗教之充足》（*On the Sufficiency of Natural Religion*）一文的字句中，我们依稀可以看到莱辛观念的影子。狄德罗在理性证据与历史证据之间所划出的明显界限，在强调实际的箴诫达不到应有的确定性因而不能据以证明普遍而必然的真理时的那种清楚有力，都使我们不禁联想到莱辛。这些论证使得 17 世纪神学与形而上学所据以成立的那些用以证明神之存在的证据都变得疲软乏力；宗教的确实性之重心从此也转移到别的地方，在这地方，它就不再需要这些证据的支持，也不再受这些证据的影响了。

英国的自然神论，尽管在表现上有许多种类与歧异，但是本质上也显示了相同的基本倾向。自然神论一开始就是一种严格唯理智论的体系；它的目标就是要把神秘、奇迹与秘密从宗教中清除掉，而把宗教暴露在知识之光中。托兰德（Toland）的著作《基督教不神秘》（*Christianity Not Mysterious*，1696），书名本身就已经把其后自然神论运动中各种著作一再讨论的主题一语点破。自然神论的哲学意义在于它在陈述其问题时坚持一项新的原理。因为自然神论认为关于信仰内容的问题与关于信仰形式的问题不可分，这两个问题只能一起解决。因此，问题所针对的与其说是个别教条的真理内容，毋宁说是确实性之类型本身。在这一点上，托兰德相信他可以拿洛克作参考，并且把洛克知识论的基本概念与原理应用到宗教问题上面来。因为对一般宗教而言为真的知识，对特定宗教而言也必然是真。洛克早已把认知界定为对观念与观念之一致或不一致的觉察。因此，知识必然涉及一种关系，我们的意识一定对这关系之成立的条件有所了解。因为如果对这关系之构成要素无所了解，知识就没有任何意义了。依托兰德之见，这个方法学上的考虑正代表着有关宗教信仰对象的一项重要原理，以及对这对象的一个必要的限制。这个考虑先发制人地排斥了这些对象之绝对超越性。因为如果一个对象不是多多少少呈现在我们意识之前，那么，作为认知、信仰与判断之主体的意识如何专注于这对象？可是一般所谓的超越人类一切悟性的绝对非理性事物①是无法呈现在我们意识之前的，因此，对这种非理性事物我们固然无法决定它是“什么”（what），我们甚至连说它是“那个”（that）都不可能。也许有人会反驳我们说：即使对一个东西的属性一无所知，我们还是可能肯定其存在呀！殊不知这个说法是很有问题的。就算这种形态的知识是可能的，它又有何宗教上的意义呢？如果信仰不想成为完全徒劳而没有意义的，它的对象总该具有一点意义才行——它必须包含某些可以被理解的要素。因此各方面都神秘兮兮且被界定为超越一切悟性的东西，必然与信仰风马牛不相及，犹如与知识风马牛不相及一般。“如果有一个人十分肯定有一种叫作布利克屈（*Blictri*）的东西存在于自然界而又不知道这个布利克屈是什么，这个人能自命比他的邻居聪明吗？”②托兰德最后做结论说，只可能有相对意义上的神秘，却不可能有绝对意义上的神秘。他这里所说的相对意义上的神秘，指的是某种样态的理解所不能及的而非一切理解所不能及的内容。就“神秘”一词来讲，托兰德表示它原指一种学说，这种学说倒不是与理性

---

①　如鬼神等。——译注

②　托兰德，《基督教不神秘》。

不相容，它只是包含了一种出于某种理由而无法为一部分人所了解的真理。因此，"神启"（revelation）这概念便不应该跟自然宗教对立起来，仿佛两者所含的内容是完全不同的事物似的。使这两个概念有所区别的，并不是被显示出来的那些东西，而是显示之方法与特性。神启并非确实性之唯一基础，它只是传递真理之一个特殊方式，它的证明与证实还是需要求诸理性本身。

廷得尔（Tindal）在他的《基督教正如创世一样古老》（*Christianity as Old as the Creation*）一书中，也是从这项原理出发。他指出自然宗教与神启宗教本质上并无不同，不同的只是让人知道的方法；前者是至智至善者之意志之内在表现，后者则是其外在表现。为了要对这个至智至善的存有形成正确的概念，我们不应该拿任何拟人的特征加在它身上。如果这至智至善者厚此薄彼，只对某一时代某一民族展现它的本性与活动，却不对其他时代与民族展现，这无疑暗示它之心地褊狭。正如上帝是始终一样的，人性是同一不变的，神启也应该光明普照，无所偏倚。上帝将不成其为上帝，如果祂竟如特殊选民所说那般不把本性遍示于人——如果祂只启发一部分人类而把其他人留在黑暗中。因此，判断神启之真假的最重要准则便在于它是否普及，在于它是否超越一切时空的限制。因此，只有在它能满足这个基本条件的范围内，基督教才可以算是真的。只有在它不偏向任一特定时空的情况下，只有在它像世界一样古老的情况下，它才是存在的。就内容而言，自然的律法与基督教的律法并无不同；后者充其量也不过是对前者的重申。类此"自然律法之再版版本"（republication of the Law of Nature）尤多见诸人类的道德知识中。此中殊多真正确实可靠的神启，其价值与确定性绝非其他可比。由此，廷得尔终于得出一则有关宗教之定义，这定义康德可一成不变地采用在他的著作《理性范围内的宗教》（*Religion within the Bounds of Mere Reason*）中。廷得尔认为，所谓宗教，不过是承认我们的义务为神的命令而已；它的要点全在于：（一）承认有某些普遍有效，可以普遍为人所领受的规范；

（二）把这些规范关联于一个神圣的作者；（三）把它们视为他的意志之表示。在这里，重心显然已经由纯粹理智的领域转移到"实践理性"（practical reason）之领域了；同时"道德的"（moral）自然神论也已取代了"构造的"（constructive）自然神论——即使在英国自然神论的发展过程中，情形也是这样。

英国自然神论对18世纪整个知识活动的非凡影响主要都是系于这个转移。就其纯理论的内容而言，其所发生的影响是很有限的。因为这个运动的领袖之中缺少真正有深度与原创性的思想家，自然神论所据以辩护其观点的纯粹理论演绎常是有问题的或真假参半的。这些演绎所产生的影响都不如其态度所产生的影响那么大。自然神论的这个态度就是诚恳求知的欲望与道德的严肃性（它就是以这个严肃性从事对教条的批判）。这才是真正的内在推动力。培尔——他生活于这个运动的肇始阶段——就清楚地认识到这一点，并且预言了自然神论思潮的胜利。在抨击撤销南特敕令事件时，培尔说道："我们的时代……充满了自由思想家与自然神论者。人们对这点感到很奇怪。可是就我个人来讲，我倒是惊讶于没有更多这种人出现，因为大家都看得见宗教在世界各地所造成的劫掠残迹，也看得见它为了维持它暂时的繁荣而认可一切想象得到的罪恶——杀人、抢劫、流放、诱拐，以及由此而引出的其他无数罪行——憎恨、伪善、圣礼之渎神……最后终于无可避免地导致道德的全面沦丧。"[1]自然神论完全是起自对某种精神之内心的厌弃，此前几个世纪的宗教争执就是因这种精神而起的；自然神论表现了人们对"信仰之和平"的深切渴望——这种和平是文艺复兴运动所期望所许诺而一直未能实现的。上帝的真理与本性不会在宗教战争中，而只能在宗教和平中对我们显示，这是自然神论运动的普遍信念。因为，正如培尔所说的，上帝是十分仁慈的存有，祂绝不会造出像神启宗教那么有害的事物，这种宗教本身带有无法消除的战争、屠杀与不义之种子。在德国，自然神论之不断进展也是出

----

① 培尔，*Commentaire Philosophique*。

于同一动机。自然神论运动在 18 世纪德国知性活动历史中，十年一期，可以看得清清楚楚。英国思想家著作的目录与评介成了这个时期德国期刊内容之一个固定部分。当然，在德国，有关自然宗教以及理性与神启之关系的争论并不像在法国那么刻毒。因为在这里它面对的是一个不同的敌手。它并没有跟一个正统的教士阶层组织作对——这个阶层组织企图以它的权威与自命的绝对权力压制思想自由；相反的，德国自然神论者的任务乃在于使一个孕育歧异新思想种子的宗教体系趋于完美。在德国，莱布尼茨的哲学充当了理智的媒介，使得宗教思想在其中顺利发展，并且这个媒介可以包容与协调最为对立的原理。莱布尼茨思想的最基本倾向——和谐倾向，也活在德国自然神论中。在沃尔夫的思想体系中，信仰的内容与知识的内容之间、神启与理性之间，并无截然的差别。两者的主张都有待小心地加以平衡与精确地加以决定。正如在洛克与莱布尼茨的思想中那样，信仰内容之不合理性都遭到了排斥，但也没有一个人认定这个内容可以单独得诸理性，或信仰之中没有超理性的成分。理性与神启都仍然被承认是知识之根源；它们不该对立，它们应该互补；而且它们可以肯定：这样合作的结果，将会产生一种宗教真理之统一意涵。这两股力量不该被挑拨而互相对立，应该被适当组合而使其和谐得以呈现。沃尔夫的学派还为一种正统观念留下余地——这种观念绝对不容许改变神启宗教之基本内容，即使形式上的渐变都不可以。不过德国真正宗教革新者的倾向——所谓的"新词语之使用"（neology）——不久就超越了这个阶段。它不只是用理性来作为出自其他根源的信仰之支柱与形式证据，它还要以理性来定义这些信仰。这一派的思想把一切无法从其定义推衍出来的成分都由教条中剔除掉，并且通过考察这些教条之演变经过，以阐明这些成分均系后来掺进原初纯净信仰的异质添加物。就这样，神启之内容减少了，但是有关神启的概念暂时仍未加改动。不过，这个概念现在只被用以支持与认可能为理性所理解并且与它相协调的那些真理。严格意义的证明，也就是三段论法的证明，现在渐渐被经验的证明取代。不过这种经验的证明却不在特定的历史事实中找它的根据，而在内在的确定性中去找。耶路撒冷（Jerusalem）写道："我的经验就是我的证明。"而一切宗教之证明所依据的基本经验，则是心灵的宁静平安——这比理性（作为一种理论的才能）更能使我们快乐。像这样诉诸主体性，以之作为一切宗教的确实性之真实原理，自然导致客观经验根源之权威一落千丈。现在只差没有采取最后一个步骤来将这个权威明白摒弃。后来，神学的理性主义最终还是采取了这个步骤；它把整体的信仰都召到理性之论坛前面，接受它严厉的盘询，并且宣告：作为一种独立的知识来源，神启是可有可无的。在此之前，萨克（Sack）曾经宣称神启乃是"理性之望远镜"（telescope of reason），没有它，理性将根本不能（或仅能朦胧地）看见最重要的宗教真理。对这点，莱马鲁斯（Reimarus）也许会回答他说：这个类比也是有其限度的。因为正如在感觉之领域中的情形那样，知觉器官固然可因辅助工具而变得更为敏锐，但是光有辅助工具而没有知觉器官到底还是不行，同样，在理智活动的领域，知识终究还是要以心灵的自然能力为其起源，而且以它来衡量其真假对错。

就这样，自然神论终于克服了路上的一切障碍。固然它费尽气力，固然争讼的文字与日俱增，几将泛滥成灾，但自然神论的最后胜利似是在所必至了。岂知，摇摇欲坠的正教体系此时却突然增加了一支意想不到的生力军。在这个紧要关头，原是最难缠的一个敌手竟突然变成了盟友。这就是激进的哲学怀疑论。击退自然神论之攻击而阻止其前进的，倒不是神学的教义学，而是这怀疑论。在此之前，克拉克（Samuel Clarke）在英国曾经一度试图从若干普遍有效的前提演绎出整体基督教义的真理，从而确定这真理。克拉克是具有极其敏锐的逻辑头脑的人，他也极力发挥了他的这项能力。即使是伏尔泰也不得不称赞克拉克的才能；在其《哲学书简》中，他形容克拉克是一部"真正的思维机器"，能做绝大多数的艰难工作。伏尔泰之后也没有收回这项论断，在他的《论形而上学》中，他把克拉克与洛克相提并论，视之为第一流的"理性之艺术家"（artist of reason）。但是，克拉克的这一切努力，尽管其中的逻辑证明十分严格，却对自然神论毫无影响，它反而使得天主教学说之弱点比以前更引人注目地突显出来。柯林斯（Anthony Collins）替自由思想家辩护的时候，讽刺地评论说：要不是克拉克致力于证明上帝的存在，人们还不会怀疑到这点呢![①] 然而，逻辑学家与形而上学家办不到的事情，却由一个彻底反对逻辑与形而上学教条的人办到了。这个人就是休谟。是他使自然神论遭到一个新的难题，而在这么做的时候，他也打破了自然神论对当代思想的控制。自然神论在建立其自然宗教概念时，是从一个预设出发，这个预设认定有一个放诸四海而皆准的人性，这人性之中禀有某种理论的与实践的基本知识，这知识是它可以充分依赖的。但是我们到哪里去找这样的人性呢？这是已然的经验事实呢，还是仅为一个假定？自然神论的主要弱点不正在于它绝对信靠这个假定，而把假定提高到教条的地位吗？休谟抨击这个教条。他对自然神论的反对，既不关乎其有关理性之学说，也不关乎其有关神启之学说；他只是以经验之准则，以纯事实知识之准则来评价它。他的评价结果证明自然神论所引以为荣的整个理论结构都是建立在泥沙之上。因为自然神论打算据以建立自然宗教的"人性"本身并非实在，而只是一项虚构。经验所呈现在我们面前的人性，其面貌完全不同于自然神论者所构想的。在这里我们发现人性并不是基本真理之栈房，而是一大堆本能之大杂烩；它不是一个秩序井然的宇宙，而是一大团混沌。对人性的知识越深入，对人性的描述越精确，就越使它难以维持其外表上的合理性与秩序性。即使在理论观念的领域中，休谟也得出了这同样的结论。通常我们都把充足理由律（the law of sufficient reason）视为一切理论知识之原理，以为这原理把统一性与内在稳定性赋予我们所有一般的知识。但是只要对概念施以精细一点的分析，就足以粉碎这个幻

---

① 柯林斯，*A Discourse of Freethinking Occasioned by the Rise and Growth of a Sect Called Freethinkers*。

觉。因为因果概念本身就是一个毫无根据的概念，而这个概念向来都被认为是使我们知识稳固的一个概念。事实上，并没有直接证据，并没有先天的意义与必然性在支持它（因果概念）；它本身也只是观念之作用的产物，这些观念并不是依照什么客观的、合理的原理而连接在一起，其组合不过是受我们的想象作用及其机械法则所左右。我们的宗教观念，情形亦复如此。这些观念看似真有其客观的内容与庄严的意义，但只要我们追究一下它们的起源，考察一下它们成长与发展的经过，马上就可以看出这一切都不过是表面的现象而已。这时我们会发现，这些宗教观念原初也不含有玄想的或伦理的内容。其最初的内容既不在于沉思存有之第一原理与世界秩序之根据，也不在于冥想至智至善的存有。这些纯哲学的思维对一般大众并无吸引力。人类并不是以哲学家的身份开始其一生，如果我们希望他以这个身份结束其一生，也是妄诞与枉然的。他并不屈服于抽象理性之支配，却屈服于爱欲与激情之力量。爱欲与激情不但是最初的宗教观念之根源，而且是一切宗教之根源。塑造与孕育宗教概念的并非思维与道德意志。使人接纳宗教信仰并且使他继续保持这信仰的，乃是希望与恐惧，这才是宗教的真正基础。宗教既不植根于逻辑的土壤，也不植根于伦理的土壤，其起因纯是人类学的。它起于人类对超自然力量的恐惧，以及安抚这力量、使它受人类意志左右的欲望。而控制与引导人类宗教生活之动向的，也是激情与想象之作用。迷信与对恶魔的恐惧才是我们的上帝概念之根源。我们不要以为可以拿较高等的纯"精神性的"（spiritual）宗教做例子来推翻这个结论——这类宗教已经远远超出原始宗教及其"原始的"（primitive）上帝概念。因为如果我们不从宗教之合理的变形及其理想的姿态上去观察它，而从其经验的现实方面去观察它，我们就知道宗教是万变不离其宗的。从开始到结束，从发展的最低点到最高点，宗教始终是一样的。在宗教初起时占上风的那些心理力量，也决定了它下一步的进展，并且继续影响其后的发展。迷信的形式固然千差万别而且日益精巧，但是其最内层的核心却永远不变。如果我们放胆揭去掩蔽"高等"宗教的一切文字的、抽象概念的、道德观念的面纱，我们便会发现宗教的模型是到处一样的。"我相信，因为它荒谬。"这句标语说得一点都不错。天下难道还有比圣餐面包和酒可以化成耶稣的肉和血这条教条更荒谬的东西吗？天下难道还有比鼓吹信仰神启宗教的文章对人类社会更有害的东西吗？"高等"宗教与"低等"宗教的差别，只在于前者在希望与恐惧这两种动机之外又加上了第三个动机；这个动机来自理智的提炼，不过就道德的意义而言，这动机倒不是代表进步，而是代表退步。这个动机就是拍马屁的动机，这动机促使人类把他的神捧上云霄，把祂们摆在超出世间一切完美标准的境地，并且把越来越多的崇高属性加在祂们身上。但是只要我们仔细一点观察，只检视人的行为而不要检视人的观念，我们就会发现，不管在智能和道德上有多少改善，一切都还是跟从前一样。基督教全善全智全义的上帝（正如加尔文教派所构想的），在这样的观照之下，马上就变成像原始宗教信徒所畏惧和崇拜的那个残忍的、恶毒的、任性的暴君。因此，对恶魔的恐惧仍然根深蒂固地盘踞在一切高等宗教概念的基层，这个恐惧并没有因为不再公开流露，并没有因为将原始宗教天真地表露出的弱点对自己和别人隐藏了起来，而有所减弱[1]。

　　这就是休谟记述的"宗教的自然历史"（natural history of religion）；他相信他已经一举推翻了自然宗教，相信他已经阐明所谓的自然宗教不过是一场哲学的美梦。因此，把神启宗教从它最危险的敌人手中救出的还是哲学本身。但是，休谟分析的锐器所划下的这一刀也同样在正教体系身上造成致命的创伤。怀疑主义的最后结论同样不利于自然宗教与神启宗教："能够获知有关至高存有的知识，能够从自然界有形的造物推想出诸如自然之至高创造者等崇高原理的存在，这真是理性之高贵的特权啊！但是让我们看看事情的另外一面。仔细看看各个民族和时代，检视一下流行世上的种种宗教原理，你很难不相信它们只是病人的一些梦。……几乎找不到一则惊人的神学谬说是不被悟性

---

① 休谟，《宗教的自然史》（*The Natural History of Religion*）第一节及其下。

最高的人士拥护的。也几乎没有一条最严厉的宗教戒律是不被最奢侈淫逸最为人所不齿的人接纳的。……这整个现象就是一个谜，就是一桩不可思议的事，就是一个无法解释的奥秘。关于这件事情，尽管经过最精确详尽的研究，所得的仍旧是怀疑、不定、悬而不决。但人类理性是如此的脆弱，意见是如此易于流传，即使只想维持这个谨慎的怀疑都很不容易。我们固然没有扩大自己的视野，以一类的迷信来对抗另一类的迷信，使它们陷于争吵不休之中，可是我们却在它们大吵大闹之际逃避到平静而暧昧的哲学之领域里。"①

　　不过休谟所贯彻到底的这一系列思想并不是 18 世纪的典型思想。这个世纪对理性的力量信心十足，还不致在这个紧要关头轻易放弃它。这个世纪不愿意对怀疑投降，仍坚持要有清楚而肯定的决定。在启蒙运动的知性活动历史中，休谟的《宗教的自然史》仍只是一个孤立的现象。因为除了休谟所走的这条路之外，还有一条路可走。这条路不像休谟所走的路那样会导致理性与经验之分离，它似乎会综合与调解这两者的要求。自然宗教之概念到此为止还只是一个抽象的概念，为了要抵御施之于它的怀疑论者的攻击，它现在亟须与一个明确的内容关联起来。它不能一直只是一个假设，它必须以事实向大家证明：这个概念所追求和肯定的事物在真实的宗教生活中的确有其地位。这个自然宗教之概念不能只是在理性之中找寻它的根据，它还得在历史中找寻根据。由于这个工作，18 世纪思想发现它面临着一个一般性的问题。这问题就是宗教与历史间的关系问题。宗教与历史的关系必须被了解；我们必须知道这两个概念如何互相制约，必须知道在这么一个关系之下实际的宗教如何生起。

三　宗教与历史

　　现在还有一个流行的无法根除的见解，认为 18 世纪对于历史的

---

①　休谟，《宗教的自然史》第十五节。

世界没有什么概念，认为它的思维是非历史性的。但是只要我们看一下该世纪宗教思想发展的经过，就知道这见解是有问题的。因为当时宗教的内在变化显然受到一个事实的影响，这事实就是宗教摆脱了形而上学与神学思维之支配而为自己建立了一个新的标准，一个新的判断准则。这不是一个单纯的准则，它基于宗教试图加以调和的两个不同要素，其结果就是理性精神与历史精神之综合。理性就教于历史，历史就教于理性；由此相互的关系，宗教得到了一个新的眼界，一个关于知识的新理想。理性与历史被清楚区分，并且在两者之间经常维持着一种紧张，而18世纪整个宗教思想的内在运动便都系于这个紧张关系。当时的人一点都不想为理性而牺牲历史以维持一种平衡的发展历程，反之，这两个概念的两极性完全为他们所认识而且加以精确界定。但依照启蒙运动哲学的基本信念，这种极化的关系并不排斥两个对立力量达到理想的平衡之可能；因为那同一的实在与真理毕竟在理性中也在历史中对我们呈现——当然形式有所不同，而本质则是相符的。因此，我们必须秉持理性之明镜，以面对历史，在镜中观照历史之影像；但是在另一方面，所有的合理性也必须在历史的景观中被观照。由此所获得的关于实在与真理的两个概念，在倾向和目标上应该是一致的。有关理性之永恒不变的规范的思维，与有关此规范在实际历史中展现之方式的思维，应该携手并进。唯有这两种形态的静观之对立与协调，才能导致心灵之真正"启蒙"（enlightenment）。对理智之"存有"（being）的正确理解，是以对其"变化"（becoming）的理解为先决条件，另一方面，除非把这变化关联于不变的存有，并以存有为准来衡量它，否则我们便无法把握这变化的真正意义。

　　这样的一个知识概念，当其面临《圣经》内容之真伪的判定问题时，可谓遭到了最严厉的一次考验。这个问题的提出，及其所含的要求，本已意味着宗教思想上的一大革命。因为这个问题及其所包含的要求无异于表示了对形诸言辞的神灵启示之怀疑，表示了与神灵言辞启示之原理的决裂。这言辞启示之原理并未被宗教改革摒弃——事实上它比以往任何时候都更强调这原理。宗教改革的主要努力就是要证明《圣经》文句之真理的前后一贯与独一无二、无可非难、不受限制，而除非认定《圣经》绝无不一致之处，否则这真理便无法维持。依它，《圣经》的每一个字，乃至每个字母，在价值和尊严上都跟整部《圣经》毫无差别，因此可以宣称具有与神启完全相同的正确性。不过，以进步的哲学思想之眼光看来，即使是在 17 世纪，这个主张也难免遭到问难。因为笛卡儿的怀疑方法不可能单单放过这个主张。当然，笛卡儿本人曾经不厌其烦地告诉我们他的新方法只涉及知识之事务而不涉及信仰之事务；在有关任何神学教条的事情上，他都明白宣告遵从《圣经》与教会。可是他的及门弟子与信徒可不理这项谨慎的限制。即使是那些受到最纯粹宗教热忱所鼓舞而想运用笛卡儿原理以唤醒与提升宗教精神的思想家，都不能免于这运动的影响。历史上第一篇主张对《圣经》之各种版本进行考证的文章，还是出自旧教某一崇尚通俗说教的神父集团奥拉托利会（Oratory）；其作者西蒙（Richard Simon）是马勒伯朗士的友人，他的灵感也是得自后者。西蒙对《圣经》之版本的真实性加以检验，他建立了一项关于其发展的假说，这假说终于动摇了正教的根本。最先施诸《圣经》的这种历史性的分析，尚且是在宗教的圈子内进行的，实际上其间接目的仍在于为天主教会效力。因为西蒙的目的乃在于表明：新教徒之单单信靠《圣经》的真理而排斥其他一切宗教的权威乃是站不住脚的。单是《圣经》并不足以保护一个人，使其免于怀疑；它还需要基督教传统中其他证明的支持。由于西蒙的目的仅止于此，所以在他手中还无由成就更为自由的历史概念，也不能更自由地对《圣经》进行评价，对历史之评判也只有在符合正教之目的时方始为之。斯宾诺莎是第一个敢于提出真正尖锐问题的人。他的《神学政治论》（*Theologico-Political Treatise*）是第一篇试图为《圣经》批判工作找寻哲学理由和根据的文章。初看起来，斯宾诺莎居然会成为第一个从事这桩工作的人，似乎有点奇怪。因为就其整体形而上学及其逻辑根据而观，他并不像是有希望发展出高明历史洞见的人。对斯宾诺莎而言，一切确实性之最后根源并不在于变化，而在于纯粹存有；并不在于经验层面的变迁，而在于存有之不变的基础，在于物性之自持的一贯性。只有这些概念是可以充分确定的，而一切有限的、衍生的、特殊的存在则只能通过"想象"（imagination）之媒介而被理解。一切有关时间与时间关系的知识都属于这媒介；这类知识不属于哲学知识之范围，这哲学知识即所谓"在永恒之面貌下的"知识（knowledge "under the aspect of eternity"）。与之相反，为了达到十全十美，哲学知识却得去除一切的时间性因子。由此看来，斯宾诺莎的观点似乎有碍于承认较狭义的"历史的"（historical）真理，而且还必然会把它（历史的真理）转变成"名词与形容词间的矛盾"（contradiction between noun and adjective）。可是斯宾诺莎竟是第一位提出关于《圣经》之历史性（historicity）的观念的人，也是第一位精确而清楚地把这观念加以展现的人。如果我们追究这个观念在斯宾诺莎整个思想体系中的地位，我们会发现它并非出自直接的历史癖好，也不是出自对历史方法的兴趣，它只是代表从这思想体系之逻辑前提所推论出来的间接结论。对《圣经》另眼相看，给予它特殊地位，是违反斯宾诺莎一元论原则的。对思想另眼相看，也是一样。在他的体系中，广袤与思想，自然与心灵，事物之层面与观念之层面，都不是根本不同的两个范围；它们乃是存有之同一的层面，系于同一的基本法则。因此，对历史存有的观照不应该跟对自然存有的观照分开，存有的这两个层面应该从同样的观点加以处置。"总括而言：解释《圣经》的方法与解释自然的方法并没有什么大的不同——实际上，它们几乎完全一样。解释自然，不外是考察自然之历史，并且根据若干固定公理演绎出关于自然现象的诸多定义；同样的，解释《圣经》也不外是考察《圣经》，并且由其基本原理推断《圣经》作者的意旨。以这样的态度来工作，每个人都不会有犯错的危险——这就是说，除了他们在《圣经》本身之中所找到的原理，绝不承认其他原理，据以解释《圣经》——而且也可以安全地讨论什么是超乎我们悟性之上的东西，什么是我们理性所能认知的东西。"[1]这就是斯宾诺莎所代表的原理，其性质极其单纯，但其后效却极为深远，极具决定性。依此原理，存有（或物性）并非通过《圣经》才能被了解，《圣经》本身倒是必须被当作这存有之一部分（因此也必须受其法则之约束）而被了解。《圣经》并非打开进入自然界堂奥之门的钥匙，它只是自然界之一部分。因此，研讨《圣经》时所需遵循的规则应与研讨任何一种经验知识时所遵循的规则一样。既然《圣经》本身也是受种种条件制约的、由别的东西衍生的，因之属于衍生物（natura naturata）的领域，我们怎能期望由之得出关于事物之基本原理（natura naturans）的绝对真理与形而上学洞见呢？要解释与了解《圣经》，除了凭借经验的调查研究工具以从事分析与处理之外，也别无他途。如果我们把它的每一个章节都安置在适当的脉络中，也就是说如果我们不把它视为不受时间限制的真理，却依照其发展的外在环境及其作者的个体性来说明它，则其所含的困难一定可以解决，其体现的矛盾也一定可以消除。《神学政治论》曾经试图应用这么一个解释的方法。虽然跟后来的科学《圣经》批判比起来，其结果未免怪异而专断，但是这方法本身却没有受到这些明显的缺点之影响，而且尽管人们对斯宾诺莎的论文怀有敌意，他的方法倒是普遍为人所采用的。

斯宾诺莎对 18 世纪思想几乎没有产生什么直接的影响。他的名字被小心回避，他的教示也都通过别人不太信实的介绍才被认知。培尔的记述和批评是使有关斯宾诺莎的研讨走上错误途径并且使人对之产生错误和片面认识的一个原因。但是，有关《圣经》的历史批判并不受这一切的影响，仍旧继续发展下去。它的进展，对于人本主义之伟大典范及其特有的知识理想的依赖，多于有关方法或体系之一般考虑。伊拉斯谟才是这运动的真正领导者。在他以批判态度所编的《新

---

[1] 斯宾诺莎，《神学政治论》第七章。

约》(*New Testament*)里面，人本主义的宗教态度和气质第一次做了典型的表现。伊拉斯谟深信恢复纯净的《圣经》原文也就是恢复纯净的基督教义。如果我们能够过滤掉一切任意添加与窜改的部分，从而成功净化《圣经》的原文，则基督教的纯净形象，连同其庄严的单纯性与原初的道德意味，必将重现于世人面前。这同样的看法也影响了他的得意门生格劳秀斯。有关《圣经》科学批判的完整计划，乃是格劳秀斯第一个提出来的，这计划自是以其前一切人本主义的与神学的学术成就作为其资粮。格劳秀斯对《新约》与《旧约》所做的《注疏》(*Annotations*)为整个 18 世纪的研究标出了应走的路径。恩尼斯提 (Ernesti) 在谈到这部作品的时候，对之推崇备至，且称之为他的典范。在塞姆勒的《论〈圣经〉之自由研讨》(*Treatise on the Free Investigation of the Canon*, 1771) 中，这发展终于到达了其第一阶段的终点。其后的哲学批判对之几无任何增益，只是依照塞姆勒的作品，从其研究的结果引申出若干结论。狄德罗在法文《百科全书》上所写的论《圣经》的文章，则对《圣经》批判之主要倾向与工作有过相当完整的评述。他描述了据以判定《圣经》各种本子之真伪的若干不同准则；他要求对这些本子之内容进行仔细分析，对这些本子的写作环境进行调查，对它们编成的年代加以正确判断。这一来，言辞启示之原理遂完全丧失其原有的力量，《圣经》之历史的概念从此打入神学体系之核心。

但是，神学体系有没有因而丧失其真精神呢？随同这新近觉醒的历史意识，神学有没有接收到危险的毒素呢？如果我们以斯宾诺莎的眼光来看，那么，《圣经》也有其历史性的这种观念，无疑带有一种更具否定性的意义。在他看来，举凡一切涉及时间关系并且受此关系限制的知识，无不属于"想象"之范围。这类知识绝不可能传达清楚的观念或严格的客观洞见。因为它局限于主观领域，局限于绝对拟人说 (anthropomorphism) 领域。依斯宾诺莎的想法，承认《圣经》是受时间制约的东西，并把它当作这样的东西处理，不啻把它当作一套拟人思想之缩影在处理。这样一来，《圣经》便被排除在哲学真理的领域之外了，因为哲学真理是由理性与直觉加以把握，不是由"想象"加以把握的。在神学家眼中最足以表征神灵启示的那些迹象，在斯宾诺莎看来却是其根深蒂固的缺点。照神学家的看法，神灵的启示总是猛烈地攫住一个人，使其屈服在它的力量之下，并且以某种方式使他成为比他高超的一股力量之不自觉的工具，在斯宾诺莎看来，这种猛然性以及役使人的方式，正是使神灵的启示不可能含有真理的因素。因为一切真理系于内在的自由与理性的洞见。唯有当情感的力量与想象的力量受制于理性之严格规律时，才有可能获知真理。因此，表现在宗教先知身上的强烈情感与想象的力量正是最确切的证据，证明他之所见既与客观真理之发现无关，也与普遍有效、普遍应守的命令之宣告无关（其所宣告的都不过是主观的东西）；证明当先知宣称他是在谈论上帝的时候，实际上只不过是在谈论他自己，在显示他内在的状态。斯宾诺莎在其《神学政治论》的前面几章（其中所谈的就是先知）就把以上的论点做了很详尽的阐明。我们从中可以看到上帝的形象如何随着先知的不同而不同，看到它如何呈现出他的想象之形态、如何染上他的见解之色彩。先知所传达的讯息随着他的气质、想象与经历之不同而不同。"其神如其人。"对于一个温和的人而言，祂是温和的；对于一个愤怒的人而言，祂是愤怒的；对于一个忧郁悲伤的人而言，祂是阴沉严苛的；对于一个快乐的人而言，祂是和善宽宏的。如果以斯宾诺莎思想体系的语言来表达他的《圣经》批判之基本思想，则可以说：先知之所见不足以代表上帝之"实体"（substance），不足以代表上帝之本性与存有，只能代表其"样态"（mode）。"一切决定都是否定"（all determination is negation）这命题，没有比在这里更适用的了。神的精髓和意义绝不是任何肯定的论断所能阐明的，这种论断只能破坏它。神的特征在于普遍性，这是不容任何个体加以限制的。《圣经》中所记述的奇迹与先知之所见都违背了这基本的原则。它们都在特殊的、偶然的事物中找寻上帝，而不在普遍的、必然的事物中找寻。照《圣经》所述，奇迹无不是对自然秩序及其普遍法则之干扰，然则这种奇迹便根本是反有神论的，因为上帝之真理与存有正表现在这些普遍法则之中。"因为每样东西都依神之决定而必然为真，所以自然之普遍法则无疑就是上帝之决定，而上帝之决定则是出自神性之必然与完美。因此，如果有一个东西发生在自然界却与它的普遍法则相抵触，则这个东西也必然是与上帝之决定、理性和本性相抵触的。如果有人主张祂违逆自然之法则而行，他便不得不也主张祂违逆自己的本性而行，这自是极其荒谬的。"[①]因此，照斯宾诺莎的想法，死心塌地地相信奇迹，无异于宗教之倒错；显扬奇迹便是否定上帝。这个道理也适用于发自个体且仅表现其个人特性的主观性预言。一切特殊性都是对普遍性之否定，一切历史性都窄化了、蒙昧了、抹杀了合理性。斯宾诺莎提倡《圣经》之历史研究，绝不是想从哲学上证明其（《圣经》）为正当，也不可能有此效果；相反，他这么做只能帮助我们看清宗教的确实性之限度。

这时候，18世纪知性活动的历史发生了一个重大的转折，在此，一位伟大的思想家在有关宗教的确实性问题上超越了斯宾诺莎的见解，这个人是真正了解斯宾诺莎宗教思想的人，是发现斯宾诺莎的整个哲学与自己十分投契的人。这个人就是莱辛。莱辛是第一个纠正了斯宾诺莎在哲学上与神学上的敌人对斯宾诺莎所作的歪曲的人。他是第一个就斯宾诺莎学说的本来面目而加以考察的人，他无所保留、不带偏见地埋首于斯宾诺莎学说的研讨。到他生命即将结束的时候，他对这学说的逻辑必然性与体系统一性几乎已经没有什么重大的异议。初看之下，莱辛与雅可比（Jacobi）的对话无疑是把莱辛呈现而为一个虔诚的斯宾诺莎信徒。"正教的神观已经与我无关，我无法信受它。我只知道：'一也就是一切。'（one and all）"但是莱辛思想真正伟大的地方——其无偏无私、兼容并蓄，其深刻、独创，都见诸一个事实，那就是在他承认师承斯宾诺莎之同时，他也超越了斯宾诺莎的教

---

① 斯宾诺莎，《神学政治论》第六章。

示，向更高的境地迈进一步。莱辛在宗教批判上所显现的独特面貌，就像他在美学与文学批判方面所呈现的一样鲜明。莱辛似乎采纳了斯宾诺莎哲学的要点，但他所采纳的东西却掺入了他自己的性情与思想，这些成分终于彻底改变了斯宾诺莎观念之面貌。莱辛也像斯宾诺莎一样摈斥奇迹之论证的力量。他也是在普遍者而非特殊者身上，在必然者而非偶然者身上，认取真正的奇迹。"理性之奇迹"（miracles of reason）才是证明神之存在的真正证据。（"理性之奇迹"是莱布尼茨所用的名词。）莱辛也跟斯宾诺莎一样坚持自然概念之统一性与普遍性，他也同时主张其纯粹内在性。在莱辛看来，上帝也不是超越于现世的而是内在于现世的力量；上帝不是从外面介入我们经验世界的势力，而是从内部渗透并塑造这世界的力量。然而，莱辛所持关于这塑造历程的概念却与斯宾诺莎的概念大异其趣。他视之为一项新颖而基要的真理的，在斯宾诺莎看来简直就是一大虚妄。对于全体与部分的关系、普遍者与特殊者的关系、一般事物与个别事物的关系，莱辛与斯宾诺莎的看法不同。在莱辛看来，经验中的特殊事物与个别事物并非仅具否定的意义，它们也有其肯定的意义。在这方面，莱辛可算是莱布尼茨的坚定信徒。莱布尼茨说过一句很有代表性的话，这句话莱辛大可将其奉为座右铭："心灵并非神之一部分，而是其影像，是宇宙之代表。"照这种想法，个体性绝非量的一个限制，而是一个独特的质；它并非实在之一个片段，而是其完美的副本。从这个观点来看，一切时间性的存在便有了完全不同于斯宾诺莎看法的新面貌。正如莱布尼茨把单子定义为"现于一中之多"（expression of multiplicity in unity），莱辛也大可将这时间性的存在定义为现于不变者中的时间性事物。唯其不断演化，单子始成其为有（is），因此，这演化的任一阶段乃是整体所不可缺少的一部分。同样，时间性这形式也不是与存有不能相容的；因为唯有通过这形式存有才能把自己表现出来。不过，当莱辛把这个基本概念应用于宗教的时候，他却碰到一个新的问题。因为现在宗教的起源之历史性已不再被用来批判乃至驳斥宗教的学说，它业已成为宗教教诫之最深意义的基本要素。如果斯宾诺莎是想通过研究神启之历史以驳斥其绝对真确性，莱辛则是为了完全相反的目的而这么做，那就是说他是为了要复兴宗教。在他看来，真正的、唯一绝对的宗教一定是那种宗教，它能够把表现宗教精神的一切历史事迹通通包容在它里面。在这种宗教中，任何细节都没有被遗失，也没有一种意见（不管多么古怪）、没有一种错误是不为真理效劳，是不隶属于真理的。莱辛的《人类教育》(*Education of Humanity*)就是在这个基本概念的激发下写成的，它把莱布尼茨的神义论概念应用在全新的一个知识领域中；因为莱辛对宗教的看法（他把宗教看作神为实施人类教育而拟定的计划）不啻是一则历史之神义论，它通过宗教的成长历程及此成长之目标以证明宗教之正当，却不通过自始即存在的存有来证明它。

如果我们拿莱辛和门德尔松作比较，上述莱辛这个观念之难以令人领受便可以看得更加清楚。从内容来看，这两位思想家原是很相似的，但从方法来看，两者却有明显的差异。他们两位都是从莱布尼茨的概念出发，所以他们的理论预设十分近似。起初他们的差异只在于门德尔松大体都照着沃尔夫所介绍的那个样子接受了莱布尼茨的概念，但莱辛对历史与哲学的兴趣以及其批判的眼光却使得他追根究底，非弄清楚其渊源不肯罢休。尽管如此，他们的思想模式还是相同的，因为它是由来于莱布尼茨对真理之基本形态之区分。莱布尼茨的知识论也严格区分永恒真理与暂存真理、必然真理与偶然真理。前一类的真理表现纯粹观念间的关系，不管这些观念所指的对象是否在经验的现实世界存在。纯几何或算术的命题总是真实的、永恒的、必然的，即使现实的时空中没有一个事物的形式是完全与数学所说的数目或图形概念相符合。对莱布尼茨而言，数学真理的情形如此，逻辑、伦理学与形而上学的真理情形亦复如此。这些真理也不仅是对当前这个世界有效，它们对每个可能的世界都同样有效；它们所涉的并非空间中的某一特定存在，或时间中的某一特定事件，它们所涉的乃是理性本身之一般形式。这个理性在任何时间任何地点都是一样的，它不可能变迁，因为任何变迁都会损及它那超时间的永存的本性。如果一个人从莱布尼茨有关真理的这个定义与区分出发，那么，他必将面临一个问题，那就是如何把这个区分应用在宗教的确实性上以及这个区分将对此产生何种影响的问题。宗教信仰应该属于哪一类的确实性呢？它应该跟必然真理还是偶然真理归为一类呢？它是基于无时间限制的理性的根据，还是基于暂存的历史的根据？莱辛孜孜不倦地思索这个问题，好几次似乎对这问题的解决感到绝望。他既无法摒弃宗教之"合理性"（rationality），又不能怀疑各种宗教形式之独特性（或对于它们所存在的时空之依赖）。一切信仰之核心并不在于接受一套概念体系，并不在于它自己之有效与永恒；宗教信仰总是跟某些独特的经验因素有关，跟一个特殊的历史历程有关。通向宗教的这两条途径，性质根本不同，似无协调之可能："偶然的历史真理绝不能作为证据去证明理性之必然真理。""如果我没有历史的根据，以反对'基督使死人复活'这句话，难道我就因而必须认为上帝真有一个照祂形象而现的儿子？……如果我没有历史的根据，以否定基督死而复生，难道我就因而必须认为这位复活的基督真是上帝的儿子？……从这类历史真理跳到完全不同种类的另一种真理，因而要求我改变我所有的形而上学与道德的概念，……如果这还不算是'变成另一种类'（transformation to another kind），我便不知道亚里士多德的这个术语是指什么。……这是我无法跃过的一道险恶宽阔的壕沟，不管我试了多少次，不管我多么热心。如果有任何人能帮我跃过，我祈求、我恳请他务必帮我。上帝一定会报偿他。"[1]

　　不过 18 世纪的神学或形而上学之中都没有一项原理可以帮助莱辛解决他的问题和满足他的要求。他不得不自己开辟自己的道路，自己设法填满那道阻路的"险恶宽阔的壕沟"。莱辛的最后一部宗教哲

---

[1] 莱辛，*Über den Beweis des Geistes und der Kraft*。

学著作完成了这项工作。他在其《人类教育》中创造了历史事物与理性事物的一项新综合体。历史事物从此不再与理性事物对立，它成为理性事物与实在事物的实现之道，成为其唯一可能实现的地方。莱布尼茨一度精确而清楚地加以分开的那些因素，现在又趋于协调了。因为依莱辛之见，宗教既不属于必然与永恒的真理之范围，又不属于偶然与暂存的真理之范围。它是两者合一，它是无限者在有限者中之表现，永恒与合理者在变化之暂存历程中之表现。以这个思想及其在《人类教育》中的开展，莱辛已经达到了真正的启蒙运动哲学之转折点。这是神学的"新教义"（neologism）与学院的理性主义都难以望其项背的。因为这两种思想都把"理性"设想为"分析的同一"（analytical identity）；两者都认为它之所以为一个单一的东西，全在于它是自相一致的，如果没有这个自相一致，它就不能成其为单一的东西，因此它的真相也只能在此自相一致中去认取。要了解这两种思想与莱辛思想冲突的情形，最好是从考察门德尔松对莱辛基本观念的态度着手。门德尔松在其《耶路撒冷》中写道："我个人并没有所谓人类教育这观念，不知道是哪位历史学家以这个观念激发了我已故的好友莱辛的想象。……进步只是少数个人的事，这些人，天命已经注定他们要在这世上永垂不朽。……至于说全体人类都应该不时进步，以期日臻完美，在我看来并不是天命的目的；上帝的天命这观念并不如一般人所以为的那么需要加以保持。"对门德尔松及其所体现的典型启蒙哲学而言，把人类最高目标的达成委诸历史之引导乃是绝对无法想象的事，因为历史充满了不合理、摇摆与错误，极其不可靠。这个哲学避开历史之任意的变迁，而托庇于理性之无可违抗的永恒的律法。但莱辛根本不再承认有这样的理性存在。他自始至终都是一位伟大的理性主义者，直至他生命的终点仍是如此；但他以综合的理性代替分析的理性，以动态的理性代替静态的理性。理性并不排斥运动，它还设法去了解运动之内在定律。现在，甚至理性自身也纵身于变化之大流当中，倒不是为了让旋涡把自己卷走，而是为了从中求得自身的保障，并且肯定自己的稳定与常恒。在这样的理性观念中，我们看到了有关历史之本性与真理的崭新概念之萌芽，这种概念是绝对无法在神学与形而上学领域中达到成熟、完美与确认的。使这个发展达到它的顶峰的则是赫尔德，他把他的问题针对着整个的历史实在，并试图根据其现象之具体证据来回答它。赫尔德的贡献从表面上看起来似乎是一项孤立的成就。但也只是表面如此，事实上，它并不代表与启蒙运动思想之脱节，反之，它是缓慢而稳定地从它演化而来的，它成熟于其土壤中。对启蒙运动哲学而言，关于历史的问题原是由宗教问题所引起的，也是在这领域中它第一次成为一个迫切的问题。然而启蒙运动思想却不能永远停留在这个起点上；它不得不继续向前推进，达成种种新的结论，提出种种新的要求，这一切终于打开了历史世界之整个视野。

第五章　历史世界的赢得

通常大家都以为 18 世纪是个"非历史的"（unhistorical）世纪，但这个看法无法以历史事实加以证明。这个看法是浪漫主义运动对启蒙运动哲学宣战时所杜撰的一句口号。只要我们对浪漫主义的这个运动更仔细地加以考察，就可以发现它所使用的许多武器还是启蒙运动替它铸造的。例如历史的文化（historical cultures）这概念——这是浪漫主义用以对抗启蒙运动，并且以它为旗帜来驳斥 18 世纪之知识的预设的——就是受到 18 世纪某些预设之影响而后发现的，也就是说它乃是 18 世纪之观念与理想的结果。如果没有启蒙运动哲学的帮助，没有 18 世纪的知识遗产，浪漫主义根本不可能达到并维持它自己的地位。不管浪漫主义对历史内容的看法跟启蒙运动有多大的距离，在方法上它仍然依赖于而且深深取资于启蒙运动。因为在这个知识领域中提出其核心哲学问题的乃是 18 世纪。它探求历史之"可能之条件"（conditions of the possibility），犹如它探求自然科学之可能之条件。当然，18 世纪只求勾勒出这些条件之大体轮廓。它致力于求得有关历史的一个清楚分明的概念，致力于确定普遍者与特殊者间、观念与实在间、定律与事实间的关系，并且在前者与后者间划出一条明确的界限，希望借此把握住历史之意义。如果浪漫主义者在极大的程度上未能承认这项开拓工作的价值，如果他们常常轻蔑地把它搁在一旁，我们倒无须再受到他们的判断的影响与蒙蔽。有一件事情倒是很富有讽刺意味，那就是浪漫主义虽然指责启蒙运动缺乏历史眼光，但它自己却也犯了同样的毛病。在这里，两者的角色似乎突然调换了过来，正面的角色辩证地变成了反面的角色。因为浪漫主义固然在历史眼界的广度上以及历史意识的强度上大大超越了18世纪，但是当它试图给予18世纪一个适当的历史地位时，它却失败了。浪漫主义运动全心全意地献身于探讨过去，以期把握其本来面目，但当它面对与它直接相连的过去时，它便无法达成自己所标榜的理想了。它所确立的研究遥远往事的原理，证明不能应用于研究切身往事。浪漫主义对它的父执世代患了历史的失明症。它从来不想用它自己的标准来判断启蒙运动，它总是怀着存心找碴的偏见来看待18世纪所陈述的有关历史世界的概念，这种偏见常常把对方的见解歪曲变形，弄得十分滑稽可笑。一直要等到浪漫主义以后的时代，这个歪曲才得以纠正过来。这个时代已经受够了浪漫主义精神，但它还是坚持这精神所建立起来的有关历史性的假设。它对18世纪也取得了一个适当的观察角度，因此得以对它做比较公平的历史研究。狄尔泰（Dilthey）就是第一个充分以这种态度来研究这个世纪的人，他撰有《18世纪与历史世界》（"The Eighteenth Century and the Historical World"）一文。这篇文章虽然成功排除了世人关于18世纪非历史、反历史精神的种种错误看法，却还是未能解决那些相关的具体问题。因为单单把历史意识作为一项必须而不可缺少的因素加到启蒙运动的图像上面并不足够；这运动因之而呈现的新力量，其倾向如何，其影响如何，还得一一加以阐明才行。18世纪的历史概念，与其说是一个轮廓分明的既成的形式，毋宁说是一股正向四面八方施展其影响的势力。本章所要谈的就是这股势力如何从神学领域的某一点出发，四面伸展，终于渗透所有知识领域的经过。

一

　　18世纪的哲学一开始就把自然问题与历史问题当作一个不可分

的整体看待。它以同样的知识工具来探讨这两种类型的问题；它向自然与历史问同样的问题，以同一套普遍适用的"理性"（reason）方法来探究自然与历史。最重要的是，以新形式呈现的科学知识与历史知识现在遭遇了一个共同的敌手。无论自然科学或历史现在都想摆脱神学与形而上学的支配，为自己找到一个纯粹内在于自己的知识基础；自然科学家和历史学家现在都企图把自然与历史留在自己的领域内，在自己的土地上建立它们。科学本身拒绝承认有一个绝对超自然或绝对超历史的领域存在。这拒绝又导致关于上帝与神学的新概念之产生。18 世纪的神学革新者，神学"新教义派"，他们的见解无不基于对宗教根源展开历史批判的概念与要求。在德国，莫谢姆（Mosheim）、米夏埃利斯（Michaelis）、恩尼斯提与塞姆勒都成为"新教义派"这一世代的真正导师。历史为启蒙运动擎起火炬，它使"新教义派"摆脱独断解释的《圣经》以及上一世纪的正教之束缚。历史之功能固然是如此神奇，但历史之撰述却不容易，它很难做到像自然科学那么单纯而毫不含糊。在 18 世纪哲学的眼中，自然科学早已是历史悠久而广受承认的一门学问。早在文艺复兴时代，这领域已经有了决定性的发展，伽利略的"新科学"（new science）早已肯定且证明了科学思想之价值与独立性。像康德一样，每一位启蒙时代的哲学家都可以视数学物理学为一项既存的"事实"（fact），它的可能性当然不妨作为一项知识论的问题而加以讨论，但它的现实存在却是不容置疑的。历史却不是如此，它的情况要比这个困难得多。因为史学无法从一个所谓的科学事实出发，这事实不管是它的确实性或它的根据都可以和理论物理学相比。历史现象的世界只能在思想历程中赢得，只能在思想历程中建立。毫无疑问，这工作绝不是一下子就能完成的，它需要漫长而劳苦的准备。这些准备工作动员了启蒙运动的所有知识力量，也证明了这些力量之可以用在一个新的领域。18 世纪的哲学不得不变成创造性的哲学，它不得不去生产；它不能只是把各学科所提供的研究成果加以概括化与体系化；它得亲自完成某种东西，它得去做一门基本学科的工作。在自然科学方面，伏尔泰确确实实只是一名牛顿的学徒及其观念与原理之推广者；可是在历史的领域中，他却冒险提出一个原创而独立的概念，一套新的方法学的计划——他的《风俗论》（*Essay on Manners*）为此铺了路。18 世纪的所有伟大历史著作都是在这篇哲学名作的影响下写成的。在法国，杜尔哥和孔多塞（Condorcet）都深受伏尔泰之影响。在英国，情况与之相似，休谟、吉本（Gibbon）和罗伯逊（Robertson）也都以伏尔泰为楷模。休谟是哲学与历史在个人身上密切结合的一个具体实例。肇端于 18 世纪的所谓"哲学的编史工作"（philosophical historiography）正努力于平衡以上两个因素。它倒不是片面地把历史的撰述置于哲学构想力的支配之下；它是设法直接从历史，从丰富生动的历史细节，引申出哲学问题。由这个做法所促成的观念交流不管在程度上或范围上后来都有显著的增长，其结果证明哲学与历史双方都得益匪浅。正如数学成了精确知识之原型，历史最后也成了方法学上的楷模，从它身上，18 世纪得到了许多有关抽象科学之一般任务与特殊结构的新认识。它由此看清：第一步该做的就是把这些抽象科学从神学之监护中解放出来。在此之前，由于允许多方运用历史方法于研究教义学的历史，神学早已承认了一位盟友之存在，这位盟友日后证明比神学自身还要强大，而且最后还要站在自己的立场上向神学发起挑战。于是友好的竞争变成了一场争论，从这争论，新形态的历史与抽象科学终于发展了出来。

在哲学上，这运动的开端可以一直上溯至 17 世纪。笛卡儿主义，由于其排他性的理性主义倾向，自然是对历史领域敬而远之的。依这种哲学，没有任何纯属事实的事物可以主张自己有真正确实性，也没有一种事实知识在价值上可以和逻辑之清楚分明的知识、纯粹数学，以及精确的自然科学相比。马勒伯朗士的思想也严格坚守这条法则，他也宣称：只有属于哲学知识的"才是亚当当年所认知的"（could have been known by Adam）。不过，在培尔处，一般方法学却有所更张。在他最早的哲学著作中，培尔给人的印象乃是一位坚定的笛卡儿信徒，他从来没有停止过对笛卡儿物理学的赞美。可是他的怀疑法却有不同的运用方针，其所追求的目标也不同。笛卡儿的怀疑完全受制于一项原则：我们不可信赖曾经欺骗过我们的（即使只有一次）或可能欺骗我们的知识根源。根据这个标准，则不只是感官知觉之证据，就是无法严格证明的知识，无法还原为可靠公理与逻辑证据的知识，都一概在摒弃之列。因此，整个历史领域都被排除在笛卡儿知识理想之外。在他看来，没有一种事实知识是可以通向这个理想，通向真正智慧的。对历史，笛卡儿的怀疑保持一种纯粹否定态度，它摒弃历史、排斥历史。然而培尔却不否定事实事物本身；反之，他以它为其科学学说之楷模。在培尔看来，许多已然成立的事实集合在一起，正是一切知识所据以成立的阿基米德基点。因此，他乃是严格理性的与理性主义的世纪中，第一个坚定一贯的"实证主义者"（positivist）。达朗贝尔的评语"形而上学应该是事实之科学，否则它就会变成幻觉之科学"，也一定是培尔心里想说的。他摒弃一切有关存有之绝对"根据"（grounds）的知识；他只想纵览现象本身，而在这领域内去截然区分确实的与不确实的东西，区分可能的与错误的东西。因此，他并不将其怀疑指向历史；他把他的怀疑当作发现历史真理的工具而运用，把它当作追求历史所能达到的那种确实性的工具而运用。在这检验历史真理的历程中，培尔表现得不屈不挠而又永不餍足。他被一个强烈的欲望推动，那就是想纵览这个事实的、特定的历史世界，并且使自己在其中安身立命。在这个世界里面，没有一件事物是不相干或不重要的，所有的事物在价值和意义上几无等级之分。他将其批判性著作呈现为《历史与批判的词典》之形式，绝非偶然。因为词典容许平等协作的精神占上风，这种精神正好与支配理性体系的隶属服从精神成为强烈对比。在培尔看来，概念之间并无等级高低之分，他也不认为某些概念是根本的，某些概念是衍生的。在他心目中只有材料的聚集，其中每一件材料都跟其他材料一样有意义，也值得同样的注意。他在搜集材料时也对它们一视同仁。对这点，他从不怀疑与踌躇；他从来不曾在心里先盘算好要搜集哪种材料、不搜集哪种材料，哪类材料重要、哪类材料不重要，什么材料相干、什么材料不相干，然后再照着去做。在《词典》中，常常是那些最不重要的题目，甚至完全无意义的题目，却受到精心而认真的对待，而最重要的事情反而被忽略了。决定材料之取舍的，并非事物本身之重要性，而是培尔对某些遥远的事实的兴趣，对某些典故的细节的兴趣，对某些奇珍古玩的兴趣。培尔很清楚自己这种脾气，常常在他的著作或通信中提起它。譬如在给他兄弟的一封信中，他说道："我十分明白我的爱好新奇，永不知足，是一项无可救药的毛病。这是如假包换的水肿。你给得越多，它要得越多。"为了爱事实而爱事实，注意事物的详情细节，是培尔天性的突出特征。关于知识及其目标的这个概念，正好与精确逻辑知识的理想针锋相对。不管后者在精确与严格上比经验的历史的知识高出多少，它却也因此而具有一个重大缺点。它的严格的逻辑的性格使它无法直接与现实碰头，而把现实排除在它的领域之外。数学的证明在形式上固然十分斩截，但这绝对无法弥补一个事实：其应用于具体的现实事物身上总是缺少把握。历史的知识与数学的知识不属同一类型的确实性。但在它自己所属的这一类型的范围内，历史的知识之确实性是可以不断增进的。从形而上学的观点来看，说名叫西塞罗的一个人曾经活着，实在比说纯粹数学所界定的一个东西存在于自然界要确实得多。

以上的思考为我们开辟了接近事实世界的通路，但是还未能发展出一项原理，使我们据以真正把握这个世界，并且理智地控制它。因为历史的知识仍然只是代表一堆互不关联的没有内在秩序的细节。历史像一大堆残垣断壁那样摆在培尔面前，但驾驭这些丰富的材料却是不可能的。培尔得具有不竭的融合的能力才可能跟上当时正在膨胀的专门知识之潮流。可即便是《词典》的外在结构也证明其不足以满足此一工作之要求。培尔以大量的注脚和说明来加强文章的主体，可是最后这些东西却把原文掩埋了。培尔的真正兴趣很少和原文的要旨有关，它常常表现在显然不相干的材料上。他一再沉溺在这类材料中。因为照他的想法，这正是历史学家的新任务。他一点都不怕人家指责他沉醉于鸡毛蒜皮的小事，他也不避讳人家加给他的头衔："最微不足道的琐事的钻研者"（most minute explorer of most minute things）。他宣称他这样处置材料并非沉溺于个人的爱好，而是审慎的意图之结果。因为近代的史学家并不像前人那样满足于仅仅勾绘出粗略之轮廓，他们更着重于研究与权衡历史现象之每一部分。培尔的意图完全不在于对历史做哲学的思维，也不在于对它做目的论的解释。他的浓厚的悲观主义使他无法在历史中看出有任何一贯计划或理性目的之存在。只要看一眼事实，看一眼人类的真实历史，就足以纠正我们这种喜好玄想与编造体系的恶习，因为事实教示我们：历史实际不过是人类各种罪恶与不幸之累积。显然，我们对各部分研究得越仔细，反而对整体越难以了解。有关细节的知识加起来并不等于对整体的了解，它反而破坏了达到这种了解的希望。

不过培尔却使一个新颖、积极、富有成效的普遍概念从这历史世界之分崩离析中产生。星散的各部分又环绕着一个坚实的核心而结合起来，并明晰化。这一核心，一是成于培尔不仅从质料之意义上，而且从形式之意义上理解"事实"（fact）之性质，也是成于他将这性质既视为方法问题，又视为内容问题。正是由于这番洞识，培尔才得以成就他在思想史上的原创性与重要性。光就内容而言，培尔的《词典》苦心孤诣所采集的"事实"，几乎没有一项是今天我们真正感兴趣的。使得这部作品具有永恒价值的乃是事实被当作一个深刻问题来看待这一点。培尔不再把个别事实看作历史学家用以建造大厦的一块一块砖头；他所醉心的与其说是以这些砖头来兴建历史的大厦，毋宁说是使他得到砖头的那番智能劳动本身。他以无出其右的清晰，以最精致的分析技巧，仔细分析每项事实判断所据以成立的复杂条件。由于这方面的知识，他终于成为历史之逻辑学家。因为"事实"不复是历史的知识之开端，在某个意义上，它可以说是它的终结；它不是这类知识"出发之点"（point from which），而是这类知识"归向之点"（point toward which）。培尔不把事实当作起点，而当作他的目标；他总是设法开辟"事实之真理"（truth of facts）之路。我们切勿以为这种真理是伸手可及的，是直接的感官经验就可以把握的；事实上，它只有经过一番绝不亚于最困难的数学运作那般的复杂、精致、准确的运作才能获致。因为只有对点点滴滴的证据施以最精细的过滤、最辛苦的检验与评估，才能把历史的"事实"之核仁剔取出来。

　　培尔历史概念之主要价值在于他并不只是抽象地提出前述的要求，他还以实务详尽地解说它。在此之前，还没有人像他那样严谨、热忱与精确地批判过传统。培尔孜孜不倦地从事于揭发历史之脱漏、悖谬与矛盾。他的天才在这历程中表露无遗。很奇怪的是，培尔的天才倒不在于发现真实，而在于发现假伪。《词典》之原始构想便可说明这一点。他的最初想法并不是要写出一部知识百科全书，而毋宁是要完成一部谬误之记录。"大约在 1690 年 11 月，"培尔在一封信中写道，"我想出一个计划，要编一部批判的词典，它要搜罗以往词典编辑及其他作家所犯过的错误，在每个人名或地名之下概述与这名字有关的一切错误。"[1] 培尔在智能上的优越以及在学术与文学上的精湛技巧在这里找到了一个最佳表现媒介。在这个活动中，他那追根究底的癖好终于有了用武之地；他的最大喜悦莫过于找到了数百年未经发现的错误之踪迹，错误的大小倒不是最重要的，单是它的存在以及它的性质已足以令他着迷。错误一定得追究到底，不管其所涉及的事物是大是小，是崇高是卑微，是重要是琐碎。培尔的狂热常常及于最无关紧要的事物；事实上，再三煽起他热情之火的正是这类事物。因为在这里最足以看出历史谬误之特殊形态。在这里，我们可以看出发生在传统之传承上的最不重要的错误如何产生最致命的结果，如何导致有关真实情境之最彻底的歪曲。因此，这类错误必须无情地加以揭

---

[1]　培尔致瑙狄（Naudis）的信，1692 年 5 月 22 日。

发，而历史学家在从事这件纯粹否定的工作时，绝不可在任一点上放松，也不可放过任一细节，不管它看起来是如何的无意义。关于一件事实的报告，任何一个改动之处都逃不过他的明察；也没有一则不明确的或仅凭记忆而不注明出处的引述逃得过他的慧眼。以上这些严格的要求使得培尔成为揭橥历史精确性这理想的第一人。不过如果把这点跟他在哲学上的成就关联在一起考虑，这精确性本身就不是目的，而只是手段了。如果我们真想了解培尔历史概念的终极目标是什么，我们最好把他的著作拿来和波舒哀（Bossuet）的《论普遍历史》（*Discourse on Universal History*）做个比较。波舒哀这部著作是纯粹根据神学而写的一部历史，也是这方面的最后一个伟大尝试。可惜就它的经验依据而言，这部野心之作的根基却是十分脆弱的，因为波舒哀所依据的事实之真理只能以循环论证加以证明。依波舒哀之见，所有历史事实之权威都基于《圣经》之权威，《圣经》之权威则又基于教会之权威，教会之权威却基于传统。因此，传统便成了一切历史的确实性之基础——可是传统之内容与价值却只能据历史的证据而加以证明。培尔是以其无情的敏锐揭发了这循环论证，并且不厌其烦地指出其致命后果的第一个近代思想家。在这点上，培尔对历史的贡献绝不逊于伽利略对自然科学的贡献。正如伽利略要求在解释自然现象时必须完全独立于《圣经》，也正如他以自己所提出的方法实现了这要求且证明其为正当，培尔也在历史的领域中提出同样的要求。是他在史学的领域中完成了"哥白尼式的革命"。因为他不再把历史奠基于《圣经》或教会学说之内容（名为客观而实为独断的），他回归于这真理之主观的根源与条件。起初他唯一的目标只在史料之批判，后来日益扩大，最后竟至成为"历史理性之批判"（Critique of Historical Reason）。依培尔之见，最大的偏见莫过于认为我们应该像接受铸好的铜币（基于信任和信心）那样去接受历史的真理。他认为应该由理性之功能去铸造它自己的铜币，并且随时小心检验每一枚成品。"你以为从交换传闻中可以得到正当的收获吗？噢，傻瓜，传统的确是希腊神话中的吐火女怪！判断是需要的，只有理性才能把你从信仰的桎梏中解放出来——我是说你早就把它抛弃的那个理性。"歌德的这几句话也许最能清楚而扼要地陈述出培尔思想的主旨及其真正倾向。他那锐利而不留情的批判精神一下把历史从一切教条的束缚中解放出来，而把它置于一个独立的基础上。培尔肇端于批判神学传统，后来却更进一步，把他的研讨扩大到以整体世俗的历史为对象。这一来，他竟成为 18 世纪的先驱，后者在他的《历史与批判的词典》中不但找到了一个知识的无穷宝藏，而且找到了一则卓绝的理智与辩证之示范。培尔认为，启蒙运动哲学学会自己把自己的问题陈述出来；在其《词典》中，他表明解放历史所需的武器早已铸造完成。事实上，培尔不但成了新史学的逻辑学家，他还成了它的道德师表。他是史家品德的传播者与活化身。他反复声明：只有纤尘不染的手才配接触历史；历史现象的陈述，绝不容被任何偏见妨碍，也不容被任何宗教或政治的成见歪曲。"凡是明了历史法则的人都会同意：凡是想忠诚完成他的任务的人都必须摆脱恭维与毁谤的动机。他必须尽量保持像斯多葛学派那样的心情，也就是不为任何情感所动的心情。他必须不受其他事物的影响，一心追求真理。为此，他必须摆脱一切恩怨——乃至对国家之爱。他必须忘掉他属于任何特定的国家，他在任何特定的信仰中成长，他欠这个人或那个人的情，他有这样的或那样的双亲和朋友。就这点而言，历史学家就像麦基洗德（Melchizedek）一样，没有父亲、母亲、家系。如果有人问他：'你是哪里人？'他必须答道：'我不是法国人，不是德国人，也不是英国人或西班牙人；我是世界的公民；我不是为皇帝服务，也不是为法国国王服务，我只为真理服务。她才是我的女王，我只对她宣誓效忠。'"[①] 由于这种情操以及其所依据的道德意识，培尔成了启蒙运动的精神领袖。他预示了它的"宇宙规模的普遍历史的观念"（idea of a general history with a cosmological design），第一个对这个观念做了标

① 培尔，《历史与批判的词典》"Usson"条。

准的表达。

二

　　培尔并没有建立严格意义的历史哲学；事实上，以他关于历史的一般概念以及他的方法论前提，他根本无法建立这个哲学。在 18 世纪，第一个为历史哲学开路的是维柯（Giambattista Vico），他的《国家通性新科学原理》（*Principles of a New Science of the Common Nature of Nations*）是这门知识的第一部系统叙述。可是这部作品对启蒙运动哲学却没有产生什么影响。这部书是以一种反对笛卡儿的态度写成的，目的在于排除史学工作之理性主义，可是它所依据的乃是狂想逻辑，而不是清楚分明的观念之逻辑。结果它并没引起人们的注意，直到 18 世纪末，赫尔德才使它重获青睐。在启蒙时代，对历史哲学的建立真正具有决定性作用的应是孟德斯鸠的《论法的精神》。这部著作开创了一个新纪元。不过它倒不是直接产生于历史兴趣，培尔对事实详情的兴趣与喜悦是孟德斯鸠所陌生的。孟德斯鸠这部书的名称表明他所关心的乃是法律之精神，而不是事实之精神。孟德斯鸠并不是出于事实本身的缘故而去搜寻、过滤、检验它们，而是为了它们所说明与表现的法律。法律只有在具体情境中才能够被理解，只有在这类情境中它们才能被描述与解说。另一方面，也唯有当我们把这类情境视为足以说明种种普遍关系的实例，它们才得以呈现出明晰的面貌与意义。像培尔那样，孟德斯鸠也表现出对细节的喜好；借着广泛的涉猎与游历，他试着使自己熟悉于研究对象的诸般细节。他对特殊事物的喜好奇大，结果他用以帮助说明的奇闻逸事常常几乎掩盖了思想的主线，使它们难以辨识。不过就内容而言，所有这些材料却无不统辖于一严格合乎逻辑的原理之下。在其巨著的前言中，孟德斯鸠说道："于是我开始研究人类，我相信他们绝不是在一时的兴致的支配之下，弄出种类无穷的那些律法与风俗。我从中抽绎出若干原理，我看出个别的事例都符合这些原理，一切国家的历史都是这些原理之结果，每一套特定的法律都与其他法律密切相关，或依于其他更有普遍性的法律。"

因此，事实性本身已不再是指引孟德斯鸠研究工作的南针。它只是他借以了解别的事物的媒介。我们倒可以说孟德斯鸠是第一个懂得历史中的"理想典型"（ideal types）这个概念，并且把它清楚表达出来的思想家。《论法的精神》一书正是关于典型的政治学与社会学学说。孟德斯鸠意在阐明：我们称为共和政体、贵族政体、君主政体与专制政体等的政府形式绝不是某些偶然获得的属性之汇聚；相反，此中任一形式都是事前就已形成了的，任一形式都是某一结构之表现。如果我们只知观察种种政治与社会现象，这些结构将无法为我们所见。因为没有一个现象在外形上是与其他现象相同的，它们呈现在我们面前的是完全的多相性，以及近乎无限的种类。可是一旦我们学会把注意力从外表转向原理，从经验形状之歧异转向形构的力量，这幻觉立刻就消失了。这时我们就可以在许多共和政体的实例中认出共和政体之典型，从历史上无数的君主政体身上发现君主政体之典型。孟德斯鸠特别着意于阐明一点：共和政体所赖以存在的原理乃是民众的德性，而君主政体所赖以存在的原理则是荣誉与基于恐惧的专制政治。由此我们看出造成各种政府形式之不同的乃是精神与道德的冲力，不同的冲力促成不同的政府形式。孟德斯鸠说道："政府之性质与政府之原理有一点不同：政府之性质使一个政府成其为如其所如的那么一个政府，政府之原理则决定一个政府之行为。前者存在于它的特殊结构，后者存在于促使它行动的人类激情。"[1]孟德斯鸠十分清楚以上他所介绍的一些基本概念性质很特殊。他绝非单纯把它们当作概括现实某一类现象所共有之特征的抽象概念。孟德斯鸠是想以它们代表某些不受时空限制的普遍意义，这些意义分别表现于个别的政府形

[1]　孟德斯鸠，《论法的精神》（*L'Esprit des Lois*）第三册第一章。

式中。换言之，他是想阐明规范这些政府的内在法则。固然从来没有任何一个特定的政府能够完美地把这法则表现出来，从来没有任何一个在历史上存在过的政府完全而准确地实现了它，但这都丝毫不会减损它的重要性。如上所述，孟德斯鸠曾经一一指出各种政府形式所据以存在的原理，他曾经指出共和政体的性质系于德性、君主政体的性质系于荣誉等，要注意的是我们千万不要以为这里所谓的性质是指实际经验中的东西，它所指的是一种理想中的东西。因此，如果有人因为孟德斯鸠的体系未必完全与实例符合而反对他，这反对并不必然不利于他的基本观念。无论在我们今天较为开阔的历史视野中，孟德斯鸠所据以建立其思想体系的经验基础显得多么不完美，这都不妨碍我们对孟德斯鸠之贡献的肯定，我们仍得承认他确实把握到一项新而有成效的原理，并且在社会科学中确立了一套新方法。这个方法就是标出理想典型的方法。这是他首倡而且第一次成功应用的。这个方法始终没有被摒弃；相反，它在 19 世纪与 20 世纪的社会学中才达到了发展的顶峰。根据这个方法，孟德斯鸠建立了一个学说，主张构成一个国家的一切因素彼此密切相关。它们并不只是一堆因素，而且是互相依赖的许多力量，它们的相互作用有赖于整体之形式。这种相互作用与结构配置可以见诸最小的细节之上。譬如教育与司法的类型，婚姻与家庭的形态，内政与外交政策的结构，在相当程度上都系于一个国家之基本形式；我们绝不能任意改变国家的这些方面而不影响（终致毁坏）国家的基本形式。因为国家的败坏并非始于种种特殊活动，而是始于其内在原理之败坏："每个政府的败坏几乎都始于其原理之败坏。"[1]只要政府形式之原理本身得以维持，只要它本身是健全的，便没有什么可以害怕的；其个别制度与法律之缺点并不碍事。反之，如果原理变质了，如果内部的推动力变弱了，即使最好的法律也发挥不了保护的作用。"一旦政府之原理败坏了，最好的法律也会变成不好的，而且转而与国家为敌；而当原理健全的时候，即使坏的法律也会

---

[1] 孟德斯鸠，《论法的精神》第八册第一章。

发挥好的法律之效能。原理之力量带着每样东西跟它走……只要国家没有丧失它的原理，几乎没有法律是不好的；正如伊壁鸠鲁针对财富而说的，败坏的并不是酒，而是酒坏。"①

到此为止，孟德斯鸠可以说已经为我们勾画出一套政治哲学的轮廓，但是却还没有替历史哲学奠定基础。因为孟德斯鸠所描述的理想典型乃是静态的形式，它们提供了说明社会体结构的原理，但是它们却不包含阐明社会体功能的方法。不过，孟德斯鸠绝不会怀疑他的方法在解决这一问题上的效能。因为他深信：功能的历程，正如结构那样，绝不是一大堆或一连串个别而互不关联的事件，它也会表现出某些一贯的倾向。我们称之为历史的那个东西，从表面看来，似乎看不出有上述的一贯倾向，它似乎只是纠缠在一起的一些意外事件。可是一个人越是深入现象的内部去观察，上述的幻觉便越是消散。就这样，个别事件之间的混乱与冲突消解了，诸多现象可以被还原于某一根本，据此以说明与理解它们。在他作品的开头，孟德斯鸠说过："说盲目的命运造成我们在世上所见的一切结果，说这种话的人说的是世上最荒诞不经的事；天下还有比盲目的命运造出理智的存有更荒谬的事吗？所以一定有一种原始的理性存在，法律便是这理性与个体之间的关系，便是个体与个体之间的关系。"②表面上看，决定一个民族之命运的，决定其兴亡的，似乎只是一件偶发之事。但是更进一步的检视揭示了不同的图像。"统辖这世界的并不是命运……在每个君主政体中都有若干一般的、知性的以及物理的原因在活动着，它们造成了它的兴起、维持或覆没。一切偶发事件都归属这些原因。每当一场偶发的战争（这是一个特殊的原因）摧毁了一个国家的时候，也必定有一个一般的原因存在，这原因导致这国家毁于一场战争。总之，拖着所有特殊事件跟它一起走的，是事物的一般步调。"物理的环境也影响到这个一般的倾向，孟德斯鸠是第一个指出这倾向之重要且阐

---

① 孟德斯鸠，《论法的精神》第八册第二章。

② 同上，第一册第一章。

明政府形式和法律与气候、土壤之关联的人。不过他并不以为它们只是物理因素之产物，他使物质的原因从属于精神的原因。并不是每一种气候与土壤都适合特定的一种政府形式；另一方面，这个形式也非单纯物理条件之结果。使政府形式与主要的物理环境互相调适，是立法者的事情。差的立法者屈服于不利的气候条件；好的立法者承认这些不利，却以精神与道德力量反击它们。"物理的原因越是在人的体内造成惰性，道德的原因就越是应该把他们由这个状态中唤醒。"① 人绝非单纯屈服于自然力量；他承认这些力量，但凭借他关于它们的知识，他可以引导它们趋向他选定的目标，并且造成足以确保社会生存的均势。"如果不同气候中的心态和感情真的极端不同，那么，法律便符应于感情与心态之不同。"② 人类历史之一般进程与倾向显示，在人类心中有一套法律，其严格与确实都可媲美于自然律。但是在人类现今的发展阶段，道德世界还缺乏物理世界所具有的那种秩序。因为道德世界虽然也有明确而不变的法律，但它似乎还没有像自然界遵从其法律那般遵从它。其原因在于，赋有悟性的人类能力有限，因此易于犯错，同时他们又依照自己的观念与意志而行动。因此，他们并非永远遵从他们为自己所定的基本法律或规则。不过，孟德斯鸠终究是他那个时代的人，是启蒙运动的真正思想家，因此他还是期望：由于知识的进步，将来能够出现一种新的道德秩序，一种政治与社会的历史的新定向。也正因为如此，他才留意于历史哲学。他先求认知历史之一般原理以及推动历史的诸般力量，然后根据这些知识探求在未来有效控制它们的可能性。人并不单纯屈服于自然界之必然性，他能够而且应该像一个自由体那样塑造自己的命运，创造自己的未来。但是单是这个愿望并没有力量，除非有一种确实的洞见引导它。这种洞见乃是集中全部心力以学以思的结果；要获得它，得先艰苦备尝地观察经验的与历史的细节，就像逻辑分析在阐发各种可能性以及清楚分辨

---

① 孟德斯鸠，《论法的精神》第十六册第十五章。

② 同上，第十六册第一章。

这些可能性时所做的。孟德斯鸠在解决这两种问题时表现得同样的熟练巧妙。他是同辈思想家中具有最浓厚历史意识的人，也是其中对历史现象之各种形态具有最纯净直觉的人。他有一次谈到自己说：当他谈论古代历史的时候，他总试着揣摩古代的精神，把自己变成古代的人。他对特殊事物的眼光以及对细节的喜好使得他免于沦为偏狭的空谈理论者。他总是成功地避免死套公式的说法，避免把千差万别的形态化约为僵固的模型。在《论法的精神》中，他对这种危险有十分动人的刻画。在他谈到英国宪法的时候，他固然尊之为政治的典范，却强调无意强迫别的国家采纳这同样的形态，强调绝不主张这是唯一的标准："我怎么可以这么说呢？向来我都相信过度的理性并不可取，相信人应该采取中庸之道而不要走极端。"①即使是在他的理论性著作中，他也试着采取中庸之道，他总是试着保持经验与理性之平衡。也幸亏他有这样的禀赋，他的影响力才得以及于启蒙运动范围以外的地方。孟德斯鸠的伟大著作不但变成了百科全书派历史概念之楷模，它还深深迷住了他的思想上的敌人。赫尔德尽管指摘孟德斯鸠的方法与思想前提，却也不得不赞赏他的"高贵的巨著"，且在自己的作品中努力模仿它。

三

在 1753 年于《福斯日报》（*Vossische Zeitung*）上发表的针对伏尔泰《风俗论》的评论中，莱辛开篇即指出：人类最高尚的研究对象就是人，不过这个研究有两条取径。"或者就特殊的人而加以考虑，或者就一般的人而加以考虑，对于第一条取径，实在很难说那是人类最高尚的一种探求。就特殊的人而加以认知，是怎么一回事呢！那就是去认知笨蛋、恶棍……可是就一般的人而加以认知就完全不同啦！这时人类就显示出他的伟大之处，显示出他的神圣来历。在这种研

---

① 孟德斯鸠，《论法的精神》第十一册第六章。

究中，我们考虑人类完成了什么事业，他如何每天拓展其理解的领域，他的法律中透露了怎样的智慧，怎么样的雄心激发了他的不朽功业……到现在为止还没有一位作家选定这个题目作为他的主题，因此当今的作家大可夸口说：'我是第一个自由走过这片旷地的人。'"①

在这几句话里面，莱辛十分公正地评判了伏尔泰的历史著作，而他本是伏尔泰在 18 世纪的最大敌手与最尖刻的批评者。他的这番批评一针见血，一语道出了伏尔泰著作之基本倾向。因为伏尔泰的意图正是要把历史提升到"太人类的"（all-too-human）事物、偶然的并且仅仅是个人的事物以上的层次。他的目标不在——描述偶发事件，而在表现"时代精神"（spirit of the times）、"国家精神"（spirit of nations）。伏尔泰所感兴趣的不是一串一串的事件，而是文明之进步，以及其各种因子之间的内在关系。《风俗论》的初稿是为夏特莱侯爵（Marquise de Châtelet）而写的，这位侯爵夫人曾经对历史知识之不如自然科学那么有连贯性表示不满。在史学中，出现像牛顿的科学那样的东西，把诸多事实化约为若干定律，也是可能的。不过，这里的情形也和自然科学的情形一样，除非在现象之流中找到一个静止之点，否则根本无从设想任何关于定律的知识。这个不变的、自相一致的因子却不能求诸各色各样变化万端的人生际遇；如有，也只能求诸人性。因此，历史学家应该不要再限于留意王国的兴亡、朝代的更替。他们应该研究人类。"我是一个人"（I am a man）这句话应该成为每位历史撰述者的座右铭。但实际的情形却刚好相反，大多数的史家除了描述战争之外，几乎无所事事。历史的真正研究对象应该是心灵的故事，而不是有关种种事实（永远都是被歪曲的）的传说。"我的目标倒不在搜罗那些总是自相矛盾的大量事实，而在选择最重要、最有文献可征的事实，以期引导读者，使他对于人类精神之起伏进展实况能够形成自己的判断，使他能够通过种种风俗习惯以认识各个民族。"至于此前的历史撰述，伏尔泰认为其真正缺点一方面是对事情

---

① L. 蒙克尔编，《莱辛全集》第五卷。

做神话式的解释，一方面则是狂热的英雄崇拜。这些缺点是相依相资的，只不过是同一基本缺陷的两面。因为对英雄、领袖、统治者的狂热崇拜，也是产生自史家之凡事加以神话化的倾向。"我不喜欢英雄；他们在这个世界上制造了太多噪音。我恨那些征服者，他们是自己的高傲的敌人，他们在战争的恐怖中享受至高的快乐，他们到处追寻死亡，而促使他千百万的同类身受其害。他们的荣誉越是光芒四射，他的面目越是令人厌恶。"这几句话是伏尔泰在腓特烈大帝得胜于查图西茨（Chotusitz）之后写给这位皇帝的。此刻历史之重心已由政治史转移到文化史，而且是出于有意识的方法学上的意图。在这个转移之间隐然存在着一个潜在倾向，这个倾向正明白显示了伏尔泰与孟德斯鸠之不同。伏尔泰的《风俗论》与孟德斯鸠的巨著几乎出现在同一时间，它们也产生于相同的文化条件下，可是它们所追求的目的并不相同。在孟德斯鸠看来，政治事件占据了历史世界的中心，国家是世界历史之主要的乃至唯一的题目。历史之精神正好与法律之精神完全符合。在伏尔泰看来，心灵概念则占有更大的地盘，它涵盖了内在生命的整个历程，涵盖了人类在认知与意识到自己之前所需经历的一切变化。《风俗论》的真正用意就在阐明人类朝向这最后目标迈进的渐进历程，以及其间必须克服的障碍。如果只考虑政治的发展，这个意图显然无法实现，只有当一个人还同时记下宗教、艺术、科学、哲学之成长经过，并且描画出人类在到达现今状况之前所经历的演化阶段，人类进步的实况才有可能完全被了解。

　　不过，在提供这么一个撰述历史的基本构想时，伏尔泰也暴露了一个困难的问题。如果我们更仔细地考虑这件事，并且对其基本预设加以分析，我们便不免陷于一个两难的境地。伏尔泰非常热心地宣扬进步观念，也通过这个观念对他的时代以及其后的世代产生了最大的影响。孔多塞的《人类精神进展的一个历史场面》（*Sketch of a Historic Tableau of the Progress of the Human Spirit*）可以说是伏尔泰之观念与原理的延续。可是人们不禁要问：伏尔泰如何调和他对人类进步的信心与另一个同样坚定的信心？这个信心即相信人类基本上始终一样，他的真正本性从未改变。如果关于人类精神之不变性的这项预设是正确无误的，那么，这个精神的实体势必与一切历史事件隔离，绝不受它们的影响。凡是能够把历史现象的外壳与核心分开的人都知道：控制与指引历史的力量不管在任何时候、任何地方都是一样的。这是文艺复兴时代的典型史观，以马基雅维利（Machiavelli）与维弗斯（Lodovico Vives）为代表。这个史观始终保持在伏尔泰的思想中。他曾经在他历史著作的不同段落中明白地说过它。他在其《风俗论》的结尾总括他的一切成就时说："总结以上有关的一切陈述，可以清楚地看出——从世界的一端到另一端，属于人类天性的每一件东西都是相同的；而随着习俗之变而变的每一件东西则是不同的，如果它们竟然相同，那纯属偶然。习俗的帝国显然大于自然的帝国，它涵盖了风俗与习惯，它在世界各地呈现出千差万别；自然则在世界各地呈现出统一一致，在每个地方都确立起不变的少数几条原理。因此，基础是各地相同的，文化产生了歧异的果实。"如果情形真是如此，那么，还可不可能有严格意义的哲学性的历史（philosophical history）存在呢？如果一个人穿透表象之耀眼的表面而探触那始终如一的潜在原理，那么，变迁与发展的幻觉岂不是就要消失了？这一来，哲学的洞见岂不是要宣告历史之死亡？哲学家在认清事件之变化只不过是幻觉，只是习惯之产物而非自然之产物以后，还能不能对这变化感到欣喜呢？伏尔泰的历史哲学无法对这些问题提供足够明晰的答案。《风俗论》所提供的明晰解答只是：伏尔泰从不满足于仅仅记述种种故事，他还要把这类记述与对现象的理智分析联结起来，借此分析以把偶然的与必然的分开来，把永恒的与一时的分开来。就此而言，伏尔泰可说完全以同样的眼光来看历史学家的工作与自然科学家的工作。自然科学家与历史学家有同样的工作，他们都是在现象之混乱与流变中找寻隐藏的定律。不管在历史中或自然科学中，这定律都不应该被视为神明用以安顿天地万物的计划。在关于历史与关于自然的知识中，我们都必须摒绝朴素的目的论。伏尔泰发现，他曾誉之为文学杰作的波舒哀的《论普遍历史》里面就有这种目的论存在，不过伏尔泰并不赞成波舒哀不断在真金上镶嵌假宝石。真正具有批判力的历史撰述应该为历史提供像数学曾为自然科学所提供的那种服务。它应该使历史摆脱目的因（final causes）的支配，而引导它回到真正经验性原因的领域。有关自然历程之机械定律的知识使得自然科学终得摆脱神学的支配，心理学也可以发挥类似的功能，它可以使历史世界摆脱神学的支配，此刻历史世界正等待着心理学为自己提供这样的一番服务。心理学的分析最后还可以决定进步观念之真正含义。它可以解释这个观念，并且证明其为正当；同时也指出它的限制，使它的应用不超出这个范围。心理学的分析阐明：人性不能超越它"天性"（nature）的限度，不过它的天性并不是一生下来即已圆满具足的，它还得逐步演化，并且不断克服障碍以肯定自己。"理性"自是一开始就作为基本禀赋而赋予人类，而且它在各处均无不同。不过理性并不是永远以不变的、一致的这一面表现它自己，它会隐藏在种种风俗习惯之后，也会屈服于偏见的压力之下。历史显示理性如何逐渐克服这些障碍，如何实现它的真正命运。因此，真正的进步倒与人性本身无涉，它所涉及的只是人性之客观的经验的表现。不过，理性在经验中呈现以及变成能为自己所理解之对象的历程，确是代表了历史之真正意义。历史并不需要过问理性如何产生这形而上学的问题，它也无法回答这个问题，因为理性本身是超越时间的。它是必然与永恒的东西，问及它如何发展，是无意义的。历史只能显示：这个永恒的东西如何在时间中表现它自己，它如何进入时间之流而以它越来越纯净、越来越完美的原本形式显露它自己。

在他关于历史撰述的这个概念中，伏尔泰实已确立了一套有关如何编写历史的计划，这套计划被其后所有启蒙时代的历史学家奉行不渝。伏尔泰自己固然未能在他的《风俗论》中充分执行这套计划；但我们切不可将执行上的缺陷归于思想体系的概念。只有浅薄的批评才

会拿这些缺陷做证据去证明启蒙运动之欠缺历史意识。因为作为一位
历史学家，伏尔泰常受指摘的那些弱点与其说是他的思想体系之弱
点，倒不如说是起于其人格与气质的弱点。伏尔泰的天性本来就不倾
向于心平气和地对历史做一从头至尾的讲解。当他回顾过去的时候，
他并不是为了过去而这么做，他是为现在与未来而做。对他来讲，历
史并不是目的，而只是手段；它是人类心灵自我教育之工具。伏尔泰
并不只试着去反省与研究，他还有所要求，而且等不及这些要求实现
就已在盘算着其后要怎样。因为他不相信他还在征途中，他想象自己
已经非常接近目标，他因为预期在历尽艰辛与困扰之后即将成功达成
目标而得意扬扬。这种个人的情感一再透露在其历史的讲解中。而伏
尔泰愈是于过去的史实中重见自己的理想，这讲解便愈趋完美。《路
易十四时代》则是登峰造极。在历史之外的领域，伏尔泰当然可以看
得十分清楚，分辨得十分仔细，可是他想评判是非的欲望实在太强烈
了，常常不容许他冷静地思考。哲学家对理性的自豪阻碍了审慎的历
史判断。他一再表示：理性的古典时代在洞识与知识上不但大大优越
于中世纪，甚至大大优越于上古的伟大时代。他终于陷入朴素目的论
之泥淖而不克自拔，这种目的论，作为一个纯粹理论家，他原是极力
排斥与指摘的。正如波舒哀把他神学的理想投射在历史中，伏尔泰
则把他的哲学理想投射进去；前者以《圣经》的标准来衡量历史事
物，后者则以他的理想的标准来衡量过去。这类缺陷无疑妨碍了伏尔
泰之执行其有关普遍历史的伟大计划，这种历史应该一视同仁地拥抱
一切文化、一切时代、一切种族。可是就另一方面而言，这些缺陷无
可否认地大半应属于"他的优点之缺点"（defects of his virtues）。因
为客观上看来似乎是构成他观点的极限的那些东西，在另一方面却
构成了他个人的魅力，使得他的讲解具有蛊惑当代人心的个性与生
气。伏尔泰是重新创造了伟大历史著作之典型的第一位 18 世纪思想
家，他还以他典范性的实例具体体现了这典型。他使得历史脱离了单
纯研究古物之窠臼，也使它摆脱了单纯编年史的形式。他特别以这项

成就而自豪，这项成就使得他自觉到作为一名历史学家之可敬。1740
年，瑞典人努德贝里（Chaplain Nordberg）出版了一部记述查理十二
（Charles XII）统治时期的著作，其中针对伏尔泰的《查理十二传》
（*History of Charles XII*）一书所犯的若干错误做了一些无足轻重的批
评，伏尔泰对他的回应，在宽宏中带着讽刺。在给努德贝里的信中，
他写道："知道五十年前烧毁的斯德哥尔摩堡小教堂位于王宫新建的
北面侧厅……知道布道的日子座椅都盖上蓝色花毡，有些座椅是橡木
做的，有些则是胡桃木做的……知道这些，也许真是欧洲的一件大
事。……我们也很愿意相信，知道查理十二加冕时他后面的高台没有
安装假造的金子，知道天篷的宽度以及它是否饰以教会所送的红布或
蓝布……乃是很重要的事。对于想研究王公贵戚的爱好的人，这一切
也许确有其价值……历史学家的职责是多方面的，在这里容我提醒你
其中两项相当要紧的，其一就是不诽谤人，其二则是不使人厌烦。我
可以原谅你忽略了第一点，因为很少人会读你的书；但我不能原谅你
忽略了第二点，因为我被迫不得不读你的书。"这番话绝不仅仅是讽
刺，它表达了有关历史著作风格的一个新理想，这理想，伏尔泰确已
实现在自己的作品中，并且把它树立为一个典范。切斯特菲尔德爵士
（Lord Chesterfield）评论伏尔泰的历史著作说：它们包含了人类精神
之历史，是富有天才的人为富有精神（灵性）的人所写的。而在历史
这领域中，伏尔泰较之在其他领域都更没有流于单纯地卖弄机智。因
为他以广泛而透彻的研究强化了自己，而且他对历史研讨本来就不陌
生。他特别留意于富有社会学意义的细节。他宁可探求与描述不同时
期的种种社会状况、家庭生活的各种形式、艺术与工艺的种类与进展
经过，也不要重复描写各国政治和宗教上的变乱。他常常求助于词源
学，他说我们有时单单从一个字的起源就足以看出一个民族辗转迁徙
的情形。在伏尔泰看来，一个民族所使用的字母，乃是最好的证据，
可以证明谁是这个民族的真正教师、这个民族的最初知识是从哪里来
的。科学本身的历史也不能免于这些方法学上的规定，在这方面，达

朗贝尔乃是伏尔泰的学生。达朗贝尔为法国《百科全书》所写的序言曾经对哲学与文学产生了决定性的影响，其所以如此，就是因为他率先从一个全新的观点来观察科学的发展。达朗贝尔并不把这发展视为单纯学术知识之累积，他把它视为知识观念（idea of knowledge itself）的自我发展，这发展与求知方法的发展密切相关。他要求建立一门哲学的科学，以探求史学的一般原理，而依据这些原理来处置科学史。他在其《哲学之要素》（*Elements of Philosophy*）中提出了一套关于知识的广泛计划，在这计划中，他对历史之任务所做的界定，意思也差不多是这样。"有关艺术与科学的一般历史和分类历史，包含了四大主题：知识、意见、争论与错误。知识之历史把我们的财富——或者更恰当地说，我们的贫困——显示给我们看。一方面，它让我们看清我们所知的是多么的少，以使我们谦卑；另一方面，它则让我们看清已经能够有效使用的少数几个清楚而确定的概念，以鼓舞与激励我们。意见之历史教示我们，人类或者由于情势所逼，或者由于欠缺耐性，如何以概然性代替真理；它还教示我们，经过几个世纪连续的努力，不断深入研究的结果，起先仅是概然的知识最后如何变成了真确的知识。它为我们以及我们后代的研究提供了许多事实以待证明，提供了许多观点以待追究，提供了许多揣测以待检证，提供了许多不完整的资讯以待补充……。最后，错误之历史……则教示我们，不可轻易信赖自己与别人；它指示我们哪些路曾经引我们离开真理，以帮助我们找出正确的道路。"

达朗贝尔所陈述的这个计划，就科学史这方面来讲，已经被他最有天赋的一名学生漂亮地加以执行。拉格朗日（Lagrange）的《分析的力学》（*Analytical Mechanics*）为我们提供了科学史的一个典范，这个典范甚至到今天都还没有被超越。其后的同类著作，如杜林（Eugen Duhring）的《力学一般原理批评史》（*Critical History of the General Principles of Mechanics*），大抵都谨守拉格朗日所树立的这个方法学上的典范。但达朗贝尔自己却较此更进一步，他不但认定历史有理论的价值，而且认定它有道德的价值，他期望历史能够增广有德者的见闻而有助于其道德修养。"史学在两个地方会涉及哲学，其一是有关其确实性的问题的地方，其二是有关其效用的问题的地方。智者或者把世界舞台上的人类当作一群演员，或者把他们当作旁观者。他不偏不倚地静观才智之士的言行，就像他在静观物理世界一样；他以他观察自然现象时那样的谨慎去倾听作家所做的报告。他细察真实者、概然者与虚构者间的微妙区别。他明白诚实者与谄媚者、偏颇者与怀恨者所言之不同，因此他得以决定可信性的程度，以及种种证据的重要或不重要。以此他细心研究过去的一切，以求更清楚地认识他同时代的人。对于普通的读者，历史不过是一些满足好奇心的材料，乃至只是供其暂时逃避烦人事务的避难所；对于哲学家，它却是人类理智与道德的宝藏。如果这个宝藏都是由智者所收藏的，它一定会更加完备；不过，尽管它还不够完备，它还是包含了最伟大的教诫。其情况犹如医学知识之累积，虽然其累积仍在不断扩充，永远都不完备，但它毕竟构成医药科学之主体。"[①]就这样，启蒙运动看出可以由历史而对人类做一种哲学的研究。它所构想的有关人类的这种研究，也就是康德在其演讲中系统地加以阐释与讨论的一般人类学。正是受到这个构想的影响，狄德罗才会率先从事建立批判的历史哲学之尝试。他在《百科全书》中论述各种哲学体系的论文，虽然缺少原创性，虽然他一直依赖培尔、布鲁克（Brucker）以及德朗德（Deslandes）之《批判的与哲学的历史》（_Critical and Philosophical History_，1756），但是这些论文却也充满一种新精神，特别是在记述近代哲学的地方——也就是记述霍布斯、斯宾诺莎与莱布尼茨哲学的地方。在这些地方，狄德罗对他们学说的内容以及发展之历史条件所做的分析，逐渐多过单纯对其意见之胪列。

作为 18 世纪之特征的分析精神，也支配着史学的领域。这个精神，在对待历史现象时，倾向于强调其一致性与常恒性，而不着重其

① 达朗贝尔，《哲学之要素》第三节。

变化与迁流。只有一位 18 世纪的思想家在这方面能够保持其独立的
态度，而不愿流行的倾向。这位思想家就是休谟。休谟不敢苟同启蒙
时代一般形态的历史哲学，犹如其不敢苟同其知识论或宗教哲学。在
他身上，静态的历史研究法开始被搁置不用——这种研究法原以认知
人性中的不变属性为目的；他更留意历史历程本身，而不太重视被看
作这历程之先决条件的某些实体。休谟不但以一名逻辑学家的身份，
而且以一名历史哲学家的身份，批判实体（substance）概念。他并不
把历史描写为一个稳定的发展，他喜欢其不停的变化，喜欢观察其历
程本身。他既不在这历程中找寻任何"理性"（reason），也不相信真
有这个东西存在；导致他一再回头去研究事物之迁流的，与其说是一
种理想的兴趣，不如说是一种心理学的和美学的兴趣。在他看来，在
历史中，"想象"（imagination）占有决定性的优势。在他的知识论中，
他就以想象来对抗理性，并且坚持它的重要。休谟认为想象是构成一
切历史思想的一个基本力量。"事实上，对心灵而言，最惬意的事莫
过于回到太古之世，观察初民社会如何开始其对艺术与科学之探索，
观察其政府之政策以及谈话的礼仪如何渐趋精良，观察其生活中的
点缀如何渐趋完善。"[①]这番概述中，休谟并未设法预测历史之最终目
标，他只是深深为繁复的具体材料所吸引。历史，虽然它的终极根据
我们所知甚少，但对休谟而言，却是心灵之最高尚、最美妙的消遣。
"相形之下，占去我们这么多时间的其他那些无聊的消遣会更令人满
意、更值得我们关注，从而更令我们喜爱吗？会使我们去找那么差劲
的乐子，这眼光该是多么离谱！"尽管休谟这么推崇历史，这么赞美
历史，把它当作人生之最高尚的装饰，他也并未抑制对它的怀疑。如
果我们把休谟对史学的赞美和 18 世纪对历史所怀的期待、要求、理
想比较一下，我们一定会发现其间的对比十分强烈。关联于这些理想
来看，休谟的话便不免显得很空虚，它们带有一种无奈的味道。一幕

---

① 休谟，"关于历史研究"（Of the Study of History）（《道德、政治、文学散论》[*Essays
Moral, Political and Literary*] 中之一篇）。

一幕展现于我们眼前的历史是多么活灵活现呀！眼看着最兴盛的王国如何兴起、如何进步、如何没落，以至完全绝灭，一一检视其所以伟大的美德，以及导致其覆亡的恶行，这是多么令人赏心悦目的乐事！"总之，在回顾中看着所有人类——在我们面前经过，大家都揭去了他们在世时使人迷惑的假面具，完全以各自的真面目呈现。这是何等动人、何等多彩、何等有趣的景观呀！世上还有什么娱乐——不管是官能的或想象的——可以跟这相比的？"① 何等的景观——但也仅是景观而已。因为休谟不相信有可能抓住自然历程之究极意义，不相信有可能将其计划揭示出来。他弃绝了一切关于事物之内在关系的问题，而满足于外表的景观，根本不想用任何一特定观念把历史所呈现在他眼前的变迁的场景串联起来。不过，如果我们只是一味从消极的一面去考虑休谟的怀疑论，我们也无法给予它一个公平的评断。尽管它有破坏的倾向，这怀疑在史学上仍然发挥了一个重要的功能。因为休谟之抗拒轻率的判断，与关怀纯粹历史事实，不但意味着一个方法学上的警告，也意味着一个方法学上的新定向。休谟的学说强调个别事物之独特性与特殊状态，使得我们不得不正视其存在。不过休谟这方面的思想还得再向前推进一步，在哲学上才能赢得其一定的地位，而这一步却不是休谟所能迈出的。个别事物光是被当作"事实层面的事情"（matter of fact）而提出来并不够，它还得被当作一个问题而提出来。光是把事实综括起来而成为一个独立的领域，并用以与理性领域相对峙是不够的；个别事物在理性领域中究竟占有怎样的一个地位，还得加以确定才行。这个深一层的要求，就是要求提出一个关于个体人类的新概念，并且勾绘出它的各种含义、它的应用与限制。这要求自是比较难以实现的。休谟的怀疑论与经验主义不足以承担这个任务。要达到这个目的，18世纪还得另辟新径，并且找出一位新的领导者。它必须设法开发埋藏在莱布尼茨学说中的方法学宝藏，因

---

① 休谟，"关于历史研究"（Of the Study of History）（《道德、政治、文学散论》[*Essays Moral, Political and Literary*] 中之一篇）。

为这个学说在其有关单子的原理中已经对个体性问题有过最清楚的交代，而且已经在宇宙间给了个体性一个中心的地位。

四

莱布尼茨的实体观念也有意要表明：变化之中有不变者。不过它有一个突出之点，那就是它把一与多的关系，把持久与变迁的关系，都看成一种纯粹的相互的关系。莱布尼茨不愿使多从属于一，使可变的从属于不变的，他以如下的假设为出发点：相互关系的两者都通过对方来说明自己。因此，真正的知识不可能只是关于持久者或只是关于可变者的知识，这种知识必须揭示这两者之相互关系与相互依赖。法则与实体之前后一致性，必须通过在不断变迁中的实例而加以说明。一点也不错，它确实只有在变迁中才能显示。实体固然持续存在，但它的稳定并不意味静止不动；相反，这稳定正是由它之不断前进而显示出来。在此，一个动态的实体概念完全取代了以往的静态的实体概念。只有当它是一股力量，只有当它证明它是直接活动的而且在其一串活动中显示出自己的本性时，我们才说实体是一个主体或本体。实体之本性，要点不在于它是自我包含的，而在于它是果实累累的，在于它会产生日新又新的事物。它的稳定就在于这个不断生出新内容的能力，在于经常造出现象。这些现象自是事先已在实体之本性中形成的，世上绝无所谓后成（即完全由外力制约而新形成）这回事。任何看似受到外力影响才由实体自然增长的东西必然早就根植于实体自己的本性了，必然事先就已在这本性中形成与决定了。不过这决定可别被想成僵硬的固定模式。实体之圆满见诸其发展之完成，其中间与结尾完全与其开端同样必不可少。莱布尼茨以单子之同一性为单子之本性的基础，但他又把连续性包含在此同一性之中。联结成一体的同一性与连续性便是单子之全体之基础，它们构成了它的完整性与整体性。

　　莱布尼茨形而上学的这个基本概念代表了对历史世界加以了解与征服的第一步。但是还要经过很长的时间才有人接着迈出第二步、第三步，才有人把这个概念自由地加以阐发。在此之前，沃尔夫的体系也没有完全排斥历史的事物，它还设法在历史的事物与理性的事物之间建立起一种严格的关系。在沃尔夫的知识论中，每一门特定的学科都被分为抽象理性的、具体经验的与历史的三部分。在这个体系的结构中，经验完全可以受到公平的对待；经验物理学补充了一般宇宙论之不足，经验心理学补充了理性心理学之不足。但是沃尔夫所争取的平衡却无法单凭方法而加以维持。因为这体系之形式本身，由于其数学的演绎与证明，就是达到这个平衡的障碍。哲学，由于其工作之性质，先天上就注定其为理性事物之学，而非历史事物之学，注定其为可能事物之学，而非事实与现实事物之学。因此，严格意义的历史哲学实非沃尔夫之体系所能接受，因为它一定会把理性的知识和事实的知识这两种不同模式的知识混合起来，一定会抹除了其间的界限，也就是其中一定会有由一种知识"变形而为另外一种"（transformation into another kind）的情形存在。哲学的对象不是事实之世界（历史只与这世界有关），而是存有之根据之世界；充足理由律则是哲学之指南针与第一公理，即使是在它与经验事实发生关系时亦是如此。然而上述存有根据之普遍性与必然性却是与一切历史事物之独特性与偶然性完全冲突的。历史绝对无法达到像数学和哲学那样的清晰明白，因此历史不容进入知识与哲学之堂奥。

　　但现如今，从另外一条路径，历史似乎进入了这个堂奥。哲学因其抽象的纯粹性自是跟历史的事物风马牛不相及；它以为它能够防护自己不受这类知识侵扰，而事实上也不得不这么做。可是神学却率先打开了它的边界，撤去了信仰之独断性内容与历史性内容之间的樊篱。我们在前文已经谈过这发展是如何开始的，以及是什么理智的动机促使它如此。[1] 在德国，一直跟着这发展前进的乃是莱辛。他的

① 见本书第四章第三节。

《人类教育》调和了宗教的与历史的知识，并且承认历史的知识乃是宗教之必需而不可缺少的要素。但是莱辛所考虑的还只限于与宗教信仰有关的历史，他还没有把世界史本身考虑在内。当然，他并不怀疑天命"插手"（has had a hand in the matter）于世界史，只是他不敢擅自揭发其秘密。在这方面，总其成的乃是赫尔德。整体说来，他的成就可以说是无可比拟的，而且的确是空前的。这成就宛如从天而降，完全是无中生有；它无疑是出自一种对历史的事物的直觉，这直觉之纯粹与完美简直无可比拟。不过，要不是赫尔德早就具备了应有的理智工具，这个关于历史世界的新概念也不可能恰当地被建立起来，不可能有系统地被发展出来。他的历史形而上学是以莱布尼茨的中心学说为基础，他对历史的敏锐直觉却自始就保护着他，使他不致套公式般应用这学说。因为他并不只求知道历史发展的梗概，他还试着去观看摄取每一项个别事物的真相。赫尔德明快地破解了分析的思维与同一性原理之魔咒。历史驱散了同一性之幻觉，它绝碰不到真正同一的事物，没有一样东西会真正以完全同样的形式出现。历史持续不断地带来新的造物，而在每一造物身上赋予独特的形状以及独立的存在模式。因此，每一种抽象的概括对历史都无能为力，任何一般的或普遍规范都不能涵盖它的丰富内容。人类的每一个状况都有其特殊的价值，历史的每一个段落都有其内在的正当性与必然性。这些段落也不是互相分离的，它们只存在于整体之中，也依整体而存在。但每个段落都同样不可缺少。真正的一致正是起于这种完全的异质性，这样的一致只能看作一个历程之一致，而不能看作一堆存在事物之同一。因此，一名历史学家的首要任务便是时时修正自己的标准，使其适用于他研究的对象，而不是反过来削足适履地把他研究的对象套进一个一式的固定模型。讲到埃及的时候，赫尔德说道："从他的国家和时代的脉络中，从他青年期的人类精神中，抽出埃及人的一项德性，然后以另一个时代的标准去衡量它，乃是愚蠢的做法。尽管希腊人在判断埃及人的时候有过极大的错误，尽管东方人曾经痛恨埃及人，但在我看来，我们第一个想到的应该是把他放在适当的位置观看。否则我们所有看到的（特别是从欧洲的观点去看）一定是一个极尽扭曲之能事的滑稽形象。"历史应该放弃一切笼统的描述，而且也能够做到。"让一个人来描绘一个民族、一个时代、一个地区，他描绘出来的会是怎样的一个东西呢？让他记述几个相继而起的民族之事迹，让他记述几件如海浪般接续变化的事件，他描绘出来的会是怎样的一个东西呢？他的言辞所形容出来的会是怎样的一个东西呢？……凡是曾经察觉单是一个人的性情已是如何难以言喻的人……凡是曾经注意到一个国家的特征底下蕴藏着多少东西的人，……这样的人一定深知想洞察这些东西简直就像想以一瞥，一个感觉，一个字看尽、摄尽、道尽一个国家的全部底蕴一样！言辞所能够传达的影像是如何的暗淡模糊呀！我们还得在言辞之外加上关于生活模式、习惯、需求、地理与气候特质等的鲜活的肖像，或者把这些东西一一引介在人们面前；为了要了解一个国家的一个欲求和行动，一个人一定要跟这个国家一起感觉、一起呼吸；为了要找出适当的言辞去表达一个国家的欲求和行动，为了要就其多彩多姿的面目去思想它们，一个人一定要同时感觉到这所有的欲求和行动，否则一个人所读到的不过是一堆言辞而已。"[1]在找寻适当的言辞以形容其所要形容的事物上，赫尔德的才能是永不竭尽的，这件工作他做得得心应手，这类言辞可以直接在读者的想象中唤起事物的形象，它们不但能够把事物以分析的方式拆解开来，而且能够把它们以综合的形式拼合起来，他竭尽全力去描摹刻画，他在想象中置身于各个不同的时代，最后终得营造出各个时代适切的独特的气氛。他摒弃了"哲学家所界定的一种绝对的、无待的、不变的幸福"（absolute, independent, and unalterable happiness, as the philosopher defines it）之梦想的图像。人性并不是容受这种幸福的地方："它（人性）在每个时代享受它所能享受的幸福；它是可塑的泥土，可以

---

① 《赫尔德全集》第五卷（Suphan 编）"Auch eine Philosophie der Geschichte zur Bildung der Menschheit"。

接受契合于不同情境、不同需求、不同苦恼的不同形式。……一旦对幸福的感觉变了，一旦另一种外在的境遇与需求形成并进而维持着另一种感觉，谁能比较不同世界的人对不同感觉的满足呢？……每个国家都有它自己的幸福的定义，就像每个圆都有它自己的重心。"天道所追求的并不是单一性与一致性；它企求的是通过变迁、通过新力量的不断产生与旧力量的不断消逝，以达到它最后的目标："北方山谷中的哲学家，手中持着你的世纪的幼稚尺度，你难道懂得比天道还多？"①以这几句话，赫尔德完全与他的时代分道扬镳。在18世纪的历史哲学中，我们还没有听过类似这样的话，它们对孟德斯鸠而言，也像对伏尔泰或休谟一样的陌生。可是，尽管赫尔德远远跑在启蒙时代的知识界前面，但他与他的时代脱节倒也不是突如其来的。也只有循着启蒙运动所照亮的道路继续走下去，他的进步与超越方才可能。这个时代铸造了最终用以打败它自己的武器；以它的清楚与一贯，它确定了赫尔德据以推论的若干前提。赫尔德之征服启蒙时代，乃是启蒙时代之自我征服。它是真正意味着胜利的那种败北，事实上，赫尔德的成就正是启蒙运动哲学在知识上的最大胜利。

———————
① 《赫尔德全集》第五卷。

第六章　法律、国家与社会

一　法律与不可让渡之权利的原理

18世纪哲学的基本面貌之一可以从如下的一个事实看出：尽管它热切希求进步，尽管它努力要破除旧的法典而开创生活的新局面，但它却又一再回顾始终存在着的那些哲学问题。有人反对笛卡儿，说他试图建立一套全新的哲学。针对这项指控，笛卡儿宣称：他的学说大可自命老大而要求长者的特权，因为它完全基于理性，而且依照严格理性的原理而建构。理性具有长子的权利，比障蔽它达数百年之久的种种意见或偏见都要年长。启蒙运动哲学服膺这句格言。它反对一切知识领域中之惯例、传统与权威的力量。但是它并不认为这个反对只是一种消极的和破坏的工作；它认为它是在清除历代的碎砖破瓦，以使知识殿堂的基础得以明白呈现。它认为这些基础是不会改变、不可动摇的；它存在的年代就跟人类本身一样久远。因此，启蒙运动哲学并不把它的工作理解为一种破坏行为，而视之为一种重建行为。在它最大胆的革命中，启蒙运动所求的也不过是"恢复完整"（*restitutio in integrum*），通过这行为，理性与人性可望重获它们古代的地位。启蒙运动的这个双重倾向，在历史上表现为它一方面与既存的秩序以及最近的过去相搏斗，一方面则又不断回顾古代的思潮与问题。在这方面，它可以说学习了文艺复兴的榜样，后者的知识资产完全为其所继承。不过，作为一个纯粹的哲学运动，启蒙运动显然比文艺复兴运动的人文主义更能自由地处置它之继承物，后者只在学术研究的范围内有过若干作为。启蒙运动只选取了这些继承物中适合它思考方式的某些基本成分，其他的则一概弃之不顾。不过，在这选择中，启蒙运动却常常能够成功触及它的问题的真正根源。法律问题的情形正是如此。这个时代的思想家从来不满足于研讨历史上种种约定俗成的法律，他们要追溯的是"我们与生俱来的法律"（the law we were born with）。而在为这种法律辩护且证明其为正当的过程中，他们竟回溯至我们最古老的法律遗产，回溯至柏拉图有关这个问题的彻底陈述。启蒙运动哲学再度面对了柏拉图关于公理（right）与强权（might）之关系的问题，把这个古老的问题收纳而为其知识背景之一部分。在两千多年之后，18 世纪终于再度建立起跟古代思想的直接接触。这个事实，不论就历史方面而言或就思想方面而言，都同样意味深长。此时，在柏拉图《理想国》（Republic）中分别由苏格拉底（Socrates）与色拉叙马霍斯（Thrasymachus）所主张的两大论点再一次针锋相对地呈现在人们面前。当然，它们这一次是以不同的外观而呈现，也基本是在完全不同的概念世界中被陈述。但是，这些改变并没有破坏两个世界之间的内在血缘与客观关联。不同时代的语言呈现着一种相同的辩证法，这种辩证法对此前一切致力于调和两个论点的努力都不屑一顾，仍然努力求取一个清楚而根本的解决办法。

柏拉图所提出的有关正义（justice）之本性与本质的问题，并非仅仅涉及一个观念及其哲学解释的孤立问题。它无法与一个更广泛的问题分开，这个问题就是关于一般的概念之意义与本性的问题。只有这个更广泛的问题解决了，关于正义之本性与本质的这个问题才能获得解决。我们的逻辑和伦理概念是不是表达了独立存在的明确客观内容？或者这些概念只是一些言语符号，我们可以随便把它们和某些内容联系在一起吗？真有同一性、美、正义这类东西独立存在吗？或者我们只是徒劳地在变动不居的种种观念与意见中找寻真正前后一致的东西？有没有一个基本而原初的形式（form）是这些概念所力求体现的，是这些概念所符应契合的？或者上述关于基本原初形式的这个问题本身就是一种误解与自欺？以上这些问题（即有关一般的概念的问题）的解决，与《高尔吉亚篇》（Gorgias）①和《理想国》中涉及正义之本性的辩论关系重大。如果在仔细检验之下，正义之观念并未显现为一个固定不变的意义，而只显现为想象的一个一时的虚构之物，那么，其他一切拥有观念之名的东西也都不能免于这同样的命运。那么，观念便只是存在于心灵之中，而不存在于自然之中了。它只是因定义而存在，由定义而决定其内容。为了要使法律之基本内容在其最真实、最深刻的意义上不与权力相掺杂，为了要使这内容免于以权力为基础，柏拉图才会提出前述的那个紧要问题。这真是攸关伦理与逻辑之存亡的大问题。其后的历史中，强权与公理的结合越来越不如以往那么紧密。柏拉图所提的这问题在方法学上的意义也越来越难以精确地被了解，不过它的内容仍然没有失掉生命，而且总是通过某种方式成为以后每种法律与国家学说之一个成分。

　　直到17、18世纪，柏拉图的这个问题才又一次呈现在人们的眼前，且其内涵仍然像以前那样牵涉广泛。其所以如此，格劳秀斯是一个关键。他不但是一位政治家和法理学家，而且是一位人本主义者；他是人本主义运动中最重要的独立的思想家。他努力在每方面建立起跟古代学说的直接接触。在他有关社会与法律之起源的学说中，第一个回顾的就是柏拉图的学说，其后则是亚里士多德的学说。在柏拉图学说中，法律问题是起于伦理学与逻辑之相互关系，在格劳秀斯的学说中，法律问题则与数学问题互相关联。这种综合是17世纪思想倾向的一种典型特征。因为在这个世纪，数学是柏拉图之"观念"（idea）复活的媒介与工具。自然科学与抽象科学都是朝着同样的一个方向前进。不过在方法上把法律问题与数学问题如此关联起来，猛一看似乎会给法理学带来若干困扰与危险。因为这样

---

① 为《柏拉图对话录》之一篇。——译注

固然可以使法律概念更接近于理念界，但也因而会使它更疏远于现实界，使它在经验世界中的应用成为问题。它会离开事实的、实在的、现行的事物这一端，而趋近可能的事物这一端。后来，莱布尼茨宣称：法理学属于一门学科，这门学科不依赖经验，只依赖定义，不依赖事实，只依赖严格的逻辑证明。这可以说完全是格劳秀斯观念之引申，是从格劳秀斯观念推演出来的一个明确的结论。因为经验绝不能把法律与正义本身的面目显示给我们看。法律概念与正义概念都包含了对应（correspondence）之概念，亦即和谐（harmony）与相称（proportion）之概念。这概念即使根本不体现于现实世界的具体事例中，也仍然不减损其正确性。在这方面，法律倒与纯粹算术很相似，因为算术涉及数的本性与关系，其中含有永恒与必然的真理，这真理是永远一样的——即使整个经验世界都毁灭了，没有人去计数，也没有东西可以被计数。在他代表作的序言中，格劳秀斯的论证也正是环绕着如上的类比而展开。他明白宣告：他涉及战争和平法律的诸般推论，并不是为了解决特定的具体问题，并不是为了解决当时的政治问题而设。在这段告白中，格劳秀斯说：他把有关现实的一切考虑一概置于背景的地位，他只像数学家处置数字一样，离开具体事务，完全从事抽象的研究。对法律的这种数学式的处置方式，在自然法（natural law）学说之后的发展过程中，甚至变得比以前更为明显。普芬道夫（Pufendorf）就曾经强调说：虽然自然法原理应用在某些具体案例中难免引起人们对其正确性的怀疑，但这并不表示这些原理不健全；相反，它们犹如纯粹数学的公理一样可以证明。自然法学说之所以像这样把法律与数学牵扯在一起，乃是因为它认为它们两者象征着同样的一个基本能力。自然法学说把法律与数学视为理智之自动性与自发性之最佳证据。正如心灵能够凭借其"天生观念"完全从它里面建构出一个数与量的世界，心灵在法律领域也具有同样的建构能力。在这里，理智也能够而且应该从自己身上创造出一套基本规范，然后根据这套规范设法订出各种特殊的规范。因为唯有如此，它（理智）

才能超越事实事物之偶发的、孤立的、表面的本性，而完成一个法律体系，在这个体系中，每一样东西都被纳入整体之中，每一项个别的决定都得到整体之本性的认可与肯定。

不过，有关自然法的上述基本论点如果想赢得普遍的接受，还得先克服两大障碍，击溃两大劲敌。一方面，法律必须肯定它是原发的而非衍生的，是经过理智独立创造的，而不是根据神学教条订定的，它必须挣脱神学危险的怀抱。另一方面，纯粹的法律领域必须确立起来，而与国家领域严格分开，其独特的本性与特殊的价值必须加以严密保护，以免受到国家专制主义之侵害。关于近代自然法之根据的一场大争论就是在这么两条战线上同时展开的。一方面要对抗极度的专制政治，一方面还得对抗神权政治的观点——也就是反对主张法律出自人类理性所无法了解的全然非理性的神意。在以上两种局面中，都必须推翻"意志代表理性"（will stands for reason）这格言。加尔文就曾经诉诸这句格言，以表明：一切法律分析到最后无不根据于神的无所不能，这神明的能力是绝对不受限制，也不受任何法则与规范所约束的。加尔文教义学的核心，特别是命定论（predestination）的中心学说，正是存于这个见解之中；拯救（salvation）与罚入地狱（damnation）两说都蕴含于这个见解中。对于神明何以拯救某些灵魂而不拯救其他灵魂，是没有什么道理可说的。你质问这么做的理由何在，公平不公平，即表示你怀有一个错误的假定，即假定人类的理性高于上帝自己。判定绝大多数人类下地狱而赦免少数选民的，乃是上帝之绝对的权力；拯救与罚入地狱，都没有任何人类所能领会的"理由"（grounds）。关于自然法的哲学问题就是由这个宗教问题所引起的。格劳秀斯是尼德兰（Netherlands）地方阿明尼乌主教（Bishop Arminius）领导的教派运动之精神斗士。他护卫阿明尼乌派教徒以及荷兰新教抗辩宗（Remonstrants）的行为，不但深深影响了他个人的命运（阿明尼乌的教义受谴责之后，格劳秀斯被解除了职位，而且下了狱），也影响了他整个学术与文艺活动的经历。他跟伊拉斯谟站在完全相同的立场，他护卫人本主义的自由观念，对抗宗教改革者加尔文与路德所重振的主张神意至上的基本论点。这时他发现他同时还得对付另外的一个敌人。正如他不得不与上帝之无所不能作斗争，他也不得不对抗国家之无所不能 ①——霍布斯曾经传神而意味深长地称国家为"世间的上帝"（mortal God）。格劳秀斯这时所面对的乃是文艺复兴运动以来新近发展出来的一个近代观点。在马基雅维利的《君主论》与博丹（Bodin）的《理想国》（*Republic*）出版之后，已经有越来越多的人在强调：掌握最高政治权力的人无须接受法律的约制。为了对抗上述两种倾向，自然法的鼓吹者提出他们的基本论点：早在一切人类的与神明的权力存在以前已有一种法律存在，这种法律是独立于这些权力之外的。这种法律概念并非植基于单纯权力与意志之领域，而是植基于纯粹理性之领域。凡是这理性认为"存有"（being）的，凡是带有这理性之特性的，便不是任何政令或天命所能改变或剥夺的。就其最基本而原始的意义而言，就"自然法"这意义而言，法律绝不可被视同任意而立的法案之总和。法律绝不是被制定和被颁布的那些东西之总和，相反，它是安排一切、摆布一切的东西。它是"发令之令"（ordering order），不是"受令之令"（ordered order）。完美的法律概念无疑预先假设了一种足以影响个体意志的戒律之存在。不过，并不是这个戒律造成了法律与正义观念；反之，它服从这观念；它使这观念得以执行。不过我们可别把执行法律观念与证明这观念为正当两者混为一谈。正如我们在其《战争与和平法》（*On the Law of War and Peace*）序言中所见的，格劳秀斯在如上的基本学说中把关于自然法的柏拉图主义发挥得淋漓尽致。正如柏拉图学说中的造物者（demiurge）并不是观念（idea）之创造者，而只是依照观念而塑造现实世界的人（观念则被当作永存的模型，非外力所制造出来的），格劳秀斯认为在政治与立法的领域，立法者也只是依照

① 格劳秀斯在尼德兰对抗加尔文教与国家绝对主义的战斗，后来又在英国重演，不过这次的主角换成剑桥学派，其方法与历史条件均与前者类似。

自然法这模型而立法。在他制定各种成文法的时候，立法者总是依照
这个绝对的普遍有效的规范而行事，这个规范永远在那里作为他和其
他人之意志的准绳。就是在这么一个意义之下，格劳秀斯说出了他的
那一句名言：即使我们认为没有上帝，或上帝不管人间事务，自然法
之命题仍然不失其效力。这句话的用意并不在制造宗教与法律以及宗
教与道德之鸿沟。因为就其整体人格而论，格劳秀斯乃是一位极富宗
教情操的思想家；他对道德改革的关怀，绝不亚于对法律观念之理智
基础等等的关怀。因此，他所说的"即使不假设神明存在，法律也能
够而且必然存在"这句话，便不应该被理解为一个论点，而应该被理
解为一项假说。因为正如格劳秀斯随即补充说明的，如果把这句话理
解为一句断言的陈述，它便将成为一派胡言。但是作为一项假说，这
句话倒可以用来清楚地确定道德与宗教的能力范围——格劳秀斯还把
道德与宗教视为一个整体。法律并不是因为有上帝存在才有效，它也
不基于任何存在——无论其为经验的或绝对的。它生于纯粹的善的观
念，生于柏拉图所谓的超越时空质力的那个观念。法律观念的这个超
越性——它把正义与善提升到凌驾一切存有的地位，它不容许我们把
法律的意义建立在任何现存的事物上——是格劳秀斯所再三强调的。
这点比他之"发现"自然法更应该视为他对哲学与知性活动史之真正
贡献。基督教支配下的中世纪也曾坚持自然法的观念。这个观念是
它取自斯多葛学派的。经院哲学承认：在"神律"（lex divina）之外，
还有一个属于"自然法"（lex naturalis）的特殊的、相对独立的领域。
法律并不是毫无例外地从属于、由来于神示；人们还主张有自然道德
以及关于法律的自然知识存在，这些东西是在人类堕落以后尚为理性
所保有的，人们认为只有预先假定有这些东西存在，才能设想人在蒙
受神恩之后恢复原初的圆满知识。可是中世纪无法容许自然法有完全
的自动性，犹如它无法容许自然理性有完全的自动性。理性仍然只是
神示之仆人。它在灵魂与心灵领域中的任务是导致神示，是为神示而
铺路。因此，自然法终究是从属于神律的，虽然它获得了相当程度的

承认。阿奎那（Thomas Aquinas）把自然法与神律两者都称为神圣存有之辐射——一者为达成尘世的目标而设定，一者为达成彼岸的目标而由神示所颁布。格劳秀斯超越经院哲学的地方，在方法方面多于在内容方面。他在法学领域所完成的工作，相当于伽利略在自然科学领域所完成的。他指出了法律知识的一个来源，这个来源不是神示，它以自己的本性证实自己，也凭这本性避免玷污与歪曲。正如伽利略肯定了数学物理学之自主，并为它辩护，他也肯定法理学之自主，并为之辩护。他自己似乎也认清了他与伽利略的这个关联。他对伽利略推崇备至，在一封信中且称伽利略为他那个时代最伟大的天才。在17世纪思想中，"自然"（nature）这个概念和字眼涵盖了两组问题，把它们概括在一个单位里面。这两组问题，我们在今天是把它们分开的。在17世纪，自然科学并未与抽象的学科分开，更没有人认为这两类学问在本性与真确性上是对立的。因为"自然"一词并不只指物质存有领域而把心灵与灵魂划开，它并未把"物质的"（material）事物与"精神的"（spiritual）事物对立起来。当时，"自然"并非指事物之存在，而是指真理之起源与基础。凡是不经超越的神示即已足够确定明显的真理都隶属于自然。这类真理并不只是要在物质世界中去找寻，也要在理智与道德世界中去找寻，因为这两大世界合起来才构成一个真实的世界，构成一个自足的宇宙。

18世纪仍然维持物质世界与精神世界的这个联结。孟德斯鸠最初是一位经验科学家[1]，但科学家的工作却使得他逐渐走上分析法律与政治制度的路。作为一位法理学者，他所问的问题，也正是作为物理学家的牛顿所问的问题。他不满足于经验层面的政治世界中的种种法律，他还要追溯这些法律所依的少数根本原理，这些原理正是"法律之精神"（spirit of laws）所在。经过一番探讨，他终得以开始他第一步的工作：阐释法律概念。他是以这个概念之最广泛的、最普遍的意义来阐释它，并不把它局限在任一特定的事实资料之范围。孟德斯

---

① 见本书第二章第一节末。

鸠明言："就其最广义而言，法律乃是事物之必然关系，这关系源出事物之本性。"[①]这"事物之本性"(nature of things)存在于现实事物领域，也存在于可能事物领域，存在于事实存在的事物领域，也存在于纯粹概念的事物领域，存在于道德的世界，也存在于物理的世界。绝不容既有的异质性阻碍我们找寻隐藏的一致性；也不容偶然的存在蒙蔽了我们对必然的存在之认识，妨害了我们对事物必然的秩序之知识。在这么一个基本概念的启发之下，孟德斯鸠甚至在他的《波斯人信札》中已一再提到格劳秀斯所据以建立其自然法的基本原理。正义是一种关系，不论其所涉及的事物是什么，不论是由上帝或由天使或由人类来设想它，这关系永远如是。既然上帝的意志总是与袘的知识相协调，袘便不可能抵触已知的关于公正之永恒规范。因此，即使上帝不存在，我们也应该爱正义，而且去做我们能力所及的每一件事情，以使我们肖似心中构想的那个崇高的存有[②]，这个存有如果存在的话，必然是完全公正的。有朝一日，如果我们摆脱了宗教的枷锁，我们也还应该遵从正义法则。法律，犹如数学，自有其客观结构，不是任何随便的念头所能改变的。"在还没有颁布法律之前，公正的关系便已有可能。说，除非成文法有所规定，否则便无公正或不公正之可言，无异于说，在我们还没有画出圆圈之前，它的半径是不相等的。"[③]

启蒙运动哲学起先很坚持法律的这个先验性，很坚持对普遍有效且无可改变的法律规范之要求。即使纯粹经验主义者与哲学上的经验论者在这方面也不例外。这点伏尔泰、狄德罗几乎跟格劳秀斯、孟德斯鸠没有什么不同，不过他们确实陷于一个两难之境。因为这种见解怎么跟他们知识论的基本倾向相协调呢？法律概念之必然性与不可改变性如何与以下的一个命题相协调呢？这个命题主张每一个观念都

① 孟德斯鸠，《论法的精神》第一册第一章。
② 指上帝。——译注
③ 孟德斯鸠，《论法的精神》第一册第一章。

生于感官，因此它绝不具有感官经验之外的以及高于感官经验的意义——感官经验是它之根基。伏尔泰清楚地意识到这一矛盾，而且有时对自己的决定似乎很犹豫。不过，最后伦理学的理性主义者战胜了经验论者与怀疑论者。在这点上，他甚至不惜反对他的导师洛克。伏尔泰说：洛克之证明没有天生观念存在，并不意味不能有普遍的道德原理。因为承认这种原理存在并不意味这种原理自始就在有思维能力的人身上呈现且发生作用，而只意味每个人都能自己发现它。只有在某个时间在某个发展阶段才能发现这个原理，并不是每个人在任何情况下都能发现它。不过，这个原理的内容并非因我们的发现而产生，它一直都存在着。"洛克说确实没有天生观念，这点我同意；据此，我们自可以说，没有道德命题天生具备于我们灵魂中；可是从我们并非生来就有胡须就能推论出我们绝不赋有在某一年龄长胡须的能力吗？我们并非生来就有气力走路，但只要生有两条腿的人日后总会走路。同样的，我们并非生来就有行事必须公正的观念；但上帝却已如此造就了每个人的器官，以致大家在某个年岁都会同意这项真理。"[1]
尽管他是研究文明史的史家，尽管他乐于对我们展示人类风俗习惯的不同与冲突，乐于描绘出它们的相对性、它们对于可变而偶然的环境的依赖，可是伏尔泰却始终没有背离过前述的观点。因为他不只一次地相信他已经在变化不定的意见、偏见与习俗之下找到了道德本身的不变特性。"尽管在某一地区被称为善的东西在另一地区可能被称为恶，尽管大多数关于善与恶的法则都像人们说的语言、穿的衣服那样不同；可是我认为：确实有自然法存在，对它，世界各地的人必然一致同意。……上帝固然没有对人说：'这是我亲口授予的法律，我要你们照着它治理自己。'但是祂却对人类做了祂对其他动物所做的同样事情。祂赋予蜜蜂一种有力的本能，借着它，它们在一起工作，并且获得粮食。祂赋予人类若干不可剥夺的感情，这些正是人类社会永

---

[1] 伏尔泰致腓特烈亲王的信，1737 年 10 月。

恒的系带与最初的法律。"[1]为了证明他的这项基本信念，伏尔泰又特地以自然律为比。既然大自然无处不以统一、秩序与完全的规则性为最终目标，怎么会独独遗漏了它最高等的造物——人类？大自然既以普遍而不可违抗的律则统辖物质世界，怎么会把道德世界完全委诸机遇与一时的兴致呢？因此，我们必须挥别洛克，而求助于牛顿及其伟大的格言："自然总是自相协调的。"（Nature is always in harmony with itself.）正如我们在地球上所发现的万有引力定律并不只适用于地球，正如这条定律揭示了遍及全宇宙且把每个质点与其他质点联结起来的一个基本物质力量，道律的基本律则也是通行于我们所知的一切国家的。虽然对这律则的解释随着环境的不同而呈现了千差万别，但其基础却永远保持不变，这基础就是公正与不公正的观念。"在盛怒之下，一个人会做下许多不义的事情，正如他喝醉的时候会失去理性一样，但一旦酒醒了，理性也就恢复了。在我看来，这正是人类社会能够维持的唯一原因。人类本来就互相需要，理性有助于这需要的满足。"[2]要证明上帝之存在以及上帝之善，我们不该求诸物质世界的奇迹（这是自然律之障碍物），而应该求诸以下道德世界的奇迹："奇迹固然是好的，但是去帮助一个人的伙伴，去解除朋友的不幸，去宽恕敌人的行为，却是更为伟大的奇迹，这已经很久不再出现了。"[3]

　　狄德罗也同样对人类不变的道德本性，对出自这道德本性的正义原理深信不移。这个信念成了狄德罗富有弹性与动态的哲学之定点。当爱尔维修在他的书《论心灵》中，试图刨去这个信念的根，当他设法显示一切表面的道德冲动实际上不过是伪装的利己主义时，狄德罗明白地提出异议[4]。他揭橥永恒而不变的道德性。不过他在证明其正当的时候，却循着一条新路径——跟前述自然法学说的取径相较之下。因为见诸18世纪"自然"概念的另一个意义已经越来越能被

① 伏尔泰，《论形而上学》第九章。
② 伏尔泰，《无知的哲学家》第三十六章。
③ 伏尔泰，*Discours en vers sur l'homme*。
④ 见本书第一章第一节末。

人接受。人们注意的重点正在由先验性的一边移到经验主义的一边，由理性的一边移到纯粹经验的一边。人类并非由理性的一个抽象命令所统御与统一，而是由他们的性向、本能与喜好之一致性所统御与统一。我们应该在这里寻求人类之有机的真正统一；也只有在这里，而不在宗教的或道德的知觉中，我们才能找到这统一的真正基础。一旦离开了这个基础，一旦绝弃了推动人类行为的感官自然冲动，任何道德与宗教的超越体系马上就成了纯粹的空中楼阁。因为没有一种道德上的义务（obligation）能够取消或根本改变经验中的人性。这种人性一定会继续出现，而且继续强过任何义务。凡是被认定为人性之敌人的道德体系，一定一开始就注定是无能软弱的。如果它要有效，它就得扼杀人类身上每一种道德上高贵而伟大的情操，以及他的感性与固有的爱与奉献的能力。所以应该让本性来统御，让它只服从它自己而不受任何羁绊。通过这样的自我实现，它也会实现真实而唯一的善，实现人的幸福与社会的福利。就这样，狄德罗完全以功利的伦理基础代替了先验的伦理基础。最初，他是从一个本身即有效而不可改变的法律与正义观念出发，可是他越研究这个观念，越试着精确界定它的内容，他就越相信这内容只能见诸它直接而具体的实施上。他在批评宗教与宗教教条时所一再强调的纯粹伦理主义（moralism）遂渐渐转变成单纯的实用主义。在《达朗贝尔之梦》（*Dream of d'Alembert*）中，埃斯皮纳斯小姐（Mademoiselle de l'Espinasse）对医生的自然主义伦理学表示异议，她质问医生说："难道善与恶（virtue and vice）都是这样的吗？善，这个字在所有的语言中都是如此的神圣！这个观念在所有的国家中都是如此的庄严！"医生回答他说："我们必须改变它，把它改成关于善行（beneficence）的观念，而把恶改成关于为非作歹的观念。人或者生来幸运，或者生来不幸；人总是身不由己地被一股洪流席卷而去，这股洪流可能把一个人带到荣誉之境，也可能把一个人带到耻辱之地。"就这样，狄德罗最后不得不根据自然法与自然道德之有效性以确定它们之优于神学的伦理，他非议神学的伦理与神示的宗教说：它们对社会的影响总是极其有害的。它们切断人与人间的自然系带；它们在最亲近的朋友与血亲之间播下纠纷与仇恨的种子；它们贬低自然的义务，使它们隶属于另一套纯粹出于幻想的义务之下。狄德罗在《百科全书》中所著之词条自始至终都秉持着这样一种想法，而事实上，这种想法也成为整部《百科全书》处理伦理问题的准则。达朗贝尔也谨守这个方法学上的分际。对他而言，纯粹哲学的伦理学也别无目的，除了确定个人在人类社会中的地位，以及教他运用他的能力以增进社会的福利与全体的共同幸福。"我们对同胞的义务，基本上是由理性所昭示的，而且只由理性所昭示，因此，这类义务在一切民族之间都是一致的。对这义务的意识，就是人们所谓的道德……鲜有哪门科学具有更广泛的研究对象与原理，也鲜有哪门科学较之更容易被证实。所有这一切原理都有着一个共同点，关于这个共同点，我们是很难自欺的；这些原理使我们看清：履行我们的义务于我们是多么有益的事，借此让我们认清最可靠的幸福之道。……社会的组成源于若干纯属人类的动机，宗教的力量不与焉……哲学家的责任仅限于将人安顿在社会中，并在社会中指引人的行为；把人引到圣坛之下则是教士的工作。"[1]

　　我们在 18 世纪所看到的人权与民权学说，就是建立在这么一个基础上。它形成了精神的中心，各种道德重建的倾向以及政治与社会改革的倾向都在这里交会，也是在这里，它们找到了它们的统一。近来，论述宪法的著作中，出现了一个普遍的现象，就是试图在历史上把人权观念建立在一个狭窄得很多的基础上。耶利内克（Georg Jellinek）在他的《人权与民权宣言》（*The Declaration of Human and Civil Rights*）中，力辩 1789 年法国制宪大会的《人权宣言》与 17、18 世纪基本哲学概念并无直接的历史关联。他认为美国的《权利法案》，特别是 1776 年 6 月 12 日弗吉尼亚州权利宣言中的法案，才是法国宣言之模范。可是，就算我们同意了耶利内克论点中的肯定部

---

[1]　达朗贝尔，《哲学之要素》第七节。

分——法国宣言之有赖于美国宣言是无可否认而且可以详细证明的，也不能由此推论出他论点的否定的部分——法国宣言与17、18世纪的观念也没有直接历史关联。因为美国宣言本身就受到自然法新精神的影响。美国宣言并非人权与民权之要求所由生的根。它们只是一个分支，是普遍的自然法观念之一个发展，而这个普遍自然法观念则是由某些特定的动机所决定，并由历史环境所孕育出来的。因此，这些宣言绝非仅仅由信仰自由原则以及英国在17世纪为此原则而起的宗教论争就能推演出来的。最近对弗吉尼亚权利宣言的细心研究已经明白指出：这个宣言发表的时候，宗教自由的问题根本没有起什么作用；即使有，也只是次要的作用。反之，有一派思想在当时倒是十分风行，而且早在美国权利宣言的思想出现之前即已广为人知，这派思想正是法国制宪大会的宣言所依据的思想，这宣言正是由它发展出来的一个成熟的果实。这些思想渊源于格劳秀斯有关自然法的观念，然后经过莱布尼茨与沃尔夫德国唯心论法律哲学有系统的辩护与发挥。在英国，洛克在他的《政府论》(*Treatise on Government*)中宣告：个体所订的社会契约绝不是人间法律关系的唯一根据。在所有这类契约性纽带存在之前，先有自然的纽带存在，这种自然的纽带绝不是契约所能创造，也绝不是契约所能完全抹杀的。在一切社会与政治组织之根基存在之前，便有人的自然权利存在。因此，国家的真正功能与目的乃在于容纳这些权利于它的秩序中，借以维护与保证它们。洛克把人身自由与财产权都列入这些基本权利中。所以，有关不可让渡的权利的观念绝不是法国18世纪哲学所发现的，不过确是它最先把它当作一种道德准则而热情地拥抱，并且热忱地宣扬它。由于法国哲学的热烈宣扬，关于这种权利的学说终于被引进现实的政治生活中，并且获得爆炸性的力量，这种力量日后在法国的革命中充分显示出来。根据个人的气质以及奋斗的目标来判断，伏尔泰当然不能算是革命人物；但他也感觉到一个新时代的骤临，而终于成了它的先驱。作为一个理论哲学家与形而上学家，他有关自由的言论是不充分、不明确、不一贯的。在他的《论形而上学》中，他大力为人类意志自由说辩护。他多方阐明：一切反对意志自由（freedom of the will）的立论一旦面对自觉（self-consciousness）所提供的证言，便非溃败不可。在我们每个人心中活生生呈现的自由之感绝不可能是骗人的。因此，单是意志存在这事实便已足以证明它的自由："去希求，去行动，就等于去变得自由。"人类的自由与神明的先见如何能并存不悖，固然是（而且当时仍然是）一个无法解决的难题。但是我们倒无须被它吓倒，因为我们在这里所遭遇的乃是一个极限，这种极限，是我们在一切纯形而上学问题中都会碰到的，也是我们在一切特定问题中都会碰到的①。然而，伏尔泰之后却做了一百八十度的大转变，改持严格的宿命论（determinism）之观点。此时的他指出，自由之感并不抵触这个宿命论，因为人固然自觉自由，但是人之自由并不意味着人可以随便"意欲"（to will）什么，而是意味着人可以随便"做"（to do）什么。因此，人自由并不表示意志（will）自由。意志离不开动机，没有动机的意志是荒谬的，因为这种东西将落在自然秩序的范围之外，并将破坏这个秩序。"自然界其整体和所有星辰都服从外在规律，唯独一种五尺高的动物居然能够不顾这些规律而照着自己无法解释的怪想行动，这未免太奇怪了！如果真有这样的动物，这种动物的行动便是完全出于偶然，而我们知道世界上并没有偶然。我们用这个字，指的其实是未知其原因的结果。"②但是，伏尔泰在有关自由的纯粹形而上学问题上所表现的这种犹豫和不确定，其实不过是他对问题的这个方面不感兴趣的表现。因为在他看来，自由的问题并不属于理论阐释和抽象定义的事，它事关当时最迫切的实际问题。他关于自由的理想生于他对政治的具体观察心得，生于他对各种不同政府形式之比较与评鉴。在当时的欧洲，伏尔泰发现英国的宪法最接近这个理想，因为只有它对每个公民的财产和人身安全提供了真正的保护。凡是了解了

---

① 伏尔泰，《论形而上学》第七章。

② 伏尔泰，《无知的哲学家》第十三节。

这些权利之真相以及其必要性的人，一定会自然产生出维护它们的力量。因此，对伏尔泰而言，自由的概念不啻就是权利的概念。"充分地说，去变得自由是什么意思呢？去变得自由就是去认知人的权利，因为去认知它们就是去保卫它们。"

伏尔泰的所有政治性著作都受到上述自由观的启发。他深信只要把自由观念的真面目显示与人，便足以激起足够的力量以实现它。因此，对伏尔泰而言，犹如对康德而言，"笔的自由"（freedom of the pen）——以言辞与说教影响别人的权利——就是"人民权利之象征"（Palladium of the rights of the people）。"一般而言，我们有一种自然的权利在自负言责的情况下运用我们的笔与舌。我看过许多冗长沉闷的书，但我没看过一本是真正为害于人的。"[1] 只要赢得且巩固了真正的自由，其他的一切便解决了。这是伏尔泰引入 18 世纪哲学中的一句格言。他的这个行为终于激发了后来在法国革命文学中大行其道的那股思潮。这股思潮肯定：自由之第一步实现，国家新秩序之真正理智的组成，在于宣布若干不可剥夺的权利，也就是人身安全的权利、自由享受财产的权力、法律之前人人平等的权利、每个公民可以参与政府的权利。孔多塞主张："只有理性会告诉我们，应该多方寻求可供我们采行的知识。研究不同民族不同国家的法律也只是为了增进理性的历练。"在他的《人类心灵进展场景》（Tableau of the Progress of the Human Mind）中，孔多塞清楚而明确地阐明了那些促使不可让渡的权利之观念产生的各种动机之间的历史关系。他申明一切有关人类社会的知识只有一个目的，那就是保证人类平等而充分地自由行使其基本权利。依孔多塞所见，这个目的已经在美国各州实现了一部分；因此，这些州的卓越之处在于最先将该世纪的伟大观念付诸行动。他追溯这些观念的起源到 17、18 世纪的哲学，并特别推崇卢梭，认为使人权概念成为一项永恒的真理，他的功劳最大。从以上对整个启蒙运动的最后观察，我们再一次看出：法国革命的领导人物对于理论与实

① 伏尔泰，《哲学辞典》（Dictionnaire Philosophique）"笔的自由"条。

践的关联有多么清楚的意识。他们从来不把思想看作与行动分开的东西；他们相信他们能够而且应该直接把其中的一个变成另外的一个，而且以另外的那个来考验它。

二　契约与社会科学的方法

如果我们想了解 17、18 世纪社会科学的倾向，如果我们想对这个时期所发展出来的新方法获得一个清楚的概念，我们一定要把它们和同一时期的逻辑的成长情形关联在一起考虑。这样的一个关联尽管显得有点令人困惑，但它确是这时代的一个基本倾向之特征。甚至早在文艺复兴运动的时日，我们就已经可以越来越清楚地辨识出一种新形态的逻辑之发展迹象。这种逻辑不满足于整理与分类既有的知识，它还要设法变成研究之工具。理性主义与经验主义都同意这个新的逻辑概念，而且携手促进它的发展。培根在他的哲学中设法创造一种知识之工具。莱布尼茨也一再强调：逻辑如想成为真正能带来成果的东西，成为"发明之逻辑"（logica inventionis），就得放弃传统的路线，突破经院哲学的形式。这种理智的冲动，在有关定义的理论中可以最为直接而分明地感觉到。经院哲学通过"高一层的种"（genus proximum）与"特殊差异"（differentia specifica）以定义一个概念的方法，越来越被认为不合适。大家所期待的定义，其目的应不仅是分析与描述既有的概念内容，更应是成为建构概念内容并且通过此建构活动终而确立此内容的方法。由于这个理想，终于有了发生的或因果的定义之学说（the theory of the genetic or causal definition）的产生。对这种学说的发展，凡是 17 世纪的大逻辑学家都出过一份力量。他们认为从含有一大堆属性或特征的一个东西身上抽离出一个成分，然后把这个成分孤立起来，单单对它加以界定，并不能真正有效地说明一个概念。他们宁愿去观察整个东西依之以发生的内在律则，然后在不逾越这律则的范围内澄清这整个东西之本性与行为。他们不只要表明这东西是什么，而且要表明它为何这样。一个真正"发生"的定义可以使我们了解这个复杂的整体之结构，然而，它并不仅止于让我们了解这结构本身，它还要追溯它的根本。霍布斯是近代逻辑学家中第一个把握住这"因果的定义"之要旨的人。他不仅仅把他的发现视为一项逻辑的改革，他认为这是哲学知识理想本身之一项改造。他指责经院哲学说：经院哲学自以为能够了解存有，而事实上它只是把存有当作具有若干静态属性与特征的被动之物。结果它根本无法掌握物质的自然之结构，因为自然与思想都只能在历程中加以理解。我们只能了解我们能使它在我们观察下发展的东西。不存有（not-being）的概念超乎我们知识之范围，上帝或神知等永恒的非经创造的存有也不是人类所能理解的。如果我们想"认知"（know）某一个东西，我们就得自己把它构造起来，就必须使它从其诸多个别成分中发展出来。一切科学，包括关于物质世界的科学和关于理智世界的科学，都得以这个制造知识对象的举动为中心。凡是我们无法施展这个举动的场合，理解都派不上用场。凡是没有可能制造知识对象的地方，也没有可能获得合理的、严格的哲学性的知识："举凡没有生产的地方……也见不到哲学。"[1]

看过了上述对哲学工作的初步说明，我们便可以来探讨霍布斯的社会哲学。他有关国家的学说只在一个意义上可以算是哲学，那就是它符合知识之普遍方法；霍布斯本来就是把它当作这个方法在一个特殊对象上之应用。因为国家也是一个"物体"（corpus），因此，也只有通过将其分析为种种终极成分并由此对其进行重构以了解它。为了成就关于国家的真正科学，只需把伽利略应用于物理的分析与综合方法搬到政治领域中来使用就行了[2]。在这里，想了解整体，也只有一个办法，那就是回溯到诸部分，回溯到原初将这些部分凝聚在一起而现在也仍在把它们凝聚在一起的那些力量。这个分析不能任意中

---

① 霍布斯，《论物体》（De corpore）第一部第一章。

② 见本书第一章第一节。

止，它一定要一直进行到触及真正的元素为止，进行到触及绝对不能再分的单位为止。如果我们想了解政治与社会的结构，我们一定要把它们分解成终极部分。霍布斯当然十分明白这个理想无法在经验中完全实现，但这并不足以阻止他彻底应用他那一般的理性的原理。他无法否认，不管我们在自然中或历史中的任何地方碰到一个人，他总是身处某一形态的社会，而不是一个孤立的个体。但是霍布斯审慎地超越了这道障碍。如果我们想了解社会之本性，而且把它从其基本元素推衍出来，我们还是必须把原始形态社会之系带（如联结家庭成员之纽带）消解掉。此处，这句话仍然适用：哲学不是关于某物是什么的知识，而是关于某物何以如此的知识。依霍布斯之见，一切的思维都是计算，而计算总是包含加法与减法。如果想使正确的加法（也就是整合而为整体的作用）成功的话，减法的力量（也就是概念的抽象作用的力量）必须发挥到极致。有关复杂整体结构的知识，只能产生自上述两种方法之相互作用。因此，霍布斯所做的第一步就是将其问题中的元素一一孤立起来；为了要把个体的意志当作他的计算中的筹码，他把它们都当作抽象的单位看待，每一个都不具各自的特质。每个意志都想要同样的东西，每个意志也都只为了自己而想要它。政治理论之问题就在于说明由这种绝对的孤立如何产生了联结——这个联结不只是把个体松散地结合在一起，而且紧密地把它们结合成一个整体。霍布斯关于自然状态与社会契约的学说，就是试图解决这个问题。只有统治与臣服这两件事能够把本性上各自分离的诸多个体转变为一体，并维持这个整体之存在。因此，如霍布斯所构想的社会契约便只能是投降协商。不管以任何方式降低臣服的程度，容许任何的保留，都足以破坏国家存在的理由，促使秩序井然的政治世界又回到一片混沌的状态。因此，霍布斯政治的极端主义便顺理成章地从逻辑的极端主义产生了出来，而后又对后者产生影响。对权威施以任何意义的限制，都无异于打击它的理智上的根据，无异于在逻辑上否定它。个体放弃自己的意志，而在众人共同接受的条件下臣服于统治者的意志，这个举动并非发生在已然存在的社会中；这个举动毋宁是社会生活之开端，因为构成社会的正是这个举动。正因为霍布斯如此构想两类契约——"社会契约"（pactum societatis）与"臣服契约"（pactum subjectionis）——之关系，以至长久以来两者的二元对立完全消解了，臣服契约成了仅存的一种社会纽带，任何一种社会生活都是靠它而产生的。在个体与统治者订立契约之前，他们不过是乌合之众，没有任何整合之象。只有统治者的权威能够建立国家这个政治的整体，只能通过不受限制的统治权（主权）才能维系这个整体。作为一种顺服的契约，国家契约乃是由"自然状态"（natural state）走向"文明状态"（civil state）的第一步，并且一直都是使"文明状态"得以保持与继续的不可缺少的条件。

但是这种"不受法律束缚的权威"（potestas legibus soluta）的政治权力概念，却受到自然法原理之挑战。凡是坚持自然法原理之处，对社会契约这概念的阐述与辩护就得另辟蹊径。格劳秀斯便不把社会看作为了达到某种目的而成立的个体之组织；对他而言，社会乃是建立在根深蒂固的人性本能上——他称之为"社会的欲望"（social appetite）——凭借这个本能，人才得以变成真正的人类。霍布斯学说据以成立的抽象个体，在格劳秀斯看来，根本不能算是人。这样的一种人也无法订立契约，因为契约（亦即承诺）本身即已含有人性的一个基本部分，即人类乐群的天性。因此，社会并非系于契约，并非仅靠它就能够存在。相反，只有预先假定有一种原始的"社交心性"（sociability）存在，只有基于这个假设，契约才有可能存在，也才能被理解。这个社交心性植基于理性，是无法为任何随意的举动或约定所取代的。因此，格劳秀斯反对以功利来证明国家与法律存在之正当，以及以功利来说明国家与法律之起源。他也认为维持社会之存在乃是国家与法律之任务，但是他又很有意义地、很有个性地补充了一点：对社会的保护必须出之以符合人类理智之方式。"与人类理智相称的这个保护社会的举动，是其权威之根源，因此也就很顺当地被名以这个名称。"因此，"功利几乎就是一切正义与公道之母"这句话便不能被照单全收，因为人类绝不会停止以权利自身之名去追求与增进权利的行为——即使这权利与任何实利或功用都不相干。形成纯粹权利观念（即不夹杂功利思想者）的能力，形成纯粹法律义务观念的能力，以及察觉这观念中含有早存于社会本能中的成分之能力，乃是人类特有的能力，也是一切特定人类社会之基础。在以上的推论中，我们可以再一次看到法律精神与人本精神之结合，而这正是格劳秀斯之特色所在。他不把法律看作人类偶然的创作，而把它看作人类真实的与必然的特征。格劳秀斯认为，法律乃是仁德（humanity）本身所由生的根源，仁德也在它身上最完全地反映出来。在他看来，契约的基本概念也是从这个根源获得了明确的意义，也只有依据它才能证明这概念之正当。无条件忠于契约，这原理是基于一项见解，这项见解认为不应该把国家设想为单是权力与胁迫之总和，它毋宁应该被设想为一个理想的实物，它的本性只能从它的任务、它的意义、它的理想目标而加以说明。而这个意义只包含在一种契约概念中，这种契约被当作出于自由意志的承诺，而非基于胁迫的义务。因此，这种原始契约之效力是不容政治权威加以破坏的，因为契约正是这权威之存在的正当理由；因此，废弃了这契约的权力也就废除了它自己的特权。国家，只有在它自身秉持且实现了原始法律（自然法）的情况下，才得以制订法律且证明其正当。一切"文明法"（civil law）的约束力都依托于"自然法"（natural law）的这个基本权力上。法律本身先于且高于国家，它也由于具有自动性与独立性，才能赋予国家之生命不可动摇的基础。

在卢梭的学说中，我们可以看到另一种形态的契约。往往有人认为卢梭心目中的契约属于纯粹自然法一类，并且据此说明它。但这种解释忽略了卢梭基本观念之核心与真正来历。卢梭采纳了霍布斯与格劳秀斯的思想成分，并把它们融入自己的学说，但他也自由地批判了他们两个人。在他的《论人与人之间不平等的起因和基础》中，他对格劳秀斯的某些主张提出强有力的异议。他的《社会契约论》也不能单纯被视为自然法思想之延续。因为卢梭摈斥自然法，特别是在他的社会心理学中，虽然他关于社会目的论的见解颇有与自然法概念相通之处。他明白排斥有关原始社会本能（appetitus societatis）之说（此说主张这本能驱使人们聚集在一起）。在这点上，他毫不犹豫地回归于霍布斯。他并不像霍布斯那样将自然状态描写成所有人对所有人作战的情况，而将它描写成每个人都跟其他人隔绝也对其他人漠不关心的情况。这个状态中的个体之间，既无道义的或情感的纽带存在，又无义务感或同情心存在。每个人都只为自己而活，也只寻求自保所需的东西。依卢梭之见，霍布斯心理学的唯一错误就是假设在自然状态中的人有积极的利己主义（egotism）之心，而非仅有消极的利己主义之心。在卢梭看来，以暴力掠夺与统治之欲是自然人（the man of nature）所没有的。这种欲念只可能呈现而生根于人进入社会且认识了社会所孕育的"人为"（artificial）欲望之后。自然人的心态，特点不在于以暴力屈服别人，而在于对别人漠不关心，亦即倾向于分离与退缩。自然人当然也会同情别人，但这种心情并非根于"天生的"（innate）社会本能，而是根于想象作用之天赋。人天生有一种设身处地以体会别人感情的能力，这种"移情作用"（empathy）的能力使得他能够在某一程度上对别人的痛苦感同身受[1]。不过，从这种能力——它只基于感官印象——发展到一种积极的兴趣，发展到与别人、为别人而活动，则还有一段遥远的距离。这种形态的伙伴之情确实可以当作社会所追求的目标，却绝不能充作社会之起点。在自然状态中，自我利益与一般利益之间不可能有和谐存在。个体利益绝不会与一般利益相符合；相反，这两种利益总是互相排斥。因此，刚有社会的时候，社会的法律不过是人人都想将它加诸别人却不想将之加诸自己的枷锁。社会也不是由人们的意志审慎塑造而成的，而是受若干

————————
[1] 卢梭论自然人的心理与批评霍布斯，见《论人与人之间不平等的起因和基础》第一部。

盲目的力量所摆布的结果——在这些力量面前，人不是主人，而是奴隶。卢梭深感这类传统的约定俗成的法律之压迫，而对之甚为反对。"你需要我，因为我富你穷。所以让我们来订个契约。我愿意给你一点面子，让你来侍候我。条件是你得将仅存的那点东西给我，以弥补我费心费力对你发号施令。"[①]依卢梭之见，这就是到当时为止流行的社会契约之真相，这类契约包含了纯粹法律的义务，但这种义务却与真正道德的义务相对立。

于是他开始了他的抗议，他从事改革的意志也化成了行动。现在，他强有力地答复霍布斯：社会契约本身一文不值；如果它使用外在有形的胁迫手段强迫个体意志统一起来，而不是使个体意志由衷地统一起来，那便是荒谬而不合理之事。这种联结就实际而言是不牢靠的，就道德而言是无价值的，因为唯有当个体不单是臣服它而且是自甘臣服它时，权威才具有道德价值。卢梭的《社会契约论》就是设法要确立这种权威之形态与基本法则。凡是缔约的个体仍然作为一个个体意志而行动（尽管有规定的义务在身）的地方，凡是一个人以个体身份与另一个个体缔约的地方，或个体选择一个统治者而以私人身份臣服于他的地方，都不会产生真正的统一。因为社会的统一不能以暴力达成，它必须建立于自由。这种自由并不排斥服从；它并不是主张随便，它所主张的是行动之严格必然性。不过这种服从已经不是个体意志或个体的人对另外一个人的服从。它指的是特殊的个体意志不再存在，不再为自己而要求而想望，指的是这意志只在"一般意志"（general will）的架构中而存在而意欲。依卢梭之见，唯有这类的契约才具有他所赞许的那种力量——不是有形的、强迫性的，而是客观的、义务性的。从这样的联结中才会产生卢梭所认为的存在于真正自由概念与真正法律概念间的那种相互关系。自由含有必须尽义务遵守一种不可违抗的法律之意——这种法律是每个个体为自己而制定的。自由之真正特征不在于放纵，而在于自由地承认法律之地位。因此，

---

① 　见卢梭为《百科全书》所撰"政治经济"条。

卢梭的问题便不在于如何解放个体——如何把他从社会的束缚中解放出来，他的问题乃在于如何找到某种形态的社会，在这种社会中，每一个成员都能受到政治组织之整体力量的保护，在这种社会中，与其他个体结合在一起的每一个体在这组合中却只须服从他自己。"总之，每个人都把自己委交给全体，但实际上又没有委交给任何人；又由于我们让与一个合伙人多少权利，我们也由他身上获得多少权利，我们之所得毕竟还是与我们之所失相等，但是却得到更大的力量以维护我们之所有。"① "只要臣民仅屈从于这些约定，他们便没有服从任何人，而只服从自己的意志。"② 他们固然一下子放弃了他们在自然状态中所享有的"自然的独立"（natural independence），但是他们却用它换来了更好、更可靠的东西。因为现在他们首次变成了更高一层意义的个体，他们变成了受意志统辖的臣民，而此前他们却只受喜好与感性激情之推动。唯有在接受"一般意志"约束以后，自动的人格才开始存在。在《社会契约论》中，卢梭毫不迟疑地把社会所要达成的目标订在远远高出于自然状态的地方——起初他曾特别推崇自然状态。虽然人在加入社会时放弃了他在孤立状态时所享有的种种好处，但他也因这个转变而能力增长、理念滋生、感情昂扬。要不是这个新秩序终于腐败而导致人类达到连自然状态都不如的境地，他可真要永远感谢使他脱离自然状态的那个快乐的时刻，那个"把他从愚昧无知的动物变成聪明的人类"的时刻③。

对法律之力量与尊严的这股热情，是卢梭伦理学与政治学的特色所在，在这方面，他可算是康德与费希特（Fichte）的先驱。在他理想的社会与国家中，他几乎不给个体任何机会去做他个人的决定，宛如这类的决定是违反人类社会之真精神的罪行似的。在这个问题上，他的思想是坚定不移的，因为即使是在《社会契约论》的初稿中，他

---

① 《社会契约论》第一册第六章。

② 同上，第二册第四章。

③ 同上，第一册第八章。

就已经将法律称为一切人类制度中之最崇高者，以及上天赋予人类之真正礼物。通过它，人类学会了在他尘世生活中模仿神明之不可违抗的戒律。就历史的观点而言，德国狂飚运动认为卢梭的自然主义含有回归自然即可以结束法律统治之意，显然是对这主义的误解。如果卢梭真有回归自然以结束法律统治之倾向，那么，他的《社会契约论》与《论人与人之间不平等的起因和基础》之间便有了显著而极难以理解的矛盾。因为再没有一本书是比《社会契约论》更强调法律之绝对统治的。在法律之前，个体绝不能有任何保留。任何谋求个体权利的条款一旦插进社会契约中，这契约的意义与内容便立即遭到破坏。个体不仅要委身于全体，而且要完全屈从于它，唯有这样，真正的统一才能成功："（权利的）让渡毫无保留，联合尽善尽美，个别的合伙人再也不要求任何东西。"[1]在这一点上，卢梭可以放弃与压制个体的一切抗拒，因为他深信凡是法律得以在维持其真正纯粹性与普遍性的情况下稳居优势的地方，个体合乎道德的各种要求必也直接实现了。这些要求可以说既已被废弃又已被保持。在一方面，它们不再能够作为独立的要求而呈现，但是在另一方面，它们的真意却已经被法律采纳并保持了。而在赤裸的权力所统治的地方，在一个个体或一小撮个体将其命令硬加在人民身上而加以统治的地方，对统治者这个侵夺而来的权力严加限制，自是必要的、必然的与明智的。因为一切这类的权力都易于被误用，这是应该尽可能加以防止的。可是在这种情况之下，一切防范的方法也必然都无效果，因为一旦无意守法，任何"基本的法律"（fundamental laws）都将无法吓阻执法的统治者凭其私意来解释与应用这些法律。光是限制权力之范围是没有用的，如果我们不改变其性质，即改变其法律根据。卢梭的法律与政治学说就是集中力量于此改变。他主张国家意志之绝对统治权，但这统治权却有一个先决条件，那就是国家已经照某种方式建立起来，以至在这种国家之中唯有一般意志才是公认的与实际发生作用的法律根源。如果情形真

---

① 《社会契约论》第一册第四章。

如所说的这样，则对统治权加以限制便属多余，不仅多余，而且自相矛盾，因为在这里权限问题已经变成没有意义的问题。在这里，所问的只是权力之内容与原理如何，而不是权力之多与少。只要个体所面对的不是单纯物质的势力，而是宪法国家的理念，他便不再需要任何保护。此后，国家自会在它的领域内对个体提供真正的保护，而保护个体以免其遭受国家之侵害云云从此将变成荒谬无稽之谈。因此，卢梭并没有放弃不可让渡的权利之原理。不过他却从未援引这一原理来对抗国家，因为他认为这一原理体现于国家之中，并牢牢依托于国家。当他以霍布斯的方法为榜样而摈斥流行于此前一切社会契约学说中的二元论时，上述有关不可让渡的权利的基本概念，可以说已经在理论方面获得实现。他也像霍布斯一样不承认这种契约之两面性——凭借其中的一面，社会由个体构成它自己，又凭其另外的一面，拥立一个统治者，并且使自己臣服于其意志。正如霍布斯之把国家形成的整个历程化约为臣服的契约，卢梭则把这整个历程化约为合伙契约（contract of association）。一切合法的权力都必须包括在这个契约之中，也必须由这个契约产生。从既有的根源而生的任何权威都不能超越其实际基础及其原始的合法根据。因此，一切政府的权力，不管它是体现于一个个体或为多数人所运用，都不过是被授权的权力。它绝不能自命为一般意志之充分反映者与唯一秉持者而废除或侵犯人民之统治权，因为统治权力只有在来自人民且受到人民肯定的情况下才是合法的。一旦一般意志的这个授权终止，统治权力便不得再自命合法——这种权力在本性上便是仅属行政性质者。因为法律固然可以自行限制其执行，也可以把人家授予它的权力部分转授他人，但它却绝对不可以自己把自己让渡掉，把自己消灭掉。不可让渡的权利这观念，在自然法学说中原是用以划清个体领域与国家之界限的，现在却被卢梭宣告为属于国家的领域。具有某些基本权利的不是个体，是整体，是"一般意志"。这些基本权利，它（整体）不能且不该放弃或授予别人，因为如果它这么做，它就会毁了自己，使自己不复作为一个有意志的主体，而失去了它的真实本性。

卢梭有关契约的这个新概念具有怎样的革命力量，我们是早就见识过了 ①。在某一方面，卢梭无疑超越了他的历史环境，超越了法国《百科全书》的知识背景。就他们从事改革的决心而言，就他们所提出的改革计划之重要性而言，与卢梭同时代的那些人并不比卢梭落后。"旧政权"之严重而无可救药的痼疾也早已被认清了。《百科全书》所加以浓缩与系统化的种种对国家与社会的批评，也早在17 世纪与 18 世纪初叶就已发表了出来。沃邦（Vauban）、布兰维利耶（Boulainvilliers）、布瓦吉耶贝（Boisguillebert）等人都遵循着费奈隆（Fénelon）早已清楚表达的思想路线前进。在《国王的良心自省》（*Examination of Conscience for a King*）一书中，费奈隆为历来针对绝对统治及其弊病而发的一切异议找到了一个理智的焦点。他也使得这些异议不再停留在抽象思考的层次，而深入探究这种罪恶之根柢，以寻求明确具体的防范之方。这时，在各个领域都显示出一种要求改革的坚决意志。大家一致要求在立法与行政上、在司法事务上、在税务上、在罪犯之审判与惩罚上，进行彻底的更张。发动对各种弊病之战争的，并不是哲学家在几乎所有领域中，实际的改革者早就在期待着这些更张了。在阿尔让（d'Argenson）的《今昔法国政府检讨》（*Considerations on the Past and Present Government of France*）中，法国被称为一座白色的坟墓，它耀眼的外观勉强遮蔽了内里的腐朽。1744 年，阿尔让被任命为政府部长的时候，他哲学界的朋友曾经热烈地为他欢呼，实业界与政治界的朋友则戏称他为"柏拉图共和国的国务卿"（secretary of state of Plato's Republic）。所以我们可以说：当卢梭挟着他的两篇得奖论文而在法国文化界登场的时候，法国已经为他的社会批判备妥了适当的土壤——不论在理论上或实务上皆然。正如我们在他的日记中所看到的，阿尔让十分欣喜地欢迎卢梭的《论人与人之间不平等的起因和基础》，认为它是"真正哲

---

① 见本书第四章第一节。

学家"（true philosopher）的作品。自此以往，卢梭可以说完全符合于18世纪的一般热望。因此，我们实在很难理解：为什么不仅卢梭自己一直相信他对18世纪的整个知识界掀起了一场革命，而且连当时的文化界领袖在试图诱导卢梭遵循他们自己的思考方式而告失败之后，都把他视为入侵者，认为他的超凡力量固然不容抹杀，但是除非他们想牺牲自己哲学世界观之清晰性与稳定性，否则便不能不排斥他。这个不和的症结，与其说是在卢梭的思想内容上，不如说是在他的推理方法上。卢梭之异于他时代的地方，并不在他的政治理想，而在他有关这理想的推演，在其衍生与证明。不管这个时代业已被既存的政治弊病搅扰得多么厉害，当时并没有人对社会本身的存在价值产生怀疑。对这个时代而言，社会的存在被视为一个自足的目的，被视为一个自明的目标。没有哪个百科全书派的人曾经怀疑过人类究竟能不能在没有伙伴关系与社交心性的情况下生活。卢梭之真正原创性就在于他连这个前提都加以攻击，在于他对此前一切改革计划都明白承认的方法学上的预设也一并加以质疑。公社观念（idea of community）真的可以完全等同于18世纪到当时为止一直盲目而轻率地加以追求的社会理想（ideal of society）吗？难道它们两者之间没有什么根本的不同吗？是不是唯有当一个人截然区分了公社与虚妄的理想社会而不使后者混淆了前者时，真正的公社才能被辩护、被实现？卢梭与百科全书派的争论就是针对此一问题而起的。如果我们想如实认清由此产生的各种见解，我们就得细心追踪它的发展。

泰纳（Taine）在《当代法国之起源》（*Origins of Contemporary France*）中，曾经指摘百科全书派是乌托邦的理论家，说他们不顾具体的历史现实，只是独断地提出若干纯粹假想的政治与社会思想体系。泰纳的这个看法并不正确。百科全书派对现实的热爱以及他们对现实事物之灵活的感应，都是无可置疑的。他们都愿意即刻动手工作，因为他们都知道由理论到实际的路途是遥远与艰辛的。即使像霍尔巴赫这样的狂热的理论家也未曾试图把他的玄想直接移植到现实之中。在他的《社会体系》一书中，他摒弃一切解决政治问题的革命手段，他说这类的药方本身还比疾病更糟。理性的声音既不是叛变的，也不是嗜血的；它所提议的改革都是渐进的，但是显然更为有效 ①。另一方面，这些思想家都深信应该由理性来照明政治与社会改革之道路。克服国家与社会之恶的能力只能产自真正的"启蒙"（enlightenment），产生对各种弊病之根源的洞察。见诸 18 世纪精神领袖身上的这种对理性洞见的信心，倒不是纯粹出于理智。虽然对冷静内省并富于数学精神的达朗贝尔不妨冠以一项"唯智主义"（intellectualism）的帽子，但对狄德罗则不然，他呈现的是全然不同的面貌。在他身上，空想家的成分远多于唯智主义者的成分。即使是在他纯粹理论的作品中，他也任凭想象驰骋，让它把他带到无从证明的领域。如果我们套用一下"理性主义"（rationalism）与"非理性主义"（irrationalism）这一对意义含混的名词，则在与狄德罗相形之下，卢梭确可算是理性主义者，因为卢梭在其《社会契约论》中所运用的严格理性的推演绝不是狄德罗在撰写《百科全书》有关政治、社会的文章时所可企及的。不过，这两人之间真正决定性的不同还不是在这里。狄德罗与百科全书派深信我们可以完全信赖文化的进步，由于这个进步，单凭它的内在倾向与法则，自己便会产生一个更好的社会秩序。习俗的改善、知识的增长与扩充最后将会而且必然会使道德焕然一新，并给予它一个更坚实的基础。这个信心是如此强烈，以至在大多数这些思想家的心目中，公社概念（这是他们一直力图加以阐述与辩护的）不但变成了社会（society）这概念的同义词，甚至变成了社交心性（sociability）这概念的同义词。就法文 société 这个词而言，以上这两个意思经常是重叠的。于是社交性的（sociable）哲学与科学乃变成普遍的需求。不仅政治的理想，就是理论的、伦理的、美学的理想，也都形成于沙龙（salon），而且为沙龙而形成。文雅（urbanity）与否变成了评断科学具不具洞见的标准。唯有能够以

---

① 霍尔巴赫，《社会体系》（Système social）卷二。

文雅词句来表达的东西，才通得过考验，才能算是清楚而分明。在17世纪，丰特奈尔曾经以这个标准来考验笛卡儿的学说，如今在18世纪，伏尔泰也想照这样来考验牛顿自然哲学之数学原理。这个运动也扩及德国，其中以欧拉的《致一位德国公主的信》(*Letters to a German Princess*) 最具代表性。狄德罗说：要求表达普及化乃是一项道德要求。这句话可以说是这个倾向的一个最佳写照。真实的人性需要这类的表达以助其实现。"让我们来加速哲学的普及化。如果我们希望哲学家继续走在前面，那么，就让我们在哲学家所在的地方接近民众吧。他们会不会说有些著作是无法被每个人了解的呢？如果他们这么说，那只是表示他们不明白适当的方法与长期的练习的神效。"①精确的数学化的科学也都希望能够在18世纪这种社交精神的帮助下发展，因为这些学科的杰出学者都认为：唯有在这种情况之下，他们的研究才会真正发展并获得丰硕的成果。达朗贝尔在《百科全书》的"序言"中说：18世纪比前代更有利的地方就在它产生了更多的天才，更多真正创造性的心灵。大自然是始终如一的，因此每个时代都有其伟大的天才。可是如果他们都离群索居，各想各的，他们会有什么成就呢？"一个人得自阅读与得自社会的观念几乎是一切创造与发明的酵母。这些东西犹如每个人都不自觉地在呼吸并赖以维生的空气。"这几句话适切而简要地写出了《百科全书》的那种生猛而理智的精神。社会犹如维持生命所需的空气，只有在社会中，真正的科学、哲学与艺术才得以茁壮成长。《百科全书》就是致力于制造与确立这样的社会。是它第一个自觉地把知识视为一种社会的功能，宣称它唯有以健全的社会组织为基础才有发展的可能。一切政治的与社会的事业也都必须以这同样的东西为基础，政治的与道德的生活之复兴也只能寄希望于知识的与社会的文化之成长与普及。

卢梭的批判与反对就是从这里开始。他大胆地切断了一般认为不可解除的那条纽带。历来被人们天真而轻信地加以接受的那个联

① 狄德罗，《自然之阐释》(*De l'interpretation de la Nature*) 第十一节。

结，即存在于道德意识与一般文化意识之间的那个联结，在卢梭眼中竟显得大成问题，显得极为可疑。而一旦问题被了解清楚而加以明白陈述了，答案也就彰明昭著了。存在于当代道德理想与理论理想之间的和谐至此终告瓦解。卢梭曾对这个和谐在他自己心中瓦解的经过做了深刻的记述。那是发生在他准备撰写论文参加第戎学院（Academy of Dijon）征文比赛的时候，"艺术与科学之进步究竟是否有益于道德的增进"这问题突然呈现在他心里。在他致马勒泽布（Malesherbes）的那封著名的信中，他写道："如果真有什么东西可以称之为突现的灵感的话，那么，当我思索这个问题时在我心中涌现的那股情绪庶几近之。刹那间，我觉得千百道的强光令我头晕目眩，思想的洪流汹涌而至，把我卷进无法形容的混乱中。"这时，他忽然看见一个巨大的深渊展现在他的面前，这个深渊是他同时代的人一直都没有发觉的，他们当时都还施施然活动在它的边缘，丝毫没有意识到它的危险。原来意志的领域与知识的领域是分离的！两者不论是在目的上或手段上都可能分道扬镳。因为卢梭在当时那个理智与社交性的文化中看到了最严重的危机——这个文化一向都被 18 世纪视为真实人性之最高表现。在他看来，这个文化的内容、起源以及它的现状在在都足以证明它欠缺任何道德的动机，证明它不过是基于权力与占有的欲望、基于野心与虚荣。在此，作为社会哲学家的卢梭不得不变成历史哲学家，而试着去追溯这个社会变成当今这个样子的轨迹，以期发现推动它前进的、至今还在支配它的力量。他的这桩工作也不仅仅是通过历史的眼光去看去做。在他拿社会状态与自然状态对比时，在他描述由后者转变成前者的经过时，他十分明白：他所处理的并不是一个单纯的事实问题，这个问题并不是单凭历史的根据、单放在历史陈述的架构中就可以解决的。在他有关自然状态的描述中，犹如在他有关社会契约的描述中，"发展"（development）这个词语和概念，用的是它的逻辑上与方法学上的意义，而不是它的经验上的意义。卢梭所提供给我们的中产阶级社会发展之图像，与其说是一则史诗式的叙述，不如说是"发生的定义"（genetic definition）之引申。我们在上文已经提过："发生的定义"乃是 17、18 世纪法律哲学与国家哲学之基本方法[①]。社会形成之历程所以必须被描述，乃是因为唯有如此才能发现社会结构之奥秘，乃是因为社会的内在力量唯有从其活动与效果才能看得清楚。在其《论人与人之间不平等的起因和基础》中，卢梭已经把他关于方法的这个见解说明得很清楚。他在书的前言中指出：任何谈到"自然状态"的人，都是在谈论一个已经不复存在的状态，这个状态也许根本没有存在过，而在未来也永远不会存在。但是为了对涉及现状的一切事物有个正确的判断，我们却非得形成一个关于自然状态的观念不可。因此，卢梭并不是把自然状态视为一个单纯事实或供人静观、缅怀的对象；他是把它作为一个标准和规范在运用，根据它，他可以指出当今的社会状态中何者为真实、何者为虚妄，何者为合乎道义的法律、何者为单纯习俗与突发的奇想。借着自然状态这个镜子，现今的国家与社会正好仔细看看自己的样子，好好评断一下自己。

如果这个评断导致我们否定与推翻既往的秩序，这也不意味一般的秩序都应该被抛弃，也不意味要使人性回复到原初的混沌状态。作为法律与一般意志的热情预言者，卢梭绝不是这样的一个无政府主义者——不论是理论上的或实践上的。对艺术与科学，他也从未抱持这样的看法。相反，他一再指陈：当他攻击艺术与科学的时候，他从未完全抹杀艺术与科学对社会结构所做的贡献。这话应属可信，不应被视为自欺之谈而置之不顾。他在谈到他得奖的两篇论文时说："在这两篇最早的著作中，我有一个意图，就是摒除一个幻象和纠正一个错误的估价。这个幻象使得我们对招致我们不幸的种种工具大加赞扬；这个错误的估价使得我们对有害的种种才干大加奖励，对种种美德却百般轻蔑。可是人性并不会倒退，一个人一旦舍弃了无邪与平等的状态，便永远不会再回去。这两篇文章的作者一直被指控意图毁灭科学与艺术，使人类回复原初的野蛮状态；可是事实正好相反，他始终坚

_____

① 见本章本节开头。

持保留现有的制度，认为它们的毁灭只会放任罪恶滋长，使一切节制它的手段归于乌有。这些制度的毁灭，只会以不受约束的权力取代种种腐败的现象。"卢梭以为，要避免这种无法无天的状态，唯有在现有的秩序（这已公认是腐败与任意而设）被废弃、整个政治与社会建构被铲平的同时，又在一个真正稳固的基础上建立起一个替代它的更坚牢的新建筑，才有可能。《社会契约论》的目的正是在于建立这个建筑。卢梭要把当前这种临时凑成的国家变为一个理性的国家，要把盲目的必然性所造成的社会变成一个自由的社会。卢梭在他的《论人与人之间不平等的起因和基础》中试着阐明：使人类由自然状态转为社会状态的并不是人类的道德倾向；使他留在这社会状态的，也不是他的道德力量或纯粹意志或真知灼见。他之成为社会的一员，是无情的命运之结果。与其说他自由地选择了社会，并且依照自己的需要与热望来塑造它，不如说他是受了自然环境的逼迫以及七情六欲的驱使。这个堕落的情况必须加以消除。人类应该回到他的原初情况，回到他的原初本性，这倒不是为了停留在那儿，而是为了由这个起点重新再造他的社会生活。这一次，他将不再屈从于他的七情六欲，他将自己选择、自己指引。他将自己掌舵，自己决定自己的路途与命运。他必须知道自己正往哪里去以及为什么要这样，因为唯有知道这些，他才能稳操胜券，才能真正实现法律的观念。很显然，这是一个完完全全的理性要求，但这时道德的理性主义已经凌越了理论的理性主义而居于主导的地位。而一旦人类各种才能之间的平衡获得确保，便没有理由反对知识享有一点相对的特权。顺着《社会契约论》的思路，卢梭乃一贯地护卫着一个论点：知识并不危险，只要它不被抽离于生活而能支持社会的秩序。不过它绝不可以要求享有绝对首要的地位，因为在精神价值的领域中，这个地位应该归于道德意志。因此在人类社会的秩序中，道德世界的形成应该先于科学世界之建设。人类必须先在自己的内心找到一套牢靠的律则，才可以去找寻外在事物的律则。当这个最先最迫切的问题已经被掌握而人类已经在政治与社会的层面获得真正自由以后，他才可以自信地专心致志于追求理智探究之自由。在这么一个情况之下，知识就不会流为"剖析毛发"（hair-splitting）的无聊玩意，也不会使人类玩物丧志。如果有一套伦理规范居然导致知识向这个不健康的方向发展，使得它变成一种理智的奢侈品，这套伦理规范必是冒牌的假货。一旦这种障碍被排除，知识必定又会回到它固有的轨道。如果没有道德的自由，理智的自由将对人类毫无裨益；但是除非社会秩序彻底更变，以至法律的制定无不出于内在的必然性而不是由于一时的奇想，否则这种道德的自由绝对无从获得。

就这样，在各种学说的互相冲突中，在卢梭及其时代的争吵中，18 世纪的精神内在统一再度以一个新的面貌呈现了出来。卢梭是名副其实的启蒙运动之子，即使是在他攻击它并且胜过它的时候。他的感情主义也不与他的时代相抵触，因为他所谓的感情并非单纯情绪的因素，而是理智与道德的信念。卢梭的感情主义（sentimentalism）并非单纯的"感性"（sensibility），而是一种道德力量与一种新的道德意志。由于这个基本倾向，卢梭的多情（sentimentality）才能触动跟他完全不同类型的人，使他们大为倾倒——譬如莱辛和康德这些毫不感情用事的（sentimental）思想家。启蒙运动的力量以及其思想的统一性，只有在它奋力抵抗它最危险的敌人的攻击并且成功保全了它独有的宝物时，才显示得最为清楚。卢梭并没有推翻启蒙运动的世界，他只是把它的重心转移到另外的一个地点。由于这项理智上的成就，他为康德铺好了路，这是 18 世纪其他思想家都没有做过的。康德在从事他的思想大厦的建造之时，可以从卢梭的思想中找到支柱——康德的这栋大厦固然代表了启蒙运动的最高荣耀，但也使它相形见绌。

第七章 美学的基本问题

一 批评的时代

18世纪很喜欢自称为"哲学的世纪"（century of philosophy），也很喜欢自称为"批评的世纪"（century of criticism）。这两个片语不过是同一境况的不同表达，目的都在刻画那项渗透了这时代并且造就了这时代之伟大思潮的智能，只不过所取的角度不同而已。在这个世纪的杰出心灵中，哲学与文艺批评都明显地结合在一起，这绝不是一个偶然的现象，这是由于这两个思想领域的问题本来就必然会结合在一起。历来在系统哲学的基本问题与文学批评的基本问题之间早已存在着一种密切的关系，而哲学精神在文艺复兴时代经历了一番更新之后（这番更新已被公认为艺术与科学之重生），这个关系更发展成为哲学与文学批评间的直接而有力的交互作用。启蒙运动时代则更向前迈出一步，它就另外的更严格的一个意义来解释哲学与文学批评的这个相互关系，它不仅就一个因果的意义，而且就一个原始而实质的意义来解释它。启蒙运动认为这两种知识（哲学与文学批评）在它们的间接结果上是相互依赖而且彼此符应的。它还肯定两者在本性上之统一，而且着手寻求这个统一。系统的美学，就是产生自哲学与（文艺）批评之相依与统一这概念。它（系统的美学）包含了两个不同的倾向：其一是这个世纪原本即有的一种追求清楚而确定的秩序之倾向，其二则是一种追求形式的统一与逻辑的凝练之倾向。这时便有一种强烈的倾向，要求把前此由文学批评与审美静观所纺出的一根根纱线织成一块完整的织物。由诗学、修辞学与美术理论所提供的这些丰富的知识，现在被要求从一个统一的观点加以整理与安排。但是，似此般要求逻辑的阐明、要求逻辑的形式，还只是第一步。此后，从这个有关逻辑形式的问题之中又发展出另一个更深一层的与内容有关的问题。这时人们所追究的乃是哲学的内容与艺术的内容之相互关系，大家心中隐约觉得这两者之间似有一种密切关系存在，但是对它又没有足够清楚的认识，以致无法以明确的概念加以描述。这时（文艺）批评的主要工作似乎便在于克服这个困难。它多方设法深入了解感觉与鉴赏力的真相，在不损及它们本性的情况之下，试图使两者暴露于纯知识的观点之下，以便用明确的概念来描述它们。因为即使概念的功能真有其极限，真有某些事物是无法以概念加以表现的，真有一种非理性的因素存在，18 世纪也要确知这极限在哪里。这个世纪最渊博的一位思想家在世纪即将结束的时候声称这个要求确是一般哲学的基本特征之一，他认为哲学理性不外就是决定事物之极限究竟在哪里的一种能力。这种决定的必要性，在前述两种知识（哲学与文学批评）发生冲突的地方显得尤其清楚——这两种知识不仅在结构上明显歧异，其歧异且已显现而为完全的对立。由于人们意识到这个对立的存在，于是便有人试图对两者加以综合，这努力终于为 18 世纪的系统美学打下了基础。不过在这项综合得以完成之前，在这项综合以明确的形态出现于康德的著作之前，哲学观念还得经历一连串的预备阶段，在这些阶段中，它努力从不同的角度与观点来描绘这个对立的统一。18世纪美学关于若干基本概念之定义与相关次序的争论，充分反映了这整个的倾向。不管是关于理性与想象的争执，关于天才与规律的冲突，还是关于美感之基础究竟在感情上或在某一形态的知识中的争论，在试图把对立的两者加以综合时都同样遭遇了那个基本问题。似乎逻辑与美学、纯粹知识与艺术直觉，都必须通过对方的眼光来审视自己，才能找到自己内在的准则，才能了解自己真正的面目。

这个历程见诸 18 世纪一切建立美学体系的努力中（不管这些努力彼此间存在何种分歧），而且成为它们的潜在中心与智能活动的焦点。参与这个运动的个别思想家并非一开始就对他们正在奔赴的目标有着清楚的意识，而且在各种不同思想倾向的冲突中，也看不出一条一贯的思路，看不出指向一个明确基本问题的有意识的定向。美学的问题在不断变化；若干基本概念的意义，随着出发点的不同，随着心理的、逻辑的与伦理的兴趣之不同而不同。可是到最后，这些不同且显然互相矛盾的思潮竟凝结而成一个新的模型。从此，逻辑、道德哲学、自然科学与心理学将面对一个新的问题复合体（a new complex of problems），这些问题到这时为止都尚未清楚地从这些学科划分出来。事实上，这时尚有千丝万缕把这些问题与原有的那些老学科牵连在一起；然而，尽管哲学思想仍不情愿将这些关联切断，但它终究还是开始逐渐地去松开它们，以至最后即使没有在实质上完全解除了这纽带，至少也在逻辑上解除了它。而由于这消解的行动，由于这理智的解放历程，一个新形态的哲学美学终告诞生。更有进者，尽管就它们个别而言，上述那一切不同的思想倾向都像是 18 世纪美学的小道僻径，但是它们对这个形态的构成莫不都有间接的贡献。美学史家一定不可忽略或低估这些未完成的、起伏不定的、寿命短暂的因素，因为从它们的不完整正可以清晰而直接地看出关于艺术的哲学意识之成长经过，看出支配这个意识之发展的法则之成长经过。

为系统美学铺路的这段历史，除了上述种种事迹值得称述之外，还有若干足以表现其特色的更了不起的事情也应该一提。在这段历史中，人们不但如上所述建立了一门新的哲学的学科（系统美学），而且还完成了一种新形态的艺术创造。康德的哲学与歌德的诗歌成为这个运动的最高成就。而存在于 18 世纪这两项最高成就之间的内在关系，也只有在这个历史的关联中，也只有通过这个历史的关联，才能完全为人所了解。（哲学与诗歌间的）这个"预定的和谐"（preestablished harmony）之可能出现于德国知性活动的历史中，向来都被视为一大巧合。文德尔班（Windelband）说康德的《判断力批判》先验地建构了歌德的诗歌概念，后者表现而为实际成就与行动的那一切，无不早在前者之中由哲学思想的纯粹必然性加以要求与缔造。要求与行动之间的这个统一，艺术形式与反省静观之间的这个统一，绝对无法单单求诸18世纪德国知性活动的历史之中，它乃是形成它的诸般力量互相作用之直接结果。这些力量造就了哲学的一个全新的形态，也造就了艺术创造历程的一个新模式、新向度。标示了18世纪文化之结果与最高潮的这个综合，也是这个世纪之认真的、辛苦的知性劳作之产物。启蒙运动时代之得以完成这项工作，得以把批评的功能与生产的功能如此成功地加以结合，确实是它不朽的大业之一。

二 古典美学与美的客观性

笛卡儿哲学所标榜的知识之新理想，是把各部门的知识、各方面的能力都置于它的烛照之下，要求它们达到同样的标准，要求它们满足同样的条件。不只严格意义的科学——如逻辑、数学、物理学与心理学——必须接受一种新的指导与界定，即便是艺术也必须服从这同样的严格要求。艺术也同样必须通过理性之法则的衡量与检验，因为唯有这样的一个考验才能显示它是否包含了某些真实、持久而基要的东西。艺术所含的这种内容（真实、持久而基要的东西）不可能起于我们欣赏艺术作品时所生的短暂的愉悦之情。它必然基于一个更稳固的基础，它必定不能受愉悦或不悦之情的千变万化所左右，它应该被视为一个必然的、稳定的因子；唯其如此，我们才能主张它是一种真实、持久而基要的东西。笛卡儿的哲学中并未包括一套系统的美学，但他的整个思想体系确已蕴含着一个美学理论的粗略轮廓。在他看来，知识本来就是统一的，一切任意的、约定俗成的区分终必消融在这统一体之中。笛卡儿的思想体系扩大了这统一体的范围，把艺术领域也包容进去。笛卡儿毫不迟疑地扩充了他的"普遍智慧"（universal wisdom）概念，以使它把艺术包括进去。当他在他的《指导悟性的法则》（*Rules for the Direction of the Understanding*）中首次清楚而精确地描述其"普遍知识"（universal knowledge）之理想时，他不但依中世纪传统把几何、算术、光学与天文学概括在这理想之下，他还把音乐概括进去。笛卡儿思想之精神越是散布得广，越是坚决而自信地肯定自己，美学理论之领域就越是有力地被置于新定律之统辖之下。因为这种理论（美学理论）如果想肯定自己，如果想证实自己，如果不甘再做一堆单纯经验性的观察所得与任意凑合的法则，它就必须真正体现理论必备的特性与原理。它一定不能因为研究对象之分歧而迷乱了自己的方向。它必须在其统一性与整体性中抓住艺术历程与审美判断之本性。唯有当我们成功地把各种艺术所借以表现自己的各种不同的形式一概还原为一项单一的原理时，当我们依据这项原理来决定它们（各种艺术）、引申出它们时，我们才算把握到了全体艺术的这个整体性。17、18 世纪的美学便是朝着这么一个方向前进。它基于一个观念：大自然尽管表现纷繁，却由有限的几项原理所统辖，而有关自然界的知识则以清楚而精确地把这些原理陈述出来为其最高天职；艺术既是自然之对手，它也应该满足这同样的要求。既然自然界有其普遍而不容违抗的法则，自然之仿造物（艺术）也应该有这样的法则。最后，一切局部的法则都必须符合且从属于一个单一的原理——一般仿造物之公理。巴托（Batteux）曾经把这个信念清楚地表现在他的主要著作《还原为一项单一原理的美术》（*The Fine Arts Reduced to a Single Principle*）的标题之中。这个标题宛然宣告了 17、18 世纪艺术批评的整个方法学倾向之充分实现。牛顿的伟大榜样也在这里发挥了影响力。他既然在物理世界中找到了井然的秩序，我们也应该在知性的、伦理的与艺术的世界中找寻这同样的秩序。康德既已在卢梭身上看到了道德世界的牛顿，18 世纪的美学乃热切地要求出现一位艺术世界的牛顿。在此之前，布瓦洛（Boileau）既经公认为"诗坛之立法者"（law-giver of Parnassus），此一要求也就不复显得有何不妥了。布瓦洛的著作似乎已将美学提升到精确科学的境界，他的著作不像历来的美学那样只有一些抽象的设定，他以具体的应用与特定的调查研究来取代这些设定。艺术与科学之类似，这时似已在事实上被考验、被证实。这两者的类似是法国古典主义的基本论点之一。甚至在布瓦洛之前，这个类似便已经被人以两者同出于"理性"之力量为由而加以说明过。理性的这个力量绝不妥协，也不接受任何限制。不承认这个力量是一个完整而不可分割的整体，不肯毫无保留地信任它，不啻是否定且破坏了它的真实本性。奥比纳克（d'Aubignac）在他的著作《剧场实务》（Theatrical Practice）中说道："在一切依理性与常识而定的事物中，如剧场的法则等，破格是绝不容许的一桩罪过。"这本书出版于 1669 年，比布瓦洛的《诗歌艺术》（Poetic Art）早五年。在此，诗歌的破格已像科学的破格一样遭到摈斥与谴责。勒波苏（Le Bossu）在他论史诗的一篇文章的开头中说道："艺术在这一点上是与科学相同的——前者就像后者，也是基于理性，在艺术中，一个人也应该听从自然所赋予我们的光的指引。"在这段话中，古典美学的自然概念第一次恰如其分地出现在大家的眼前。因为正如在"自然道德"（natural morality）与"自然宗教"（natural religion）中那样，在美学理论中，自然（nature）一概念所具的"实体"的含义远不如"功能"的含义多。它并不以某类客体为实例而呈现其规范与模型，它以某些知性力量之自由运作为实例而呈现它们。在这里，"自然"尽可视同"理性"。只要不是一时的冲动或突发的怪想之产物，只要是基于永恒的伟大律则的东西，都是出自自然，属于自然。美与真的基础是同一个。只要我们追溯到一般律则之形成的根源，美的事物之看似独特而例外的地位便消失了。例外，乃是对律则的否定，它既不会是真，自亦不会是美："只有真的才是美的。"真与美，理性与自然，只不过是同一事物之不同表现，这个事物就是存有之不可违犯的秩序，它的不同的面相分别呈现在自然科学与艺术之中。艺术家无法与自然之创造相抗衡，除非他知晓这秩序之律则，除非他完全浸淫于这律则，否则，他必然无法在他所造出的形式中注入真实的生命。古典批评的这个基本信念充分地表现在谢尼耶（M. J. Chénier）的一首说教诗中——"是见识与理性成就了一切：德性、天才、精神、才干与鉴赏力。何谓德性？它正是付诸实践的理性。何谓才干？才干即理性之耀眼的展露。精神又是何物？精神是理性之表现得恰到好处。鉴赏力则不过是精炼过的见识，天才则是崇高的理性。"

但是像这样把天才与鉴赏力都还原为见识，可不能单纯被理解为对"常识"的歌颂。因为法国古典主义的理论完全与常识哲学风马牛不相及，它并不关心悟性在日常生活中的使用，它关心的是科学理性之无比的力量。这套批评的理论也像数学与物理那样以精确为其理想，认为唯有先做到精确，才能求其普遍。在这里我们又一度看到了这时代的科学理想与艺术理想之完全和谐。美学理论只求完全遵循数学与物理学所曾走过的路。在此之前，笛卡儿早就把一切关于大自然的知识都植基于纯粹几何，而在这么做的时候，他似乎又为纯粹直觉的知识赢得了一次胜利。因为，照他的理论，一切的存有，为了要被人们清楚而分明地加以想象，为了要被人们通过纯粹概念而加以理解，都得先被转化成几何图形——也就是转化成空间的直觉。这种图形表现法被笛卡儿在其《指导悟性的法则》中作为一切知识的一种基本方法而传授。但也只是在这个方法中，直觉才保有其优先于纯粹思维的地位①。笛卡儿立即就补充说：具有纯粹直觉之特性的是几何图形，而不是几何方法。至于这个方法，他则竭尽全力地使它摆脱直觉可能受到的限制，使它免于"想象"（imagination）可能遭遇的障碍。

---

① 在这里德文 Anschauung 和 anschaulich 分别被译为英文 intuition（直觉）与 intuitive（直觉的）。前者意为直接的知觉（direct perception），后者意为直接被知觉到的（directly perceived），读者千万不要把前者与带有神秘意味的"直觉"相混淆，也不要把后者视为"本能"的同义语。

其结果就是解析几何的诞生。解析几何的基本成就就在它发现了一种方法，用这种方法可以把图形之间的一切直觉的关系用数目表现出来。就这样，笛卡儿把"物质"化约为"广袤"，把物体化约为纯粹空间。然而，在笛卡儿的知识论中，空间并不受制于感觉经验之条件和"想象"之条件，而受制于纯粹理性之条件，受制于逻辑与算术之条件。马勒伯朗士承袭且扩大了肇端于笛卡儿的这种对感觉与想象能力的批评，其主要著作《真理之探究》(*Inquiry concerning Truth*) 的第一部分就是全部致力于此。在这里，想象也不被视为通往真理之路，而被视为一切错觉之根源——在自然科学的领域中，在道德与形而上学知识的领域中，情况皆然。哲学批评之最后目标就在严密控制这想象，在谨慎规整这想象。当然这个能力（想象）的助益是不容完全抹杀的，因为它构成知识之最初的刺激。可是知识之最严重的错误与最危险的过失就在于把知识的这个开端与它的结尾相混淆，把这个开端与知识之真正的意义和目标相混淆。我们一定要扬弃开始的这个阶段，而出之以一种清楚的、逻辑的方式，才能达成知识的最后目标。纯粹直觉本身能够而且必须做到对这个想象的阶段的超越，因为在这里知觉的广袤（如物体所示的）总是会把我们导向"概念的广袤"(intelligible extension) ——只有这种广袤才能充当精确数学之基础 [1]。如果我们想使物质的世界成为知识之对象，想以理性之光来透视它，我们也必须以概念的广袤为媒介。只有先把物质的世界化为概念的广袤，我们才能以理性来观照它。这时，一切感觉的属性与性质都被排除了，它们不被认为是真理的成分，而被归诸主观幻象之列。而被当作客体之真实本性保留下来的，则非客体呈现于直接知觉中的那些东西，而是某些纯粹的关系。

古典美学完全以这种自然学说与数学学说为榜样而构成。在发展其基本观念的时候，它确实面临着一件新而困难的工作，因为尽管在纯知识的领域中想象必然要接受若干限制而有其局限，但是如果在

---

[1] 参看本书第三章第一节。

艺术理论的开端就完全把想象排除了，这开端便未免显得可疑而荒谬。因为对想象的此种排斥岂不等于实际否定了艺术？事实上，尽管古典主义的学说那么强烈地反对把艺术理论建立在想象上，但它对想象之真实本性并非一无所知，对想象之魅力并非一无所觉：传统以及对古代的崇敬不容古典主义如此无知无觉。依传统观点，完成完美的艺术作品既需要严格的技巧又需天生的才能——这种才能无法由后天获得，它是一项天赋，必须一开始就呈现而发生作用。"我看不出没有天赋而一径学习会有什么助益，也看不出光有技能而不加锻炼会有什么用处。因此每种才能都需要其他才能的帮助且跟它们友善地结合。"[①] 布瓦洛在其《诗歌艺术》的开端对以上的话做了如下的解释："性急的作家凭其作诗的技术就想登上诗坛是白费心机。如果他没有感受上天秘密的影响，如果照临他生辰的星星没有使他成为一位诗人，那么，他只好一辈子因才华不足而吃亏。对他而言，太阳神福玻斯（Phoebus）是聋的，缪斯的飞马珀伽索斯（Pegasus）是冥顽不灵的。"就这样，布瓦洛又把那句老格言重申了一遍："真正的诗人是天生的，不是后天造成的。"但是一件事情就诗人而言是真的，就诗歌而言却未必尽然。因为激发且支持创造历程的冲动是一回事，由这历程所产生的作品则是另外一回事。如果艺术作品想不负它的令名，如果它想成为独立的形式——含有客观真理且尽善尽美，它就得抖落一切主观的因素——这些因素固然是其发展所不能少的。艺术作品应该将一切已被它抛在背后的通向幻想世界的桥梁烧毁，它既已自桥的彼端走过来，就不应该再走回去。因为统辖艺术的那些律则并非出于想象，也并非由想象所产生；它们是纯粹客观的律则，艺术家不用凭空去杜撰，而只须在事物之本性中去发现。布瓦洛认为理性就是这类客观律则之缩影，在这个意义之下，他要诗人去爱理性。诗人不应该追求作品外表的浮华与虚饰，他应该止于发自主体本身的东西。他只要照实将它描绘下来，就可以符合美的最高标准。我们只须顺着真理的

---

① 霍勒斯（Horace），《诗歌艺术》（Art of Poetry）。

道路走下去，就可以抵达美的境界。这条道路要求我们不要停留在事物的表面上，停留在它们给予感觉和情绪的印象上，而应该截然分辨实在与表象。正如我们无法如其所如的那般认知自然的客体，除非我们小心地选择不断呈现在我们面前的种种现象，除非我们清楚地分辨可变的与持久的、偶然的与必然的、仅对我们而言是正确的与真正在客体中有其根据的——同样，对艺术之客体也必须经过如此的分辨。这个客体并非单纯的所与和所知，它也必须经过这样的一个选择历程之决定与控制。导致古典美学错误地试图去制定约束艺术创作活动的规律的，并不是这派美学的真正创立者，而是第二流的效颦者；可是这派美学确实要求对上述选择的历程严加控制，要求拥有建立这选择的准则并且依固定的标准而导引它（选择）的权利。它并未假装能够直接把艺术的真理教给人家，但它相信它能够保护艺术家，使其不致犯错，相信它能够建立起一套标准，让人据以判定什么是错误。在这方面，古典美学也显示了它与笛卡儿知识的血缘关系。主导笛卡儿知识论的是一项方法学的原理：我们只能经由一条直接的道路以达到哲学的确实性，那就是经由洞察错误之各种根源，进而克服它、消除它。依布瓦洛所见，诗的表达之美与诗的表达之恰当是二而一的事，恰当乃成为他整个美学的一个中心概念。他反对滑稽讽刺的风格与做作尖刻的风格，因为两者都背离这理想。他给予自己诗作的最高赞扬——事实上也是唯一的赞扬——就是它始终忠于这个基本准则，就是它不以外表的魅力感动读者，而以其思想之清晰以及表达方法之精简感动他们："只有真实的事物才是美的，只有真实的事物才是悦人的。它应该处处占先，即使是在虚构的故事之中亦然；一切的杜撰巧技都是为了使真相益发彰显。你知道为什么我的诗作风行各地吗？为什么贩夫走卒四处搜求它而王公大人也欣然接受它？并不是因为它的声调变化多端、悦耳动听；也不是因为它中规中矩、从不逾越。而是因为它内容真实，动人心弦；因为它对善与恶有恰如其分的描绘；因为我的诗中绝不颠倒是非，因为我说的绝对是由衷之言。我的思想总是清清楚楚表现出来，我的诗文，不管好坏，总是言之有物。"[1]

古典美学之基本的与中心的问题，即普遍者与特殊者之关系问题，法则与例外之关系问题，现在终于呈现出它的真正面目。此前在无数的场合一直有人指摘古典美学对个体视若无睹，指摘它只在普遍者身上找寻真与美，因而使两者流于抽象。泰纳采纳了这个见解，以之作为出发点，展开他个人的批评，他不但批评了17、18世纪的美学，而且批评了整个古典主义之精神，试图抹去它的一切光彩，而暴露它的无能。然而，无偏见的历史考察应该反其道而行。这种考察所应该做的乃是找出这个精神之最大优点，且根据它最高的与真正重大的成就去理解它、说明它，而不是以古典美学为例去证明"古典精神"之短处与内在弱点。在此，我们再一次明确地发现17、18世纪美学之发展与数学之发展的相似之处。笛卡儿认为他之超越古代几何方法之处全在于他首先把几何提升到在逻辑上真正独立与自足的地位。古代的几何自是人类心灵的最佳训练，但是正如《方法导论》（*Discourse on Method*）所指出的，它在锐化我们心灵的同时却也让我们的想象忙个不停，并最终以千变万化的图形和问题使它精疲力竭。对种种特殊个例的研究，常常使这门学问忘掉了它本来的主题所在；每一组特殊的个例，它都得为它找寻适当的证明。笛卡儿之新的解析方法就是为了克服这类的困难而生，它提出若干一般法则与绝对普遍的程序，这些法则与程序可以适用于每个特殊个例，任一特殊个例都可以依此而先验地决定。而由笛卡儿的解析几何发展到莱布尼茨的微积分与牛顿的流数法，又是数学之具有决定性的一大进步。因为现在又从另一个角度建立和肯定了普遍者涵盖特殊者之法则。一个函数的微商（differential quotient）代表这个函数之"本性"；它极其准确地把这个函数之整条曲线指示出来。这条曲线之一切可能由观察而发现的详情都被浓缩在一个概念中加以表达，都被置于一个逻辑焦点之下。根据分析无限数所得的公式，我们可以直接确定这条曲线之一

---

[1] 布瓦洛，*Epitre* IX。

切属性，而以一种严格的演绎方式推出它的一切特征。从观察可无法得到这样的一个单一的东西。如果想凭观察所得而去想象一个几何概念，如椭圆，我们别无他法，只能反复考察与比较一切可能的椭圆形状。从这番比较，最后当然可以得出一个椭圆的"图像"（picture），但这却不是一个真实的、单一的形状。因为呈现于直接知觉中的各类椭圆各不相同。其中有近于正圆的椭圆，也有狭而长的很不像圆圈的椭圆，这两者就直接知觉到的印象而言确实大大相同。可是解析几何之几何概念把这些不同视为不相干的因素，视为不属于椭圆之"本性"的因素。因为就与这个概念有关的场合而言，椭圆之本性并不在椭圆之无数的可观察的变异上，而在于一条普遍的形构的律则上；椭圆之方程式以准确的形式所例示的正是这条律则。在这里，数学掌握到了真正的"多中之一"（unity in multiplicity）。它并非想要否定多，而是要由一条普遍的律则去理解它、去推衍出它。函数之公式只含有普遍的法则，变数之互相依赖的情形完全依照这法则而决定；可是我们随时都可以再由这公式回到任何特定形态的图形——这图形之特征决定于几个数量，亦即决定于它的几个特定的常数。这几个数量每发生一次变动，就产生一个新的特定个例；可是所有这些个例就某个意义而言可以说完全相同，因为它们在几何学家的眼中通通意味着同样的一个意义。这个同一的几何意义隐藏在诸多特定的图形之下，却由解析的公式把它描绘出来，把它揭示出来。

古典主义之美学的"多中之一"，完全以数学的"多中之一"为榜样而形成。如果有人以为多中之一这原理正与古典主义精神相矛盾，那他就错了。在艺术领域中，古典主义精神并不热衷于否定多，却热衷于塑造它，热衷于控制与限制它。布瓦洛在其《诗歌艺术》中，企图完成一套关于诗歌之类型（genres）的一般理论，正如几何学家之企图完成一套关于曲线的一般理论。他设法在实际已有的各种形式中发现"可能的"（possible）形式，正如数学家希望就其"可能性"（possbility），即就其所由产生的结构的律则（constructive law），去认识圆形、椭圆形与抛物线。悲剧、喜剧、挽歌、史诗、讽刺诗、机智短诗各有它们明确的格律，这是任何个别的创作所不能忽略的，没有任何创作能够背离这格律而不违反"本性"，而不失去其要求艺术之真的权利。布瓦洛努力于彰显这些律则，使它们显得清楚而分明。这些律则本来就以各种诗歌类型之本性为基础，也一直为实际艺术创作所遵循，只是当事者没有自觉到而已。他设法把这些律则明白表现出来，把它们有系统地陈述出来，正如数学的解析把各类图形之真实内容与基本结构明白地表现出来、有系统地陈述出来。因此，类型并不是有待艺术家去制造的东西，也不是让艺术家去采用的创作媒介与工具，它是既定的与自制的。艺术之类型与风格相当于自然物之类与种；前者就像后者那样，具有其不变的、常恒的形式，具有其种属的外形与功能，既不能增之一分，亦不能减之一分。因此，美学家并不是艺术之立法者，犹如数学家或物理学家并不是自然之立法者。创造了秩序的既不是艺术家也不是自然科学家：他们只不过查明了本来已有的。受这些现存的形式束缚，且被迫遵从它们的律则，对天才而言并不算一种障碍；因为唯其如此天才才不致沦于任性，才能达到唯一可能的艺术自由。即使对天才而言，也存在着某些无法超越的阻碍，它们跟艺术客体与艺术类型都有关系。因为并不是任何客体都可以用同样的类型加以处理，类型之形式可能适合于一个客体而不适合于另一个客体。类型之形式限制了题材之范围，正如它需要特定的处理模式一样。因此创造活动之自由必须求诸别处，它与内容本身无关（因为内容在相当程度上是事先就已决定了的），它所涉及的是表达与表现。能够显示出一般所谓的"原创性"（originality）的，是表达。这才是艺术家展示他真本领的地方，在有关同一对象的种种不同的表达中，一个真正的艺术家总是会偏爱那种在技巧的运用上，在对对象的忠实上，在清晰与充实上都胜过其他表达的表达。不过，即使在表达上，艺术家也不是不计代价为新颖而新颖地追求新颖；他只追求能够满足单纯、简洁与扼要之要求的新颖。依布瓦洛之见，一种新思想并非从来没有人想过的思想："相反，那是每个人都已经想到却第一次有人想把它表达出来的思想。"但是，这里又有另一个限制。一旦内容与形式之间、客体与表达之间已经达到了完全的调适，艺术之目的便已达成，它就不需要也不可以再前进了。艺术之进步，并不意味无限制的前进，它应该停止于某一完成之阶段。艺术的完美意味着一种无以复加（non plus ultra），一种终极临界。在伏尔泰的著作《路易十四时代》中，他再度重复了艺术作品之完美与某些类型之短暂目标的对等。在此，我们再次发现了那个理论，假定其存在于艺术问题与科学问题之间，并力求加以具体执行的类比。孔狄亚克从艺术与科学此二者与语言的共同关系中发现了二者之间的联系。他把艺术与科学视为同一知性功能之不同阶段，这功能表现于符号之创造与使用。艺术与科学都以客体之符号代替客体，两者只在对符号的利用上有所不同。科学符号优越于语言符号（言辞）之处在于前者比后者更明确，在于前者努力追求完美的、不含混的表达。这是科学符号之真正目的所在，不过这目的也设下了一个内在的界限。科学理论可以用不同的符号标示同一客体，例如几何学家可以用笛卡儿坐标或极坐标表达一条曲线之方程式。不过其中的一个表达终归是比较殊胜，因为它能够提供一个最简单的公式来表示有关的函数。古典美学把"简单"当作一个理想。它把它视为真正的美之必然结果，犹如它是真理之必然结果与衡量标准。

这个理论之弱点是很明显的，可是其后的历史发展却不是从它思想体系上的缺陷出发。此处，实践方面的缺陷占据着更大的比重，当古典原理被应用于考虑各种类型与艺术作品之时，这一个便显露无疑。尽管看似令人困惑，可是我们却可以这么说：在这方面，这个古典原理的一大缺点倒不是它抽象得过了头，而是它没有一贯地维持其抽象。因为在这理论的建立与辩护上，无论哪一方面，都有若干知性因素掺杂进来，这些因素都不是严格从它的普遍原理与前提引申出来的，而是来自问题之特殊境况，也就是来自 17 世纪之知性的与历史的结构。这些因素在不知不觉间影响了居于领导地位的理论家之工作，使得他们偏离了他们纯粹思想体系的目标。我们可以在一项争论身上找到这个境况之最佳例证，这项争论经常被视为一切古典美学之真正核心。这套美学在"三一律"学说上遭到了一个具体的考验，其哲学的与理论的命运似乎与这"三一律"紧紧联结在一起。可是这"三一律"学说并不是古典美学所创立的，它是原本就存在的，古典美学只是原封不动地把它纳入自己的体系之中。而且也没有对何以采纳这个学说提出真正足以令人信服的辩护。可是古典美学家却把这件事情视为理所当然，即使布瓦洛在宣布"三一律"学说时也俨然以理性的立法者的身份在说话，以理性的名义在说话。"可是我们受理性驱使，立誓严守其法则，我们希望动作符合艺术的要求，希望整出戏从头到尾都由发生在同一天同一地点的一个动作贯彻到底。"① 可是这个学说在此处的应用，如以纯粹逻辑标准来衡量，显然有歪曲的地方。因为布瓦洛在这里以经验的标准代替了他向来所坚持的理性的理想，作为衡量的尺度。在这里，古典美学明显背离了它"普遍理性"之科学概念，而沾上了"常识哲学"之色彩。它不向真理寻求支持，却诉诸概然性，而这个概然性还只是就其狭窄的纯粹事实的意义而被了解的概然性。但是如此高估事实，基本上违反古典理论之深一层的原理。像布瓦洛那样，以观众在短短数小时之内看到了数年乃至数十年间的事一定会感到荒谬，来证明"三一律"之绝对必要，显然是不够的。因为古典主义美学一向要人谨防对以下二者之混淆："依事物之本性而言"为真实为正确者与就个体特殊观点而言为真实为正当者。它一向要求个体作为一个审美的主体要忘掉自己的特质，以让客观律则及客体之必然性得以占上风。如果观众之偶然状况竟然成为戏剧之准绳，成为其组合之规范，岂不是完全违反了上述的要求？一切古典主义理论家所坚持的理性之非个人性岂不是被破坏殆尽了？这并不是背离严格理性标准的唯一实例，这只是普遍存在于古典主义拥护

① 布瓦洛，《诗歌艺术》。

者身上的自相矛盾现象之最显著征象。他们都力求表达之单纯、得体与"自然"（naturalness），但是他们又毫不迟疑地从他们的生活圈子中去求取自然（the natural）之标准；他们把这个标准建立在他们的直接环境之上，建立在习惯与传统之上。在这里，古典学说之创立者所禀有的抽象能力开始失坠；天真的轻信、对于经验中既有的17世纪文化内容的崇敬，取代了批判的反省。对这些东西的蛊惑力越是欠缺认识，所受的害就越深。布瓦洛不但把"自然"与"理性"等量齐观，而且把自然等于某一状态的文明。在他看来，要达到这个状态，一定要把社会生活所创出的且极尽讲究之能事的一切形式善加发展才行。照这个看法，宫廷与都邑便像以往的理性与自然那样，成为美之榜样与典范了。"学习宫廷，认识城市；这两个地方多的是榜样。"不知不觉间，礼仪（decorum）已经取代了自然，惯例已经取代了真理。其中最不可少的一环，自是剧场，它代表最高尚的社交心性之形式与花招。没有哪个地方的理性法则是像这里这么严厉的，但也没有哪个地方当诗人不想违背剧场之初衷而想有所更张时，必须像这里这么焦急而严密地去护卫这法则的。职是之故，布瓦洛竟把戏剧诗的法则弄得十分褊狭，虽然他以为那是精确，但实际上却与褊狭无异："在浅薄的传奇故事中，什么都可以通融；只要虚构的情节可以带来一时的欢娱就够了，太严格了反而不妥。但舞台需要精确的理性，它的严格礼仪必须加以维护。"[1]像这样把理性等同于礼仪，古典美学终致把它的美学理想化为社会学的理想。歌德在其《拉摩的侄儿》（*Rameau's Nephew*）译文之注释中说："诗歌之不同的类型被人像处理不同的社会那样处理，不同的社会自然会形成不同的行为模式……法国人在评判诗作的时候，会毫不迟疑地用到'礼节'（proprieties）这个词——这个词实际上只能用以指涉社会行为。"

上述的发展终于导致古典美学之崩溃。在18世纪的前半叶，这个学说的权威是无可置疑的。伏尔泰是个深刻而富有批判精神的人，

----

[1] 布瓦洛，《诗歌艺术》。

他当然不会看不出这个学说的若干弱点；但在另一方面，他又过于赏识路易十四时代——他是第一个撰写这个时代的历史的史家——以至无法摆脱这个时代的审美观之影响。在他怀疑与悲观的时候，他固然曾经批评他那时代的文化，在他的《憨第德》（*The Candid Man*）里面，他还试图以自然作为一面镜子，让这个堕落的文化借以观照自己——他特别标榜单纯、坦率、天真。但是从他对他的主角的描述，我们可以充分看出他有关自然的理想受时代的影响有多深；因为他试图塑造的大自然之纯洁的儿女居然丝毫没有粗野或教养不好的痕迹。这个角色不但极其温柔体贴，而且态度殷勤、谈吐风雅。作为一位美学家，他也认为真实的、精致的鉴赏力是人类社交心性之本能发展出来的，而正如他在《谈鉴赏力》（*Essay on Taste*）中所说的，这种能力也只有在社会中才可能发展出来。在卢梭登场之前，18 世纪的法国文化还从来未曾对自然与社会问题做过清楚的区分。自然被热烈地崇拜着，但是其所谓的"美丽的自然"（beautiful nature）事实上包含了古往今来的一切成规惯例。在法国，狄德罗是第一个找这些成规惯例岔子的人，他的著作显示了一种新的革命精神之开端。但是在他的直接活动中（作为一位批评家与作家），特别是在其剧作家的工作中，即使是他，也还是不敢挣脱他的镣铐。直到莱辛才在他的《汉堡剧评》（*Hamburg Dramaturgy*）中迈出了这最后的一步。他揭发了一向存在于法国戏剧与戏剧理论中的那个有害的混淆，即把纯粹艺术"理性"之要求与惯例那囿于俗见的要求混为一谈的那个混淆。他毫不留情地把这两者区别开来。他把源自各时代所吹嘘的虚妄之物而非源自真理与自然的东西一概摒除在美学原理之外，不管这些虚妄之物在当时是如何耀眼，这些虚妄的东西绝对产生不了真正的艺术形象与真实的戏剧角色："如果繁文缛节把人变成机器，把机器再变成人便是诗人之任务。"

18 世纪美学早就为莱辛铺好了路，因为社会规范与艺术规范之混淆（对此，古典美学不能辞其咎），必然会给两者带来一个共同的命运。从社会规范再也挡不住批评之浪潮的那个时刻开始，从它们的弱点与疑点纷纷显露的那个时刻开始，艺术规范也无可避免地要渐渐遭到破坏与唾弃。这件事情为 18 世纪美学开创了另一个重要的时代。它通过直接相关的具体历史事例，为美学澄清了一个问题，那就是关于艺术与时代精神之关联。布瓦洛的诗学深受其时代精神之影响，但这个事实却不是该理论本身所能够阐述与承认的。布瓦洛所制定的那些法则，都被视为普遍的、永恒的法则。因为只有无理性的东西才有其"历史"，理性是从盘古开天到世界末日始终如一的。但是古典美学的这个前提现在也随着古典美学之动摇而动摇起来了。随着新的科学与哲学观念之出现，随着新的政治与社会要求之出现，人们"经验"了艺术规范之变迁。新的时代对于一种新的艺术的呼声愈发高涨。狄德罗于是提出一种新的社会的与艺术的态度，来对抗古典戏剧之哀婉与英雄崇拜，而为了表现这种态度，他又要求一种新的诗歌类型，即"家庭悲剧"（domestic tragedy）。18 世纪的艺术批评也准备好吸收这些发展，并且在理论中承认与解释它们。杜博斯在其《诗歌、绘画与音乐之批判性反省》中便早已这么做了。他是最先对这几门艺术的发展感到兴趣且力求加以了解并着手探究其原因的人。在这些原因之中，他不但对知性的原因感兴趣，而且对自然的，乃至气候的与地理的原因也感兴趣；除了"道德的原因"之外，他认为"物质的原因"影响也很大。就这样，他在美学领域中抢先提出了一个基本观点，这个观点后来为孟德斯鸠在社会学与政治学中所极力坚持。并不是每块土地每个时代都能产生同样的艺术："整个地球也不能产生一切东西。"① 这个洞见意味着古典体系的崩溃。现在需要一套能够适用于艺术现象之多样化与变迁性的新理论。过去有的只是一个抽象的公式，现在则倾向于求取有关艺术品之真正形式的知识。不过这个形式并不能得诸艺术作品本身，而只能得诸理论。当然这种理论自是与

---

① 杜博斯，《诗歌、绘画与音乐之批判性反省》（*Reflections critiques sur la poésie, la peinture et la musique*）第二部第十九节。

创作历程直接相关且设法在思想中复写这历程的那种理论。

三　鉴赏力与主观主义倾向

使古典美学丧失其支配地位的思想内部变迁，从方法的观点而言，正好与发生在笛卡儿与牛顿之间的自然科学理论之演变相应。这两种变迁，尽管方式不同，其所凭借的理智手段也完全不一样，但是其所追求的目标却是相同的。它们的目的都在使心灵摆脱演绎法之绝对优势，即是说为事实、为现象、为直接的观察开路——倒不是要完全排拒演绎法，而是要和它并用。在此之前，一切观察到的现象都得在若干具有先验效力的原理之前低头，现在这些原则必须时时接受修正，以求与现象相符应。原有的解释与演绎的方法逐渐演变而为纯粹描述的方法。[①]不过倒不是由直接描述艺术作品入手，而是由描述审美静观之模式入手。换句话说，那不再是攸关艺术类型的事，而是攸关艺术行为的事，也就是攸关艺术作品给予观赏者的印象以及他对这印象所下的判断的事。这种美学的倾向极力标榜自然，以自然作为艺术家多方模仿的榜样。不过，这时"自然"（nature）这概念已经经历了一番改变，意义已经有所不同。因为向来为客观主义美学所向往的"事物之本性"（nature of things）这时已经不再是行为的指南针，这时"人类之本性"已经取代了它的地位。对这本性，当时的心理学与知识论也在进行探讨，并且希望从中找出解决历来形而上学承诺加以解决而始终未能加以解决的问题之线索。如果在任何一门学科中从研究人性入手的这条路径可以行得通，那么，它在美学的领域中也必然行得通，因为在本质上艺术的事务纯然就是人类的现象。就当时的情况来说，在美学这门学问中，一切超越的事物一开始就通通被排斥了，人们普遍认为问题不能由逻辑的或形而上学的途径而求得解决，只能由人类学的途径求得解决。这时，心理学与美学成了如此亲密的

① 见本书第二章第二节。

盟友，以至有一段期间人们还以为两者已经合并了呢！这条心理的途径终于变得根深蒂固，几乎难以动摇，以至后来要由这条途径转换成先验的途径时，更遭遇到许多额外的困难。整体说来，没有其他任何一个领域，在进行这个转换时，是像美学的领域这么艰苦的。美学与心理学之联盟，一直要到康德成功地采取了先验的解决途径时方才被打破。

心理学的探讨途径固然在人性中找寻美之根源，却无意为无条件的相对主义开路，也无意承认个别主体是作品好坏之绝对的裁判。这条探讨途径把鉴赏力视为大家共有的一种"感觉"（sense），它以阐明这种"共通感觉"（common sense）之本性与可能作为其论述起点。虽然它摒弃了美学原理以往的形态，但这并不表示摒弃一切法则而完全把艺术归诸偶然的机遇与突发的奇想。它认为：避免把艺术视为任意之举，进而找出审美意识之特殊定律，乃是科学的美学之目标。在《绘画散论》（*Essay on Painting*）的开端，狄德罗以清楚而郑重的言辞阐述了这个基本倾向。如果鉴赏力仅是攸关一时的幻想之事，那么，所有那些刻骨铭心的愉悦之情——它们如此突然地、不由自主地、猛烈地发自灵魂深处；它们足以激动我们整个的存在，使它膨大，使它缩小；它们使我们喜极而泣，也使我们伤心落泪——又是从何而来的呢？艺术品加之于人的这类影响——这是我们每个人都曾经亲身体验过的——绝不是任何抽象理论所能抹杀的，也不是任何怀疑主义的议论所能置疑的。狄德罗曾经吼道："诡辩家，你滚蛋吧！你绝不能说服我的心，叫它不要跳；也不能说服我的胸怀，叫它不要受感动。"

因此，这条探讨途径完全不再要求为审美判断作理性的辩护，或者说是对这种要求做了相当的限制；不过，它仍然要求这种判断要有普遍性。现在的问题是，如何达到这普遍性。演绎法与推理在这里是无能为力的，因为证明鉴赏力之正确与否，跟证明逻辑或数学结论之必然与否，所需的方法不同。这里还得用到其他力量，即是说，在心理学上还需要再赌上一局。这个信念即使在古典美学的架构中也逐渐风行起来。鲍赫斯（Bouhours）《知性作品中的思维艺术》（*The Art of Thinking in Works of the Intellect*）只比布瓦洛的《诗歌艺术》晚出十多年，他也只想补充布瓦洛的著作，而不是要推翻布瓦洛的基本预设。正如书名所指示的，这部作品是想提出一套美学意味的"思维学说"（doctrine of thinking），而此学说与波尔罗亚尔女隐修院（Port Royal）出版的《思维艺术》（*Art of Thinking*）堪称姐妹作。不过，在这里他把审美的思维与判断跟单纯的推理，做了前所未有的截然区分。后一种形态的思维（单纯的推理），其所追求的最高目标乃是明确。其所使用的每个概念都必须经过严格的界定，而这个界定过的意义，在整个逻辑运作的过程中，都必须严守不变。不清楚与含混乃是逻辑数学概念之致命伤，这种概念首先要求的就是精确，其意义与价值都以此为基础，越能接近这个理想就越完美。在美学中，通行的却是另一套规范。在审美的时候，只要不怀偏见，谁都可以轻易观察到完整的一组现象，但是这现象却一点都不明确，如果以处理逻辑概念的那套方法来处理它，一定会把它破坏无遗。艺术欣赏之价值与魅力并不存在于明确与分明，而存在于这种欣赏所包含的丰富联想；即使我们无法勾勒出这些联想之全部内容，无法把它们分析为若干构成的元素，这个魅力也不会丧失。任何艺术欣赏绝不会因为引起了分歧的甚至相反的联想，而减损了它的意义——事实上，这反而常常构成了它的意义，也不会因为其因人因时而异而减损其意义。正如帕斯卡曾经区别了"微妙精神"（subtle spirit）与"几何精神"（geometric spirit），而且以对立的特征予以阐明，鲍赫斯也拿"敏感精神"（the spirit of sensitivity）来与"正确"精神（the spirit of correctness）对峙——后者是布瓦洛用以充当艺术之原理的。"敏感"这概念——鲍赫斯是用 délicatesse 这个法文词来表示它——象征一个新的吁求，这个吁求的目的不在求概念之固结、稳定与确定；相反的，它所求的乃是思想之轻灵、有弹性，以及能够把握意义之最细微差别的最迅速变化的能力。因为这些细微差别与迅速变化使得思想带有美的意味。虽然乍听之下难免有点奇怪，但我们确可以说艺术的理想除了正确与明确这两项之外，还有一项正好相反的理想，那就是"不精确"（inexactness）。在严格的古典主义看来，凡是不精确的东西一定是不真实与不可取的。但是正如鲍赫斯所指出的，艺术"理性"并不受限于"清楚而分明"这原则。它不但欣赏适量的不精确，而且还要求如此，因为艺术的想象要靠未确定的与未完成的思想来激发与培养。那不是仅仅攸关思想之内容及其客观真理的事，而是攸关思维之历程及其运作之精致、轻灵与迅速的事。决定性的因素不是思维之结果，而是达成这结果的方式。从美学的观点来看，一项思想越是能够反映出其形成之历程，越是能够反映出其意想不到的形式之呈现实况，便越是有价值。如果逻辑要求的是常恒性，美学要求的便是突发性；如果逻辑必须确立一项思想之所有的预设，必须审视从预设到这思想的所有中间步骤，艺术则可以以非经推演而得的思想为其起源。在这里，古典美学奉为圭臬的"直线"（linear）思想是不足成事的，因为只有在几何中两点间的直线才是最短距离，在美学中则并非如此。基于"敏感"原理的鲍赫斯美学是想要教给大家间接法的技巧，并且为其正当与有效辩护。一项具有美学价值的思想几乎总是利用这个技巧以达成它的目标，这目标就是使心灵震惊，因而使它充满新的冲力与新的能量。某些诗歌类型，例如讽刺短诗，就是全靠这个而存在。单是真理绝对无法形成具有艺术性的讽刺短诗，不然的话，不具（美学意义的）生命与动作的逻辑命题岂非也成了讽刺短诗？使讽刺短诗具有生命与动作的，与其说是真之力量，还不如说是假之力量。"思想有时正因为是真的所以显得平庸琐细"；能够使其免于平庸琐细的，唯有思想表达之方式。这就是说，如果我们能够以新奇的方式来表达它，它便可能大不相同。由此看来，重要的显然不在思想之内容，而在其表达。明白了这一点，便不难了解何以鲍赫斯不仅要求具有艺术价值的作品必须含有真，更要求它必须掺有假，并且因此大力为含混暧昧之物辩护——因为在它里面真假混而为一。鲍赫斯大部分的学说都还不脱古典主义之窠臼，只因他有"假的"表达这一说，终于得以摆脱古典主义有关真理与实在的概念之羁绊，而自由地进入艺术幻象之境。艺术境界并非发生滋长于思想之纯净无色的亮光中；它需要对比，需要亮光与阴影之并列。这两种质素都同样重要，因为艺术并未自命为第二个自然世界，并与第一个同等客观，它只是这个自然世界之意象。"事物与知性相等"（equality of the thing and the intellect）这一纯粹逻辑的理想，无法像实现于科学中那般实现于美学中。古典美学一直执着于此一理想，因而特别强调"自然"者与"正确"者。对客体的描述，越是能够反映客体本身而不受主体之本性所影响，便越是完美无缺。但是现在这个准则开始变化了。现在强调的不是趋近客体，而是离开它；不是使艺术酷似自然的技法，而是艺术之特殊表现模式。表现媒体在逻辑上之不完足性，其间接的与隐喻的性格，明白地被认可，它的价值绝不因此而损减。艺术所经营的意象虽然从来不与客体完全相似，却不被判为不真实；它具有自己内在的真理："比喻并不是假，隐喻自有其真，犹如虚构者然。"

在鲍赫斯著作中还只是隐约可辨的主题，在杜博斯的著作中则得到了充分的发展。在前者的书中还只是被模糊提及的东西，在杜博斯的《诗歌、绘画与音乐之批判性反省》中已经成为系统的基本概念，在全书的每个部分都受到充分的研讨。鲍赫斯在美学之边缘地带所发现的现象，现在已进入美学理论之核心。现在的问题，不再是为想象与感情在理性之旁争取一席之地的问题，而是断定它们为真正的基本力量的问题。如果出于这个理由，杜博斯的著作竟然被称为"感情主义的首部美学之作"，那也是在有所保留的情况下才可以算是真的。因为后来见诸"感性"（sensibility）时代的诸般特征，在杜博斯身上都见不到一点痕迹。他并没有拿"感情"（feeling）这个词来指内省。他不再单单从静观与分析艺术作品出发，他特别注意于它们的效果，想由此确定艺术之真实本性。不过在他对审美印象（aesthetic impression）所做的分析中，主体与客体被等量齐观，都被当作同等必要的因素来处理。他认为主体与客体的这个因果关系究竟具有怎样的特性，无法事先由抽象的思维予以确定，而只能由经验加以确定。杜博斯是第一个把内省确立为美学之基本原理而认为它才是一切可靠的知识之真正来源的人。艺术作品之本性无法通过概念而被认知，这个领域中的理论家除了诉诸他们自己的内在经验之外，没有其他方法可以把自己的洞见传达给别人并且使他们信其为真。直接印象绝不是任何推论所能取代的，一切美学概念之阐述都得由它出发，而且必须不断与它参照。杜博斯在其著作的开篇说道："如果我的书不能够使读者认识自己内在的动静——简言之，即他的心之最深层的爱好，我便不敢期望获得任何的称许。一个人一定会毫不迟疑地把一面镜子抛掉，如果他不能在其中辨识出自己。"[1]美学家现在不再拿着一部法典走向艺术家，也不再试图为观赏者立下毫无伸缩性的普遍法则。美学现在变成了一面镜子，艺术家与观赏者都可以在镜子中看到自己，他们也都可以认出自己以及自己的基本经验。分析到最后，一切增强审美判断力的教育与训练，要点都不外是使人学会更清楚地去看这些经验、这些原初印象，并且把它们跟任意的、偶然的因素区别开来。凡是无助于达成这个目标的美学学说与思维一概在摒弃之列。一切不具这种印象所特有的直接性的，一切不能增强我们对它的信念的，都与美学之宗旨无干。真正的鉴赏力是学不来的，也是无法借理论的思维以教诲的，因为感官知觉无须这类训练。"心自己会跳动，激起这跳动的最初一动出现得比一切思虑都早……我们的心正是出于这个目的而制造而组织的：因此，它的作用早在我们开始推理之前就开始了，正如我们的眼睛和耳朵早在开始推理之前就开始有感觉了。很少看到有人生来就没有前述的感觉的，正如很少看到有人生来就是瞎眼的。……我们为一出悲剧而流泪，不待讨论诗人所呈现在我们眼前的客体是否自然会动，或讨论它是否被模仿得很逼真。我们的感觉会把

①　杜博斯，《诗歌、绘画与音乐之批判性反省》第一部第一节。

它的本性告诉我们——在我们想到要去探究它之前。……如果诗歌与绘画的主要价值是在于符合成文的法则，那么，我们自可以说判定它们之优劣的最佳方法就是讨论与分析的方法。可是诗歌与绘画的主要价值却在取悦我们……正如西塞罗所说的，'虽然对艺术的法则一无所知，但借助于某种内在的感觉，所有的人都能判断艺术作品之好坏'。"①

　　因此，鉴赏力不再被人跟推论等逻辑历程归为一类，而被人跟知觉之直接动作并列，即跟视、听、尝、嗅等并列。这个转变把我们带上一条路，顺着这条路，休谟终于把这种思想发挥到极致。显然，休谟的哲学与美学问题的关联，远不如与知识论、心理学、伦理学、宗教等问题的关联多。但是这套哲学在美学领域也占有重要地位，从方法的观点来看，它的贡献是极具原创性的。在休谟的思想中，美学论争的前线完全改变了旧观。在以往，不管感情美学的支持者如何为感情之直接性与独立的本性辩护，他们却从来未能攻击推理本身，未能对它的特殊基本功能提出质疑。他们只是努力想把理性的力量与感情分开，却未曾致力于打击它的信誉或削弱它的声势。理性仍然被视为构成逻辑思想与因果推论之基础的力量，丝毫没有遭到异议。正是在这个地方，休谟向前迈出了具有决定性的一步。他单骑直捣敌营，设法阐明：向来被视为理性主义之骄傲与真实力量所在的地方事实上竟是其立场之最大弱点。感情从此无须再战战兢兢地站在理性之法庭前面拼命为自己辩护；相反，此时是理性被传唤到感觉的、纯粹"印象"的论坛之前接受盘问。结论是：纯粹理性向来所拥有的一切权威都是不正当与不自然的，总之，那是篡夺来的权威。理性不但丧失了它的统治地位，甚至在它自己的领域中，即在知识之领域中，它也不得不把它的领导地位拱手让给想象。就这样，在有关美学之基础的论争中，理性与想象之地位如今居然完全对换了过来。在以前，想象一直都必须努力去争取人们对它的承认以及它的平等权利，如今它却被

① 杜博斯，《诗歌、绘画与音乐之批判性反省》第一部第一节。

当作灵魂之基本力量而对待，被视为领导者与统治者，心灵之其他一切才能都得臣服于它。关于美学之结构，上述思想转变所蕴含的结论是很明显的，这个结论在休谟的文章《关于鉴赏力之标准》（"Of the Standard of Taste"）中有很清楚的陈述。这篇文章表明，如果以怀疑论理解那种对所谓放诸四海而皆准、俟诸百世而不惑的准则的摒弃，那么，即使是美学也不得不屈服于这怀疑论。关于这类真理与必然性之准则的主张，再没有比在美学领域内更容易被驳倒的了，因为日常的经验告诉我们：根本没有固定的艺术价值之尺度，不但现在没有，过去也从来没有。我们据以衡量美丑的基本标准，各个时代都不一样，各个人也都不一样。根本无法在这些纷纭的意见中拣出一项或两项，以它为典型，认为它才是真的，才是正当的。但是在另一方面，即使我们不得不承认鉴赏力之判断的相对性或多样性，其所蕴含的危险，对美学而言也没有像对逻辑和纯理性的科学那么大。因为这些学科如果没有一套出自事物本性之客观标准，就没戏唱了。它们要求获得关于客体本身及其基要属性的知识；如果怀疑论造成若干无法克服的障碍，使它们得不到这类知识，它们便会认为自己没有达成目的，认为自己徒劳无功。因此，对理性的科学而言，怀疑论永远是一项纯粹消极的破坏性的原理。但是对感情与纯粹的价值判断而言，情形就不是这样。因为一切价值判断所涉及的并非事物本身及其绝对的本性，而是客体与主体之关系。这种关系尽管各不相同，但各个都可以为"真"（true）。因为两者之间的关系究竟性质如何，并不单单系于其中的任何一方，而要看两者如何互相限定。因此施行判断的有意志作用的主体，绝不是外在于这个价值判断之内容与意义的东西，反之，它乃是这内容与意义的一个成分与决定因素。一旦了解了这一点，我们就可以看出审美判断有一个比逻辑判断更优越和有利的地方。这个有利的地方倒不在于审美判断所成就的东西多于逻辑判断，而在于它所需要的东西少于逻辑判断。因为它所下的断言不是关于客体本身而是关于主体与客体的关系，审美判断能够做到与事实之符合，这正是关于客观世界的科学所难以办到的。主体自可以不去充当外界事物之判断者，但他却是唯一可能且够格判断自己之存在状态的人。而人们的意思，正是打算让审美判断作为这些状态之表示。正因为所期于它的较少，所以它较能达成目标。理性有可能会犯错，因为它的标准不存在于它自身之内，而存在于它所涉及的事物之本性之内。感情则不会有这种过失，它的内容与标准不在外面，而在它本身之内。"一切的情绪都是对的，因为情绪不涉及自己之外的东西，而且总是真实的，不管人们有无意识到它。但是悟性之决定不可能通通都是对的，因为它涉及自己之外的东西，即涉及客观事实，而且不可能总是符合那标准。"在成千上万关于同一客观境况的判断中，只能有一个是对的和真的。困难之处就在于决定哪一个才是真的。但是在另一方面，成千上万关于同一客体的感情与评价却可以都是对的。因为感情并不求把握与描绘任何客观的东西，它只表示了客体与我们器官和心灵能力之间的某种符应。因此，就某种意义而言，我们是可能"客观地"（objectively）对美有所判断的，因为它（美）不是一个客体，而是内在于我们的一个状态。"美并非事物自身的性质：它只存在于静观这些事物的人的心灵中，每个心灵都知觉到不同的一项美。"①

由此看来，审美判断似乎完全没有普遍的正当性可言了。但是，即使休谟在此处摒弃了任何理论上的普遍性，正如他在纯逻辑领域中做的那样，这也并不意味着他也摒绝一切实际上的普遍性。不过不得不指出的一点是：既然审美感情和判断只对与主体之本性有关的东西有所指陈，它的正当与否便只能关联于主体。但是，即使在这里不存在任何谈论什么真正的等同或同一的可能性，经验意义的一致性也仍然存在；正因为有这种一致性之存在，所以尽管感情与鉴赏力人人不同，却还不致使人否定一切衡量标准。这种标准当然不是由美的事物

---

① 休谟，《关于鉴赏力之标准》（"Of the Standard of Taste"）（《道德、政治与文学散论》之一篇）。

之本性先验地决定的，事实上，它有待我们在人性中去找寻。人性使得上述感情与鉴赏力之歧异不至于变得无限大，使得它局限在人类身心状况所能容许的限度以内——此处所谓的人类，不是作为一个普遍的逻辑概念，也不是作为一个伦理学与美学的理想，而是作为一个生物的物种。就一个生物而言，一个个体固然与其他个体都不相同，但也有彼此一致之处；差异总是有其极限与律则的。因此，审美判断之间便有一种相对的一致，这是在哪里都可以看得见的客观事实。建立绝对的准则，固然是不可能的；但是经验的规律性，经验的平均标准，还是存在的。抽象地讲，不同当然还是可能存在，但是在具体世界中，这种不同却变得毫无意义[①]。人的鉴赏力之一致，是无法在理论上予以证明的，也不是能以推论得出的结论，不过它却是摆在眼前的事实，实际上，它还找到了一个比单纯玄想所能提供的更坚实的根据。从经验的观点来看，要在美学的领域中证明判断事实上有其一致之处，的确要比在理性的哲学知识领域中证明这点更为容易。就哲学体系而言，每个体系在它得势的时代，的确有其广泛的影响力；但一旦一个新起的体系光芒盖过它，它的声华就完全消失了。然而，伟大的古典艺术作品却比哲学体系更经得起时间的考验。尽管它们与它们所属的时代密切相关，尽管必须了解它们产生的时代之情况，才能对它们有深入的了解，但是这些情况并没有限制住它们的影响力。这些古典艺术作品反而成了不同的世纪之间的桥梁，成了最佳的证据，证明即使人类的思维变了，至少人类的感情与形成审美印象的能力基本上还是一样。古代思想家的著作中一度被视为明确的客观真理，在我们的眼光中早已失去其旧日光辉；但是古代诗歌施展于我们身上的魅力却仍然没有被解除，它对我们的影响强度也依然没有稍减。"亚里士多德、柏拉图、伊壁鸠鲁与笛卡儿可能如长江之后浪推前浪，可是泰伦提乌斯（Terence）与维吉尔（Virgil）却仍然是众所公认的、无可争辩的人类心灵之帝王。西塞罗的抽象哲学早已失掉了它的声

---

① 休谟，《关于鉴赏力之标准》。

誉，其演讲之激烈则仍然是我们赞叹之对象。"[①]

就这样，美学的一点最低限度的普遍正确性总算获得了大家的承认。但是具有经验主义心态的 18 世纪思想家并不以此为满足。他们承认了经验是审美判断之根源以后，还想赋予经验一个更稳固的基础，且从中找出一个"客观的"意义。这不啻是对这个问题的重新阐述，因为这时我们已不再满足于仅仅是用心于艺术现象之描述，我们还要追溯这些现象之根源，还要为它们找寻事实之基础。而想做到这一点，再也没有比把一切都归诸合目的性（purposiveness）更好的办法了。狄德罗就是在他的美学理论中重申这个见解的人。依狄德罗之见，鉴赏力是既主观又客观的东西：它是主观的，因为它除了个体的感情之外别无根据；但它又是客观的，因为这感情是千百个个体经验之结果。就其事实的表露而言，就其直接的呈现而言，鉴赏力是无法进一步加以界定或说明的，它是一件"我不知其为何"（I know not what）的东西。不过，如果我们把这个直接现象归因于它的过去，我们还是可以获得有关这个"不可知者"（unknowable）的若干间接知识。每个与鉴赏力有关的判断，都涉及无数以往的经验。说它是起于思维，与说它是起于"本能"（instinct），都有困难，其困难的程度也几乎不相上下；因为所谓的爱美的本能实在很难以理解，在心理学中假设有这么一个东西存在，正如在自然科学中假设有它的存在一样，是没有成效的，也是不被容许的。不过，如果我们能够对这个所谓的本能作一番纯经验的解释，如果能够阐明它乃是由别的事物衍生的，而不是原本就有的，情况就不同了。这时，这所谓的爱美的本能就可以有助于对鉴赏力的了解。自从我们第一次睁开眼睛以来，我们已经摄取了不知道多少的印象，其中每个印象都伴随着某一种感情或褒贬的价值判断。我们对美的事物的感情，就是这一切观察与经验在记忆中累积并最终融合而成的一个一般印象的结果。但是，在我们对美的事物的纯粹经验中，其前所累积的那些经验都看不见痕迹了，因

---

① 休谟，《关于鉴赏力之标准》。

此，我们无法从它身上看出它之发展经过，看出它发生的起源。就这个意义而言，我们可以说前述的感情是"非理性的"（irrational）。但是这种感情绝不是无端而起的。在狄德罗看来，这个感情的这个起源，就算不是一个直接可以证明的现象，至少也是他从经验主义之一般前提所推演出来的一个假定。"那么，鉴赏力是什么？它乃是一种能力，是由一再重复同样的经验而获得的，这种经验就是去领受真的或善的事物，而在领受它的时候，连同使它美的那个环境也一并加以领受，并且自然而活泼地去领受这个知觉所带来的感动。"[1] 狄德罗的这个说法显示：在他试图对美的事物作一纯粹经验性的解释时，他冒着抹杀美的具体特性的危险，同时，也冒着将美的事物与肉体上或道德上完美的事物，也即客观的合目的性相混同的危险。"米开朗基罗赋予罗马圣彼得大教堂他所能想象的最美的形式。几何学家拉伊尔（La Hire）对它的美大为着迷，为它画了一张速写，发现它呈现为一个最有抗力的弧形。米开朗基罗在无数的弧形之中选定这个弧形，其灵感的根源是什么？说穿了并不稀奇。这灵感还是来自日常生活的经验。教会单纯的木匠与令人崇敬的欧拉用以支撑一堵将倒的墙所用的梁应该取什么角度，依据的也是这种经验；它教会他风车的翼应该保持怎么样的斜度；它常常教给他许多东西，使得他的估计精确到学院的几何学家也无法再加以改进的程度。"[2] 在这么一个经验的与实践的解释中，美的事物颇有被还原为日常经验、被还原为平常的实用的事物之危险——也就是以这些来说明其起源、其形式。这情形，犹如狄德罗认为人体之美全系于它是如此形成以致最能发挥其生命功能。"英俊的男人就是大自然所形成的最容易去发挥个体之保全与种族之繁衍两大本能的人。"由此看来，狄德罗之经验论似乎仍然未能避开它所试图避开的危险，未能逃脱威胁着理性主义美学之舟的那块岩石。无论在什么地方，只要狄德罗设法在描述之外还兼对美的事物加以解

---

① 狄德罗，《绘画散论》（*Essai sur la peinture*）第七章。
② 同上。

释，他就发现唯有在某一情况之下才能做到这点，那就是把美的事物看作依赖于真的事物，把美看作真之变相的表现。只是这时关于真理的准则已经稍加变更，它的内容不复以先验命题为基础，不复以普遍必然的原理为基础，而以实践的经验为基础，以日常的惯例与效用为基础。然而这两种类型的解释都不足以说明美的事物之特殊意义与价值，因为这两者所采用的标准都不属于美之现象所在的那个层面。正如"理性"（reason）在古典美学中得胜一样，"悟性"（understanding）终于在经验主义美学中占了上风。在理论上，想象被视为一种独立的才能，视为心灵之一种特别的力量；甚至还有人企图去表明它乃是真正的中心才能，且是一切理论建构活动的一个心理根基。但是把想象之地位做这样的提升却有抹杀了这个才能与其他才能的差别之虞；因为以这种方式介入理论之领域而隶属于它，想象恐怕难免与理论合并而为一。美的事物之真正自主性与想象之真正自足性，不能由这样的途径而达成。达成这个目标所需的那种知性冲力，既不存在于理性主义的也不存在于经验主义的美学之中。这种冲力只能来自一种思想家，他既不想对美作理论的分析而把它纳于若干法则的统辖之下，也不想对它作心理学的描述和发生学的解释，他只是完全沉溺于对美的静观。第一个出现在 18 世纪的这样的一种思想家，就是沙夫茨伯里。他的学说注定要成为第一个真正广包的独立的美之哲学。

四　直觉美学与天才问题

18 世纪的英国美学，既不遵循法国古典主义的道路，也不遵循休谟的道路。当然，在其解决问题的方法上，在其整体发展上，上述两个思想倾向对这派美学之持续的影响还是清晰可辨的。英国此一世纪的文学与美学都很尊崇法国古典悲剧所提供的伟大典型，且在许多方面显示出这个影响的痕迹。至于经验主义，由于其基本要素已经包含在对美学问题之最早的阐述中，其影响力更是难以摆脱。而之所以如此，是因为这个问题当时一般都是从心理学的观点去探讨。在当时的英国，几乎已经没有人怀疑心理学的方法乃是处理问题的真实的、唯一"自然的"（natural）的方法。洛克、贝克莱与休谟似乎已经完全打赢了为严格经验主义而打的这场仗。因此，它的原理是不用再商榷了；它们只待被尽可能广泛地应用在一切新的领域，应用在越来越复杂的心灵作用之现象中。

但是英国美学最终还是成功破除了经验主义的魔咒，一步一步摆脱了经验主义的方法。这是因为英国的美学家能够直接求助于一项不受流行的经验主义思想影响的哲学学说，而从它获得灵感。英国18世纪美学的真正领导者都从沙夫茨伯里那里获得资粮，并且自认为是他的学生与继承人。沙夫茨伯里本人在哲学上则未曾师法同时代的任何人。洛克是他幼年与青年时代的老师，但洛克的影响却仅及于他的思想的某些成分，他的心灵与学说却都自成一格。他自觉与同时代的哲学不相投契，而径行在别处找寻知性上与历史上的楷模。只要翻开沙夫茨伯里的哲学日记，就可以看出他对他的时代的疏离。在这里面你丝毫找不到对当时热门问题的回响，也找不到对当时知性或实践方面的某些决定的回响。它所关切的不是当时的这些迫切问题；它的兴趣远在这些之外，它遥遥地回顾文艺复兴运动与古代的思想。在他的日记中，沙夫茨伯里直接与古人的精神相往来，与柏拉图、亚里士多德、普罗提诺（Plotinus）、塞涅卡（Seneca）、奥勒留（Marcus Aurelius）、爱比克泰德（Epictetus）等莫逆于心。对他的思维方式而言，最令人厌恶的莫过于把哲学化约为一套逻辑的概念或者一堆未经整合的科学学说。他要复活及实现原初的哲学理想，这理想就是建立智慧之纯粹学说。沙夫茨伯里正是以这个方式，而不是经由抽象玄想或经验的观察，迈出他探讨美学问题的第一步。这些问题只是他自己个人的问题，后来才变成纯粹理论的问题。沙夫茨伯里并不仅仅从艺术作品的观点来考虑这些美学问题，他甚至也不是以这观点为主而考虑问题；相反的，他寻求一套美的理论，为的乃是回答性格塑造的问题，回答个人内在世界之结构法则的问题。作为智慧之纯粹学说，哲学如果未能完成一套美的学说，以此作为它成就的极致，无论如何总不能算是功德圆满。因为真正的真理绝不能离美而独存，犹如美不能离真而独存。沙夫茨伯里哲学与美学之基本论点——"凡美皆真"，只有放在这么一个脉络中，才能被人了解。从字面上看，这句话所说的似乎不外对客观性（法国古典美学所代表的）之要求，这句话似乎就是布瓦洛"除了美的，就没有真的"这论点之翻译或释义。但是这个类似却只是表面的，因为在这两句话中同样的字却表达了完全不同的思想。当沙夫茨伯里宣称美就是真的时候，他所谓的真并不是指一堆理论知识之总和，一堆命题与判断（它们可以被化约为若干逻辑规则、若干基本概念与原理）之总和。对他而言，"真理"（truth）是指宇宙之内在的知性的结构，这个东西不是单单通过概念就能认知的，也不是通过许多经验之累积就能归纳地领会的，它只能被直接地经验，被直觉地了解。这种形态的经验和了解可以得自美的现象。在这里，内在世界与外在世界之间的障碍消失了，两个世界都归同一条概括一切的律则所统辖，它们也各自以自己的方式把它表现出来。我们在每个美的事例身上所发现的所谓"内在韵律"（interior numbers）同时显示了自然（本性）与物理世界之奥秘。因为后者也只是在外表上为一个"外在"（external）世界，这个世界之更深一层的真相也见诸一个事实，即有一项原理通行于这个世界之中，这世界的每样事物都在相当程度上体现与反映了这项原理。我们在静观美的事物时欣赏的就是这个"反映"——其中已经没有任何经由逻辑推演而得出的东西，它显示出内在与外在世界已经无法分解地交织在一起。一切的美都源自真，但是真之全幅具体的意义却只有在美中才能显现出来。沙夫茨伯里采纳了斯多葛学派的伦理思想：过一种"合乎自然（本性）的生活"（life according to nature），而把它应用在美学上。人与世界之间的纯粹和谐，唯有通过美的事物才能获致。因为在这里（美的事物）人不但了解，而且经验与认知了一个事实：一切的秩序与规律性，一切的一贯性与律则，都系于同一个原初的形式，都系于同一个整体，这个整体直接呈现在人身上，犹如其直接呈现于每一个造物身上。宇宙之真理通过美之现象而发言，它不再是不可接近的，反之，它已获得一种表达之工具，一种语言，借着这工具、这语言，这个真理之意义，这个真理之道理（logos）第一次得以完全显现。沙夫茨伯里把美学从古典主义与经验主义移植到完全不同的一片新土壤上。在美学的发展上，这时已经抵达一个真正的转折点。沙夫茨伯里的学说把整个美学问题的焦点调换了。古典美学的注意力主要是在艺术作品上，它总是企图像处理自然客体那样来处理艺术作品，企图以类似的方法来研究它。它总想为艺术作品下一个像逻辑界说那样的界说。这个界说，就像逻辑界说那样，目的就在于依据作品之类（class）、种（genus），与特殊差异（specific difference）等以确定作品之内涵。与此同时，它又提出了类型不变等学说。经验论的美学不但在方法上与上述美学有别，而且在目标上也与这种美学大异其趣。因为它对艺术作品及其分类、归类并没有直接的兴趣。这派美学所感兴趣的是欣赏艺术的主体，它致力于获知这主体之内心状态，并以经验主义的手段去描述这状态。其所关切的主要并不在作品本身之创作及其形式，而在作品被经验被吸收之整个心理历程。它要把这过程分析再分析，一直分析到不能再分析为止，把它分成最后的组成成分。而对沙夫茨伯里来说，这类的问题却从未成为其哲学兴趣之中心——虽然他并没有避免它们。他既不对作品之分类感兴趣，也不对观赏者心理历程之解释感兴趣；他的目的既不在逻辑概念，也不在心理描写。对他而言，美的事物意味着完全不同的另一种启示；它出自不同的另一个根源，指向不同的另一个目标。在静观美的事物时，人由被创造的事物之世界转向创造的历程之世界，从作为客观实物之贮藏所的宇宙转向塑造了这宇宙且构成其内在一致性的诸般力量。这种洞见不能从分析艺术作品而获致，也不能从专心研究审美者内心的再造历程而获致。依沙夫茨伯里之见，理性的分析与心理学的内省都只能使我们接触到美的事物之表面，而不能使我们深入其核心。这个核心无法求诸欣赏之历程，而只能求诸构成与创造之历程。艺术欣赏只是一种被动接纳的行动，这是不充分而无力的，因为它不会导致我们发现自身的自发性，发现那个美的事物之真正根源。而一旦这个根源被发现了，便不只是主体与客体、自我与世界之间可以达成那个真实而唯一可能的综合，就是人与神之间也可以达成。因为当人不被当作被创造的东西而考虑，却被当作一个创造者而考虑的时候，人与神之间的差别便消失了。神照自己的形象而造人，这句话的真正意义，只要人仍然留在被造的事物的领域中，留在经验性的实在事物的领域中，只要人仍然试着去复制这个世界的秩序与轮廓，这意义便无法显示出来；这句话的真正意义，只能在天才艺术作品的原创性灵感中显示出来。在这里，人类的真正普罗米修斯本性（Prometheus nature）终得大白于世；他变成了"第二创造者，朱庇特底下的普罗米修斯"（a second maker, a just Prometheus under Jove）[①]。一定要通过这个居间的阶段，才能静观与领会神圣的存有（上帝）。只有能从自己心中源源不断造出具体而微的世界的艺术家，才能了解这个宇宙，因为这个宇宙正是同样的创造力量所创造的东西，对这力量，他在自己的创造历程中是早就十分熟悉了的。对他而言，一切的存有都不过是上帝之文字与符号。

现在，在理性与经验之外，又有一个力量被提出与它们并列，这个力量（即下面所说的"直觉的悟性"），依沙夫茨伯里之见，应该优越于其他一切力量，而且也是这个力量第一次向我们揭示了深层的艺术世界。这一层绝不是推论式的思维（这种思维由一个概念到另一个概念逐步摸索着前进）或敏锐耐心的观察（其对象为种种特定现象）所能透入的。唯有直觉的悟性才能进入它的堂奥。这种悟性不是由部分而整体地，而是由整体而部分地，去把握对象。关于这种直觉的悟性之观念与理想，沙夫茨伯里是得之于普罗提诺之"可理解的美"

① 参看本书第二章第五节。

（intelligible beauty）的学说。但是他把它用为一种新的意义，而且使它充满柏拉图或普罗提诺思想中并不具有的一种色彩。因为他想借助于这个观念，以消解柏拉图对艺术的反对。依沙夫茨伯里之见，艺术绝不是模仿——如果这模仿是指尽量再现事物之表面与外观。艺术的"模仿"属于另一个领域，另一个次元。它不是模仿制品，而是模仿制造的动作；不是模仿变化之结果，而是模仿变化之历程。依沙夫茨伯里之见，能够使自己沉湎于此历程且从这个立场去静观它，正是天才之真正的本性与奥秘。沙夫茨伯里的学说既然对天才持此看法，结果天才问题便开始在美学理论中占有一个中心的地位。逻辑的分析与经验的观察，都不会导致天才问题的探讨，唯有直觉的美学才能赋予这个问题内容与实质。以下且让我们回顾一下"天才"这个字的演变经过，以见有关思想与观念之发展。"天才"（genius）这个词并不是沙夫茨伯里首创的，他从普通美学术语中采取了它。不过他却是第一个把它从历来的含混暧昧中拯救出来的人，这些含混与暧昧使得它带有很丰富的意义，特别是哲学的意义。在古典美学中，这个词与拉丁文 ingenium 之血缘很受强调，而 ingenium 这个词则被视同"理性"（reason）——一切心灵作用之支配力量。天才是理性之最高升华，是其一切能力之精髓："天才是卓越的理性。"（Genius is sublime reason）这个理论在鲍赫斯手中有了进一步的发展。这个发展，如前所述，导致美学的一个新的基本倾向——"敏感"美学。这个发展也试着克服上述的偏颇。鲍赫斯不再把天才视为"天生的好的审辨力"（good sense）之强化与延续，他认为它是相当复杂的一种功能。天才之力量，不在于把握事物之单纯的真相并将之尽可能精确而扼要地加以表达，而在于感受种种微妙而隐晦的关联。所谓"显露天才的"（genial）思想，就是能够使人摆脱俗见而对事物抱持一种令人惊讶的新见解的思想，这思想能以其出人意表的表达与隐喻、比喻而令人愉悦欣喜。不过在这里，天才仍然只是被局限在纯粹理智之领域——事实上，是机智之领域；其所强调的是心灵之细致、精确与机灵，这个特性可以在"敏感"一概念中表现无遗。沙夫茨伯里对以上这两种天才都不表同情；他着意把天才这概念提升到感觉与评价的层次以上，提升到得体、情趣、精致的层次以上，而专用它来指涉生产的、形构的、创造的力量。他就这样第一次为天才问题的未来发展树立了一个坚固的哲学的核心。他赋予这个问题一个明确的基本方向，其后尽管在通俗的哲学与心理学的研究中有许许多多的歧异，然而这个大方向却为一切系统美学的真正建立者所信守不渝。18世纪德国的伟大美学——莱辛的《汉堡剧评》与康德的《判断力批判》便是滥觞于此。

　　但是，如果沙夫茨伯里的抽象思想没有获得具体事实之支持，他那有关艺术创作之自发性的学说也不会产生实际上产生过的那些影响，这事实见诸知性活动之另一个领域——文学中。在18世纪的英国文学，不谈到天才问题、不谈到天才与法则之关系则已，一谈到这些问题，抽象的推理立即便会转成具体的事例。莎士比亚与弥尔顿这两个名字一再出现在我们面前。他们可以说已经成了固定的轴心，一切有关天才问题的理论研讨莫不环绕着他们打转。作者都依据这两个伟大的实例，努力去把握天才之最深的本质；历来各种理论所认为可能的一切天才之特征，可以说都在莎士比亚与弥尔顿两个人身上实现了。以上的现象，在杨格（Young）的《原创作品蠡测》（*Conjectures on Original Composition*）中表现得最为明显。杨格在研究过莎士比亚的悲剧与弥尔顿的《失乐园》之后，得出一项信念：诗歌天才之创造性不能够以寻常的理智标准、以推论的悟性之标准去衡量；这种创造活动更无法以这样的方式去说明。天才之于悟性，其间的距离，正如魔法师之于建筑工人一样。以这个类比，杨格总结了他的天才说。他认为每一件伟大的艺术作品底下都有魔法存在，他对这种魔法有强烈而深刻的感受，他的理论就是想把这个感受形诸文字，把它化为概念性的知识。诗歌的魔法不需理智的媒介，也不容这种东西来做媒介，因为这种魔法的真正力量正存在于它的直接性上。莎士比亚并没有受过学校的教育，但是他的面前永远摊开着两本书，在这两本书中他可以读到别人所没有读到的东西，那就是大自然与人这两本书。产生莎士比亚悲剧的那股基源力量早已从 18 世纪的戏剧中消失了，激发莎翁之剧本写作的那股生气也早就死了。可是杨格等人的理论还是千方百计想使它们重现于我们眼前，以便仔细地端详研究，因为他们深信：唯有通过对真正"原创作品"（original compositions）之静观，才能发现美之真性。因为只有天才才具有真正的魔法的力量；他不仅是对我们的悟性与鉴赏力说话，他还在我们灵魂深处激起情感的风暴。

把沙夫茨伯里的基本美学观念耐心而透彻地加以阐明的，则是哈奇森（Hutcheson）的《论美与德性观念的根源》（*An Inquiry into the Original of our Ideas of Beauty and Virtue*, 1726），这些观念在沙夫茨伯里吟诵诗式的、赞美歌式的文章中只是点到为止的触及。沙夫茨伯里的这些观念经过哈奇森的阐述之后，才开始在学术圈中广泛流行开来，不过其含义在经过解释之后也难免有点走样。在哈奇森的书中，沙夫茨伯里本来在"受纳性"（receptivity）与"自发性"（spontaneity）之间，在"感觉"（sensation）与"直觉"（intuition）之间划得十分清楚的界限，开始模糊了起来。哈奇森的学说的特征很明显地表现在他有关美之本性的说法中。他把美感之直接性比诸感官知觉之直接性；他认为除此之外，再没有更好的类比了。他主张有一种特别的感官，专门感受美，正如眼睛是专门知觉颜色的感官，耳朵是专门知觉声音的感官。凡是不具备这种特殊感官的人，很难通过间接的途径去认知美的效用，正如颜色与声音的存在很难通过实际知觉以外的途径去得知。不过尽管哈奇森把我们对美、对和谐与规律性的感受归于一种与外在感官不同（且独立于它）的"内在感官"（inward sense），他还是无法掩饰他把沙夫茨伯里若干观念互相混淆之事实。因为在他的学说中天才又可以被形容为一种受纳性之天赋，而等同于"精致的鉴赏力"（fine taste）。只是他既然坚持沙夫茨伯里之若干基本预设，他有关第六感官的学说便面临着一个两难的困局。施泰因（Heinrich von Stein）在其《近代美学发展》（*Development of Modern Aesthetics*）中论及哈奇森的学说时，说他所谓的先验感觉有一种矛盾，因为他一方面摒弃一切经验论的结论，一方面又以知觉作为美之基础，坚持知觉有其普遍的确实性。不过，施泰因所提出的异议与其说是针对哈奇森基本观念之内容而发的，倒不如说是针对他的用语而发的。就其试图以经验论的语言表达渊源于沙夫茨伯里直觉美学的一个概念这点来说，哈奇森的这个用语是不当与含糊的。沙夫茨伯里的艺术直觉概念有一个特征，就是不承认我们只能在理性与经验之间、先天与后天之间选择其一。对美的静观可以教我们如何克服 18 世纪知识论中的这项重大冲突；它就是要把心灵放在一个有利的新的地点，使它的眼光能够超越这个冲突。沙夫茨伯里既不把美视为笛卡儿所谓的"天生观念"，也不把它视为洛克所谓的从经验中提取出来的概念。就其非属于偶然而属于精神之实质且以全然原创的方法表现此实质而言，美乃是独立而原初的，固有而必然的。美不是得自经验的一项内容，也不是一开始就像一枚铸好的铜币那样呈现在心中的一个观念；它毋宁是特定的一个基本范畴，一股纯粹的能量，是精神之一个原初的功能。

因此，在他的艺术概念中，犹如在其自然观中，沙夫茨伯里代表着一个纯粹力本论（dynamic）的立场。但是这个"力本论"（dynamism）可不能与其他显然相关的见解混为一谈。乍看之下，沙夫茨伯里似乎与杜博斯有极其一致之点，因为杜博斯的《诗歌、绘画与音乐之批判性反省》阐发了一个论点：美之价值与魅力在于刺激与强化灵魂之力量。然而由于杜博斯仅由观赏者之立场而非由艺术家之立场来处理审美经验，由于他只考虑观赏者的活动，而不考虑创作者的活动，他的价值尺度乃与沙夫茨伯里的尺度大异其趣。他们的一致仅限于否定的方面，而不在于肯定的方面；他们摒弃相同的东西，却肯定不同的东西。他们都反对把美局限于不可更改的严格规则之中；他们都承认天才自有能力和权利破除既有的规律，而以他们自己的权威另立新规。他们也反对一切想以推理、想以理智的定义与分析的辨别来理解美之本性的企图。他们都提倡一种对美的"直接"（immediate）知识，但是对于这直接性的由来，两个人却有不同的看法。对沙夫茨伯里而言，它存在于纯粹创造之历程；对杜博斯而言，它则见诸观赏者之接纳与构想模式。依杜博斯之见，所有的艺术欣赏都依存于观赏者面对艺术作品时心中所起的若干反应。观赏者自觉整个人被艺术作品折服，为其动作（movement）而狂喜，而神魂颠倒。动作愈是有力，我们对它的感觉就愈是强烈，而作者的目标也愈是完美地达成。由于杜博斯持有动作至上的看法，他遂几乎以作品激起情绪的强度作为衡量艺术价值的唯一标准。作品之性质与特性则成为次要的事，有时他甚至几乎把它们当作完全没有意义的东西那样看待。在他著作的开端，当他为他的一个论点而辩护的时候，他便显然不是依据美学现象来解释他的论点，而是依据更广泛的另外的现象来解释它。上述这个论点是：心灵正如身体那样，有其自己的需求，而心灵之最大需求便是永远保持自己的运动。他毫不迟疑地把我们由静观一幅画或聆听一首曲子所得来的印象，与我们因目睹囚犯被处决或观看拳赛和斗牛而生的感情相提并论。在上述这些事例中，人都屈从于同一个动机，他不但能忍受这类极端受苦的景象，甚至特意寻求它们，因为这些景象可以使他免除心灵静止不动之痛苦。"随着灵魂之静止不动而来的厌烦，对人而言乃是十分难以忍受的灾难，所以他常常从事最难受的劳动，以求免除静止不动之苦……因此我们本能地追求各种足以激发我们热情的事物，即使这些事物会使我们日夜不安与难过。一般而言，人们过一种没有热情的生活比为了热情而受苦更加痛苦。"

因此杜博斯借以理解作品之本性与效应的力本论，并不是沙夫茨伯里心目中有关形构与创造历程的力本论，杜博斯的力本论乃是有关痛苦与热情的力本论。杜博斯并没有像沙夫茨伯里那样发展出一套直觉的美学——这套美学着眼于艺术创作的历程且致力于阐明这历程之独特本性，他给予我们的是一套"动人哀感的因素"（pathos）之美学。杜博斯力图检视艺术作品在人身上所引起的反应，亦即感情。在他看来，我们能对艺术家所做的最高要求，我们能使天才遵从的最高的唯一的规则，并非要求和规定天才在创造时必须服从某些客观准则，而是要求和规定他必须永远现身于他的一切创造中，必须把他深刻的情感传达给观赏者，灌输给观赏者。"要永远热情洋溢，绝不可让你的观众或听众萎顿下来。"杜博斯认为，这便是美学家必须用以督促艺术家的首要箴言。绘画或诗歌的价值全在于其意象之动人哀感的因素，而不在于其逼真与否。就其重新强调热情之力量而言，杜博斯无疑为美学注入了一股新的活力，但是他这个方法之局限也可以从其后果中观察到。因为像杜博斯的理论这样毫无保留地完全着眼于观赏者，难免导致单凭观赏者的反应来衡量作品之艺术内涵，终致把作品之艺术内涵与观赏者的反应混为一谈。艺术作品有流为单纯的景观之危险，只要它能满足观众想看点什么的欲望，只要它能激起听众内心的关切且不断地提高他的情绪，那么，究竟通过什么手段而达到这个效果便无关紧要了。效果之强弱被当作正当的艺术标准，情绪之高低决定其价值之大小。诗歌与绘画只图悦人与动人，此外别无更高目标，其雄伟（sublimity）尽在于此："诗歌与绘画之雄伟，尽在于其悦人、动人。"康德反对伦理学的幸福论，说它扯平了一切的道德价值，最后甚至取消了它们。因为主张幸福论的人必然仅依据行动所带来的快乐之多少以评定它的道德价值，而不问其种类与来源，犹如爱金的人只求有金而不问其出自矿山或河沙。我们可以对杜博斯的美学提出类似的异议，他这套美学把一切艺术内涵都归结为感情，又把感情归结于刺激与情绪之状态。最后情绪之实况终于变成衡量作品价值之唯一可靠的准则："认知一首诗之优点的真确方法，就是看它造成了怎样的印象。"

关于鉴赏力的理论，杜博斯与沙夫茨伯里之间也存在着同样的歧异。杜博斯强调鉴赏力的直接性，且声言艺术作品不应该由讨论而评断，而应该由感情而评断。在这一点上，他似乎与沙夫茨伯里完全一致。但这里他所谓的直接性却有另外的意义，他为它所做的辩护也出诸完全不同的方式。沙夫茨伯里是从纯粹审美直觉的原理去理解这直接性，杜博斯则从感觉去理解。因此在杜博斯看来，审美鉴赏力便几乎与味觉、嗅觉无异。他说：感情评断艺术作品之价值，就像舌头评断一道菜之好坏一样。那么，感情与感觉、美与令人愉悦之差别何在呢？杜博斯的路径显然无以提供这区别之凭借。在沙夫茨伯里看来，这区别却是其思虑之焦点，而且成为其"超乎利害的乐趣"论（doctrine of "disinterested pleasure"）之基础——这个理论点是沙夫茨伯里个人对美学最重要的贡献。依沙夫茨伯里之见，美的本性与价值并不存在于它在人身上所引起的情绪反应，而存在于它揭示了形式之领域。因此动物尽管都服服帖帖地听任这情绪反应的力量摆布，它们却无与于这纯粹形式之世界。因为形式绝对无法被了解与摄取，除非人们把它和它所造成的后果①分开并把它本身当作审美静观的对象②。美的直觉——我们必须小心地把它和美的感觉分开——只能产生于这类静观，这类静观绝不仅是灵魂之一个被动状况，而且是最纯粹的一种活动，即灵魂特有的活动。

因此，美与真的关系，艺术与自然的关系，也呈现出一种新的意义。沙夫茨伯里不但坚持美与真、艺术与自然之间的一致，而且似乎趋于把两者完全等量齐观。不过如果有人以为他的"一切美皆是真"这个论点意在否定美之固有性与自主性，那就完全误解这个论点的意思了。因为沙夫茨伯里断定真与美之间存在着一种和谐，并不意味他认为它们之间有一种依赖关系，反之，他这么讲倒是为了防止有人这么以为。依沙夫茨伯里之见，真与美的关系乃是一种本质性的关系，而不是一种偶然性的关系，它涉及自然与艺术之本质，而非它们时间性的创造物。在沙夫茨伯里看来，艺术严格地局限于自然，它无法成

---

① 指情绪反应等。——译注

② 沙夫茨伯里，《道德家》（The Moralists）第三部第二节，《特征》（Characteristics）第二卷。

就任何超越自然之范围的事物，也不应有此企图。但是他之要求艺术必须维持其与自然之内在的一致，倒不表示他主张艺术必须限定在经验客体的世界中，必须以对它们的复制而感到满意，而是表示他认为在艺术创造中可以达到自然之"真"。因为就其较深一层的意义而言，自然并非所有被创造的事物之总和，而是宇宙之形式与秩序所源出的那股创造的力量。只有就这个意义而言，美才应该与真竞争，艺术才应该与自然竞争。真正的艺术家并不熙熙攘攘地在自然界搜集大自然创造物之零碎成分；他是在复制一个完整的范本，这个范本作为一个原初的、不可分割的整体而站立在他的面前。这个想象中的范本并不是一个幻象，相反，它确与事物之基本真相一致——如果不是与它们的现实实在一致。艺术家之创造物绝不是他主观想象之产物，不是虚幻之物，它是真实存有之表现——这所谓"真实存有"是指一种内在的必然性与规则。天才所遵守的规则并不是外界加之于他的，而是出诸他的内心，他自己制定这规则。这规则之形式并非借自自然，却完全与自然相和谐，不但不与自然之基本形式相冲突，而且阐发了它、肯定了它。"自然永远与天才联盟；其中的一方所承诺的，另一方一定加以履行。"席勒的这几句话可以说最扼要而动人地形容了沙夫茨伯里对艺术与自然之关系的看法。天才根本就无须四处去探索自然或真理，他自身之中便带有这些东西，只要它忠于自己，他就可以一次又一次地跟它们相遇，对这点他大可深信不疑。美学之主观性原理就这样被揭示出来，以与古典派所要求的模仿自然相对抗。不过，在心理学经验论体系中，这主观性却意味着全然不同的东西。因为在经验论的学说中，自我（ego）只被视为一堆知觉，而在沙夫茨伯里看来，那却是一个基本的整体，一个不可分割的统一体。正是通过这个统一体，我们直接洞察了宇宙之形式与意义；也是在这个统一体身上，我们通过直觉与同情而领略了那所谓的"普遍的天才"（universal Genius）。沙夫茨伯里的真理概念中本来就含有这个"主体中的自然"（nature in subject），且以此为美之准则。康德在他的《判断力批判》

中把天才界定为替艺术立法的才能（天赋）。康德所走的自是他特有的先验哲学路数，他也是用他特有的说法来陈述这个命题，不过仅就这命题之内容而言，他的定义却是与沙夫茨伯里及其"直觉美学"之原理与预设完全一致的。

随着美学问题之范围的不断扩大，关于艺术主体性的一个新的、更深刻的概念也日渐酝酿成熟。例如 18 世纪中叶以后，有关雄伟（the sublime）的问题，其重要性就被提升到与美的问题相等的程度，这对上述概念之形成便有相当影响。这当然并没有增加美学的内容，因为有关雄伟的问题，其渊源可以一直上溯到哲学美学之最初期。古典美学也曾由古代传统承袭了这一主题。1674 年布瓦洛出版了他对希腊修辞学者朗吉努斯（Longinus）《论雄伟》（On the Sublime）一文的评注。不过在这评注中仍然看不出 18 世纪美学探讨这问题时所采取的新方向之迹象，更看不出这个方向所具的意义。伯克的《雄伟与美之观念探源》（A Philosophical Inquiry into the Origin of Our Ideas of the Sublime and the Beautiful，1756）是第一部有关这个问题的重要著述。伯克的文章基本上不是哲学性的，而是心理学性质的；它并未提出有系统的美学理论，只是设法清楚地分辨且忠实而充分地描述若干美学现象。但是，这番描述使他有机会面对传统美学体系的一大错误。习惯上大家都把秩序、均衡、明确分界等视为美的事物之特征，但是这些特征显然还不能包括造成艺术意义与效果的所有要素。只依据这几项特征来界定美，则所订出的定义一定无法涵盖相当可观的一类现象，这一类现象的存在是任何观察者都不可能不注意到的，除非理论上的偏见隐晦了它。美是和谐均衡与形式统一，但是对这种美的静观并不能在我们身上唤醒灵魂的最深情感或最强烈的艺术经验。当我们面对形式之不完整乃至完全解体时，反而会有更强烈的另一种情感产生。并不只是古典意义的形式才具有美学价值，才在美学中占有地位，变形也有其美学上的价值与地位。不只是合乎规律的事物才能使人愉悦，不合乎规律的也能；只不是能以某种尺度衡量的事物才能使人愉悦，不能以任何尺度衡量的事物也能。后面的这一类现象，伯克称之为雄伟的事物，这类现象打破了前此各种美学体系的架构。雄伟的事物公然向美学的一项要求挑战，那就是要求均衡，因为这类事物的特性正在于超越一切均衡。它之能产生撼人的效果也正由于此。不只是在我们纯粹直觉中呈现的经过我们心灵揉捏塑造的对象能够感动我们，就是那些不听我们摆布的，那些制服了我们而非受我们塑造与控制的对象也能够感动我们。这些无法掌握的经验成分比其他任何东西都更为有力地感动我们；当我们面对这类可怕的东西时，我们最能感受到自然与艺术的威力。在我们面对这些可怕的东西时，我们不对它屈服，我们打起精神与它对抗，因而自觉到自己的力量之提升与增强——这是我们在面对雄伟的事物时通常会有的经验，也正因为它会引生这些经验，它所产生的艺术效果才会是最深刻的一种。雄伟的事物扫除了一切有限境界之界限。但是自我却不会觉得这是一种破坏，反而觉得这是一种提升与解放。因为这时他在自己身上发现了一个无限的境界，在这种感觉之中，他享受着一种新经验，经验到自己的无拘无束。关于雄伟事物的这么一个概念与解释，不仅超出了古典美学之界限，也超出了沙夫茨伯里。因为沙夫茨伯里虽然在《道德家》一书中对大自然的谈话里表现出了对一切雄伟事物之魅力的高度敏感，但他还是始终把形式观念视为美学之基本原理。因此上述关于雄伟事物的概念与解释确实为美学中的主体性带来了一层新意义，并且给予它一个新地位。有关雄伟的这个学说，其最大的意义乃在它从艺术这方向指出了幸福论之极限，而克服了它的狭隘性。18世纪伦理学所苦求不得的一个果实，如今在美学的助力之下，居然瓜熟蒂落般自己掉入它的怀里。为了要发展他的雄伟学说，伯克不得不对审美的快感做一番截然的区分。他辨认出一种特殊的快感并加以描述，这种快感不同于感官的愉快，也不同于我们在观照美的事物时所感到的愉悦，这是一种类型完全不同的快感。雄伟感并非上述的愉快或愉悦之加强，而是与这两者对立的东西。它不能单纯地被描述为快感；它是完全不同的另一种情感之表现，那是一种特殊的愉悦，它不排拒恐怖惊惧之情感，反而包含了它们，且有赖于它们。因此，审美的愉快便有了另一个来源，它不是由于对快乐之欲求获得满足，也不是由于对愉快之追求有了结果，又不是由于达成了某些有限的目的，它是"充满恐怖的一种愉悦，带有惊惧的一种安宁"（a sort of delight full of horror, a sort of tranquillity tinged with terror）。面对雄伟的事物，也使得我们的精神获得另一种提升与解放。雄伟感不但使人的精神摆脱了自然的客体与命运的力量之束缚，而且使人的精神从社会的千百重罗网中解放出来。在这种经验中，原来存在于自然与社会中的种种障碍都消失了；个体完全凭自己的两只脚站了起来，昂然独立地、自本自根地肯定自己，凛然与整个宇宙——包括自然与社会——对峙。伯克明白指出人有两种冲动：一种驱迫他保持自我，一种驱迫他生活于社会之中。雄伟感基于前一种冲动，美感则基于后一种冲动。美的事物使我们与别人结合，雄伟的事物使我们与别人隔离；前者教人以社交的适当形式并改进道德，因而使我们文明化，后者则透入我们存在之深层，把它（存在）的真相揭示在我们眼前。再也没有其他经验能够像有关雄伟事物的经验那么给人自信和勇气去做一个自本自根的人。至此，在古典美学的发展过程中一再阻挡人的一个障碍总算克服了。古典美学深信它所提示的法则反映了艺术作品之真相，并且深信：它要求艺术遵守的规律，都是从各种艺术类型之本性中抽绎出来的。但是在实践中古典美学却从未完全实现其理论上的理想。它实际所揭示的只是一种相对的、偶然的真相，而不是它所标榜的"自然之真相"（truth of nature）；只是若干社会的惯例，而不是它所标榜的理性之普遍有效法则。雄伟的学说对这点有清楚的认识。这个学说以前所未有的严格态度辨别了本质与表象、自然与习俗、自我之本体和深层与它的偶然属性和关系。天才问题与雄伟问题现在终于朝着同样的一个方向而前进，两者成了逐渐演化中的一个有关个体性的新概念之基础。

五 理性与想象：戈特舍德与瑞士批评家

如果我们把 18 世纪德国美学的发展与英国、法国美学的发展做个比较，立刻可以看出两者在基本倾向和特征上都有显著的差异。当然，如果我们只就问题之内容以及概念之分析与说明而加以考察，是很难指出各国文化间之明显界限的。正如在其他一切领域中的情形那样，18 世纪的各国之间在美学上也有畅行无阻的观念交流。不同的纱线既已如此复杂地交织在一起，在最后织成的布匹上也就难以再加分辨了。德国美学之特殊地位不是建立在它所持的概念或原理上。在德国美学中几乎找不出一个概念或原理是英国和法国美学所没有的。不过，不断从英国和法国流入德国的一些概念或原理，在德国却被赋予新的意义，并且被导向新的目标。在德国，美学问题才第一次被置于体系哲学之指引与照顾之下。没有一位居于领导地位的德国美学家只想从事于观察与描述，没有一个人甘心把自己局限于美学现象的研究上。他们还不断探讨着艺术与其他知性生活领域之关系，不断寻求着艺术才能与悟性、理性、意志等才能之区别。美学家们企图借此对知性做一番通盘的阐述——针对其内在的统一及其各个面向与等级。这无疑是莱布尼茨在德国哲学中牢固树立起来的成体系的精神（systematic spirit）——这种精神又在沃尔夫的学说中受过严格的训练。英国和法国的美学就没有经过这么严格的理论磨炼。在法国，18 世纪开始以后，由于鲍赫斯与杜博斯的影响，笛卡儿哲学之严格理性精神越来越退居于幕后。在后来的发展中，虽然哲学与美学及文学批评之密切关联仍在，但哲学本身却明显摒弃了体系之形式。在孔狄亚克的《论体系》一文发表之后，各方人马都纷纷投身于反对体系建构精神的战争中。[①] 莱辛在论及狄德罗之时，曾说：自亚里士多德以来，还没有其他哲学家献身于剧场之研究（除了狄德罗）。但是狄

---

① 参看本书第一章。

德罗之戏剧哲学——如他表现在讨论戏剧艺术的对话中的——却是完全不成体系的。它没有逻辑的结构，也不遵循推论的程序。它所包含的是一串不相连属的观念，既无规律，又多方折中调和。在英国，情况也约略相同，其最不受哲学体系之约束的，正是在美学领域中最深刻最有创获的思想家，也是对这门学问的未来发展真正具有创见与推动力的人。沙夫茨伯里说过一句话："成为笨伯的最佳方法就是谨守体系。"[①]然而在德国，即使这时美学正为想象之自主性与创造力之地位而力争，它也从不反抗逻辑之统治，而始终维持与它的亲密联合。美学家并不想把想象从逻辑之支配下解放出来；反之，他们还想找出一套想象之逻辑。当瑞士思想家在他们拥护想象而反对理性的斗争中对戈特舍德（Gottsched）发动攻击的时候，他们并无意摒弃沃尔夫之逻辑的严格性。博德默尔（Bodmer）的《想象力之影响及对增进鉴赏力之用途》(*Of the Influence and Use of the Imagination for the Improvement of Taste*, 1727)一文，即是题赠给沃尔夫并由此直接托庇于他的。博德默尔在本文宣称：有了沃尔夫之论证的哲学探讨方法，人们才可能依若干基本原理以建构艺术思想体系。这些瑞士哲学家又由沃尔夫上溯至莱布尼茨，而作为逻辑学家的莱布尼茨也再一次成为人们主要的求助对象。他们认定莱布尼茨对建立艺术哲学的最大贡献在于他提出有关"预定的和谐"的理论体系，因而"给予感觉致命的一击……他罢去了感觉僭窃已久的裁判地位，而使其沦为心灵判断力之辅助的及偶然的原因"。从瑞士学派把中心地位留给判断力就可以看出，他们绝无意解除逻辑与美学之联结。这些思想家代表那个发展的一个阶段，这发展最后终于完成了逻辑与美学之综合，完成了两者之间更牢固的一个联结。这发展的最高峰，呈现于康德之《判断力批判》。

　　如果我们把瑞士批评家上述的历史地位也列入考虑，那么要指

---

① 沙夫茨伯里，《对一位作者的忠告》(*Soliloquy or Advice to an Author*) 第三部第一节，《特征》卷一。

出他们与戈特舍德争执的主题到底是什么，就变得愈加困难了。这场争执本身深深搅动了 18 世纪德国思想家的内心。歌德在其《诗歌与真理》（*Poetry and Truth*）中也提到这场争执，这就是一项证据，证明这项争论多么深入地渗透了德国的一般知性生活，证明它多么强烈地影响了德国诗歌之内在成长。但是虽然争执其本身影响深远，其真相却不易明白。即使是他们同时代的人想在众多争论的文字中找出事情的症结，都已十分困难。米利乌斯（Mylius）与克拉默（Cramer）在其所著《哈勒致力促进批评与鉴赏力》（*Halle Efforts to Promote Criticism and Taste*）的序言中说："在我们看来，瑞士学派论诗的文字尽可以和戈特舍德的诗学并行不悖。对追问这项重大争论之真实成因的人，我们实在拿不出一个适当的答案，将来想歌颂这场战争的诗人恐怕需要一份特别的灵感，正如荷马要描述阿喀琉斯与阿伽门农之争执时需要这种灵感一样。"在今天看来，其后有关这场争论的分析，在论及其真正动机与动力时，便缺乏这份灵感，因为这些论断到现在还是众说纷纭，莫衷一是。黑特纳（Hettner）宣称隐藏在双方人物对抗之下的思想很容易觉察。他认为这场争执是"法国与英国的影响之间的第一次严重冲突"。戈特舍德是法国古典主义之狂热支持者，他的历史价值也正在于此。不过依笔者浅见，这场争执中的角色绝不是这么简单就可以决定的。因为就一方面而言，戈特舍德并没有排拒英国文学之影响。他引用沙夫茨伯里与艾迪生（Addison）的话，并模仿艾迪生的期刊。就另一方面而言，瑞士学派的批评理论则不断接受来自法国美学的影响。在为布赖廷格（Breitinger）的《批判的诗学》（*Critical Poetics*）所写的序言中，博德默尔直接求助于杜博斯，为的是要证明"最好的作品不是规则的产物，与之相反，规则却是由作品抽绎出来的"。戈特舍德与瑞士学派的争执要点无法以他们所受的影响来说明，而只能以他们探讨问题之不同取径来说明。只要我们把视界扩大到文学与美学问题的范围之外，只要我们把这个冲突看作一场更广大的知性斗争之一段落，上述的不同就可以看得十分清楚了。戈特舍德与瑞士学派试图在诗学领域确立的论点，只有跟18世纪整个知性活动的景象关联起来，才能被我们充分地了解。乍看起来十分奇怪的是，这个冲突在历史的关联中，不但涉及逻辑问题的检讨，而且还涉及自然科学问题的检讨。因为到了18世纪，在自然科学中，由于自然科学的影响，一种新形态的逻辑已经开始在发展。原有的纯粹演绎逻辑——这种逻辑总是由普遍者到特殊者、从前者推论出后者——逐渐被经验性分析取代。这种分析固然并不排斥公理与一般原理，但是它并不认定它们是不可驳斥的先验公设。它是设法从现象中推定它的公设，而认为这些公设之确实性完全是基于这些现象。现象与原理之间的相互关系仍然存在，但是重点却转移了。不是由未有现象以前就已确立了的原理演绎出现象，而是根据对现象的观察来拟定原理、检验原理。① 在自然科学中，由演绎法到归纳法的这个转变，在笛卡儿到牛顿的这段历史之中可以看得最为清楚；同样的转变，在美学中，则在戈特舍德与瑞士学派的争论上呈现得最为动人。在自然科学与美学这两门相去甚远的学问间居然存在着这么明显的相似，亦足以证明在18世纪思想上的统一已经普及到多么广大的范围。笛卡儿在其论文《世界》(*The World*) 中对物理学的素描，正是说明以下一句格言的最佳实例。这句格言说："给我材料，我就替你建造一个世界。"在笛卡儿看来，物理学家与自然哲学家尽可大胆地去从事这项建设，因为宇宙的建筑计划早就包含在一般运动定律中。他不需要从经验中去得到这些定律，它们是和数学同样性质的，早已包含在"普遍知识"之基本法则中，这种知识之为必然的真，我们的心灵不待向外求证就能加以承认。戈特舍德，身为笛卡儿与沃尔夫的学生，相信他也可以对诗做同样的要求，而使它服从理性之支配。"把你喜欢的任何材料和主题交给我，我就会告诉你，依照诗学之一般法则，如何用它们去作一首完美的诗。"这几句话已经足以表明戈特舍德《批判的诗学》的内容与潜在倾向。他写道："首先一个人应该选定一

① 参看本书第二章第二节。

个适合他想实现的目标的道德论点，然后想出一件一般事件，这事件之中含有一个足以具体说明其所选定的道德论点的动作。"照他这么说，应该先有"定理"（theorem），即理论的或道德的真理，然后再有诗歌的动作，这个动作只是为了要以具体实例说明上述的真理。瑞士学派的看法则正好相反，他们主张事件优先于"定理"。当然他们并不摒弃道德的意图；他们还一再强调这种意图。不过他们主张以想象来实现这意图，而不以理性来实现它。诗的任务是激起情感——对这点，瑞士学派与杜博斯意见一致——但是达到"哀婉动人"（pathetic）并非他们心目中唯一的与最高的目标。激发想象是为了使听众获得一种合理的洞见（rational insight）。正因为单纯的概念与抽象学说难以引生这种洞见，所以才需要慎选隐喻与诗的意象。适当的隐喻和意象可以完成概念与抽象理论所无法完成的工作。因此诗的意象在瑞士学派的诗学中极受重视，居于中枢的地位。布赖廷格写了一篇《评论意象之性质、目的与运用》（*Critical Treatise on the Nature, the Purposes, and the Use of Imagery*），根据古今名著的实例来说明意象之运用。不过在这里意象仍然没有独立的意义与价值，它只是为别的东西而设，是别的东西的外套。"正如老练的医师把他的苦药丸裹上一层糖衣，有意以真理来促进人类幸福的人也必须这么做。"因此布赖廷格在他的《批判的诗学》中宣称《伊索寓言》乃是最完善的诗歌类型，因为它最能达成这双重任务。据他所言，伊索创作那么一些寓言，就是想借着它们迷人的艺术伪装，把最枯燥最苦涩的真理顺利地灌输到人类的心灵里面。瑞士学派也首次清楚地阐述了"神奇"（wonderful）这概念。他们认为：神奇的创作，其价值并不在于它是自由想象之产物，也不在于它超越了一切理性的规律。最神奇的创作当然不受已然现实（a given reality）之局限，它服从于可然法则（the laws of the possible）；但如果想成为真正的诗，它仍要受到它的目的之限制。这类创作设法以新颖与惊奇的成分打动人们的灵魂，其终极目的还是为了要引导情感趋赴于诗所欲达成的目标——一种道德的目标。所以一切的作为都不得违背这个宗旨。以上两者关于研探方法的这项冲突——这冲突并不是不能调和的——也见诸两者关于天才与法则之关系的争论。戈特舍德与瑞士学派的天才观都迥异于沙夫茨伯里表现在他"直觉美学"中之天才观。博德默尔与布赖廷格都无意使天才摆脱严格法则之磨炼，他们也都想建立规范。不过他们都试图在现象中，在已有的诗作中，寻求这规范，而不是把规范从外面强加在这些诗作上。他们都先从事于对诗的静观，最后把这静观的所得化为概念与"纯理论的原理"（speculative principles）。他们比戈特舍德更占便宜的地方，就是他们都能够从事于这样的静观。对他们而言，荷马、但丁与弥尔顿等人的作品都是真实的诗的经验。但是对批评家来讲，这些经验都只能够当作起点，而不能够当作终点。隐含在这些经验中的法则还得被化为清楚的意识内容。大自然通过诗歌天才而施行的那些东西，尚待批评家把它们从诗作中抽绎出来且转化成可靠的财产。在这里，经验性分析再度证明了它的价值，证明它确可用以从特殊者身上找寻普遍者，从具体形状与现象身上找寻隐藏的法则。博德默尔在他为布赖廷格的《批判的诗学》所写的序中宣称：法则并不是意愿或机缘之产物；它们是从观察美的印象中之真实常恒因子而得来的，是从观察在心灵上留下不可磨灭的影响的那些事物而得来的；这些法则都是从上述这些东西身上抽绎出来的。正如18世纪的自然科学结合了经验与几何，经常拿两者互相参照，正如它由实验与感官观察着手，以期在可观察的事象身上找出可以用数学加以表现的确定的东西，瑞士思想家也要求真正的艺术批评家做到近似的两点。首先，他应该尽量接触伟大的艺术作品，让这些经验来引导他——但这并不意味着他必须绝对屈从于这些经验。其次，正如物理学家在感觉资料身上找寻数学的精确性，艺术批评家也应该在想象之创造物身上找寻必然的、普遍的法则。

六 体系美学的基础——鲍姆嘉通

康德在提到鲍姆嘉通的时候，经常称之为"卓越的分析家"（excellent analyst），他是同时代的思想家当中极受康德尊敬的一位。康德对他的这个称呼确是对他的才智与科学工作的一个简洁而适当的形容。在他的工作中，他把定义与分析的技术发展到了极其完善的程度。在所有的沃尔夫的学生当中，鲍姆嘉通是真正能够熟练驾驭沃尔夫所授的逻辑技巧的人，凭着这套技巧他率先赋予德国哲学一副自己独有的明确面貌。由于概念的阐述十分精确，由于定义下得煞费苦心，由于证明都极具确定性，鲍姆嘉通的《形而上学》（*Metaphysics*）许久以来都被奉为圭臬。康德就不断求助于这部著作，而且一直以它作为自己形而上学论述的依据。但是，鲍姆嘉通决定性的历史贡献却并不在这方面。他固然是一位杰出的经院逻辑学家——他是这门学问的各方面的大师，他把它的形式发展到十分完善的地步，但他的成就却不限于此。他的真正的成就，是在于精通了这门学问之后，变得比其他任何人都更清楚形式逻辑之固有的限度。由于意识到这些限度，他才能够对思想史做出一番富有创意的贡献——这番贡献主要是在于奠定美学之哲学基础。当作为逻辑学家的鲍姆嘉通审视他的专门领域时，他察觉到一项新的工作。而当他依照他的逻辑前提以从事这项工作的时候，这些前提之限度顿然明显起来。就这样，美学由逻辑发展出来，但这项发展也暴露了传统经院逻辑之弱点。鲍姆嘉通并没有画地自限，满足于做一个"理性之艺术家"（artist of reason）；他还把康德称为"理性之自知"（self-knowledge of reason）的哲学理想付诸实现，也就是说真正使得理性认清了自己。他是分析大师，但是对分析的精通并没有导致他过分高估分析之价值，反而使他得以清楚界定且截然区分分析之手段与目的。当分析发展到最高境界的时候，它的生产能力又被激发了出来，它被带到了一个地点，在那里，一个新的起点呈现了，一个新的知性的综合露面了。

鲍姆嘉通是第一个把美学界定为一门科学的人，正因为有上述的综合，鲍姆嘉通的这个定义才有其力量与意义，是这个综合赋予这个定义力量与意义。如果美学把自己的活动局限于为艺术创作订定规则，或对艺术作品加诸观赏者的影响做心理学的观察，那么，它就不会是一门科学，而且永远不可能变成一门科学。这类活动隶属于完全与真正哲学洞见对立的那种经验论，从方法学的观点而言，它正好与这种洞见形成最尖锐的对比。唯有当我们了解了一门科学在人类整体知识中之地位时，我们才能把握住它的哲学内涵与意义，它的哲学内涵与意义来自它在这个整体中所居的地位。每一门科学都必须成为知识整体之一部分，而在这整体之中，它又必须承担一种特殊工作，且以其特有的方式完成这项工作。整体知识如果是一大类，每一门科学就是其中的一分子。科学之类属由知识之概念来标示，因此，必须先有这个概念，只有这个概念能够标明一门科学所属之类，以供界定一门科学。但是在为一个东西下定义时，指出这个东西属于什么类（如指出人属于哺乳类）还不是最重要的，更重要的是指出这个东西在同类中的特异之点（如指出人是哺乳类中会笑的）。鲍姆嘉通在他为美学所下的定义中，指出美学是有关感性（sensibility）之学说，有关"感性的知识"（sensitive knowledge）之学说。这就是说他认为美学是以感性或感性的知识为研究对象的一门科学。这个定义，标示出美学在整体人类知识中的地位，因而也就赋予美学哲学的内涵与意义。从形式逻辑及其传统标准之观点来看，他似乎创造出了一个不伦不类的东西；他以右手给予美学的似乎又被他用左手夺走了。因为依照鲍姆嘉通所采用的术语，感官知识乃是混淆而不分明的领域，换言之，也就是与纯粹知识相对立的东西，因为这个领域是知识所无法透入的。如果美学被局限在这个卑微的领域，它还能保持其作为一门科学之地位与尊严吗？诸如此类的疑问成了人们接纳鲍姆嘉通美学之主要障碍，使得它久久不能产生影响。博德默尔对鲍姆嘉通的定义感到惊异与不悦，他几乎不隐藏他私下的愠怒。他在评论鲍姆嘉通的著作时写道："鲍姆嘉通似乎认为鉴赏力是较低级形态的判断力，凭它，我们只能获得混淆的、暧昧的知识。照这么说，具有鉴赏力便不是什么值得赞扬的事了，它几乎不值得我们去努力获取。"这个论断的含意正好与鲍姆嘉通的本意完全相反。"卓越的分析家"鲍姆嘉通并不是要保持混淆而暧昧的知识之中的逻辑矛盾，他是在寻求一种有关这"暧昧"与"不分明"之知识的知识，在要求建立关于这种知识的知识。他所使用的述词，如"混淆""暧昧"等，是用以形容我们所要研究的客观对象（感性），而不是用以形容我们有关它的识见和我们对它的处置方法。他并不是要把科学往下拉，使它成为和感性差不多的东西，而是要把感性的东西向上提，使它带有某种知识形式，借此使它接受理性的处置。感性世界本身，就其质料一面而言，固然是暧昧与不分明的；但是难道因为这样，它的形式也就必然是这样的吗？——我们都是通过这形式去认知它、吸收它。还是这形式可以代表人们对感性世界之内容的某种样式的了解呢？这个问题就是作为鲍姆嘉通的美学之起点的一个问题，对这个问题，他也毫无保留地回答了一个"是"字。他树立了衡量感性的新尺度，这尺度的功能不是要破坏而是要维持上述经验样式之价值。他认定感性自有感性的完善，不过这种完善必须被了解为一种感性固有的优点，一种"现象的完善"（phenomenal perfection）。这种完善绝不相当于逻辑与数学在发展其"分明的概念"（distinct concepts）历程中所力求的独立的成分。鲍姆嘉通花了相当的气力才确立了它与后者的这个同等地位。在此之前，当他以当时现成的术语（不是他新创的，而是采自各派的学说）来表达他的思想时，他一再陷入用以表达从属关系与包含关系的语言中，用这种语言来描述美学。这些术语迫使他不得不设立一项明确的尺度，把事物依地位与价值之高下而安排；依这项尺度，作为感性世界之知识，美学竟被列于最低的地位。它居于开端，但这个开端却显得好像只是一个预备，因此，它便似乎只是为别的东西而存在，其本身并无独立之地位："只有经过美的事物之早晨之门，你才能步入真理之境。"[1]这个破晓时分面对着白天的灿烂光辉，恐怕难免要相形失色吧！面对着严格而纯粹的真理——这真理不仅涉及事物之表象，且揭示了它最深层的存有，仅作为表象之一项属性的美，是必然要黯然无光的。作为形而上学家，鲍姆嘉通从来没有完全摒弃这个基本看法；但是作为一个分析家，作为一个纯粹现象主义者，他却超越了它。他之挣脱这个传统的逻辑与形而上学枷锁，终于使得美学得以出头见天，成为一门独立自主的哲学性学科。

莱布尼茨在其《关于真理、认知与观念的沉思》(*Meditations on Truth，Cognition and Ideas*)中所阐述的知识等级说，是鲍姆嘉通思想之起点，也是其基本的骨架。不过，如果我们想正确了解鲍姆嘉通的意思，光是重温这个学说的字句是不够的。莱布尼茨区别了"清楚的观念"(clear idea)与"分明的观念"(distinct idea)。一个观念，如果能够满足和适合我们日常生活的需要，能够使我们适应我们感觉层面的环境，这个观念便是"清楚的"。要适应这环境，只需要能够小心辨别所遇到的不同客体，而在辨别清楚之后采取适当的行为以应付这些客体，就够了。把金子视为供人使用的东西的人，只要能够分得清纯金与不纯的或假的金子，也就满意了。他自能在它的颜色、硬度、韧性上，在这类纯经验的特性上，找到适当的标准，以供他辨别真伪。但是依莱布尼茨之见，这类的真理，还不是科学知识所努力追求的真正的完全的真理，也不是它所应该索求的。因为最高级的知识应该告诉人们一件东西"何以"那样，而不单是告诉人们它是"那样"。科学并不想搜集单纯的事实，也不满足于凭感觉的属性来辨别事物，然后依此辨别而把它们加以分类。科学总是力图从属性之纷纭繁多的层面进入实体之单纯统一的层面，它想发现这个实体，则唯有回头追溯这多元性与多样性之终极因由。因此，充足理由律，连同同一律与矛盾律，便成了精确科学之真正准绳。去理解一件事物，并不

----

[1] 席勒语。

是凭借经验去把它当作一个现象而加以把握，而是根据它的成因先验地去领会它。对莱布尼茨而言，基于对一件事物之因由的了解而成立的知识，与先验的知识根本就是同一回事；因果定义乃是唯一令人满意的一种定律。因此，求取"分明的知识"（distinct knowledge）的程序，不外就是把一个复杂的现象分解而成决定它与制约它的种种元素。只要这个分解的历程还没有完成，只要还有任何元素尚未被分析到不能再分析，便不算达成"充分的"（adequate）领会。只有当一个概念不但反映了它的对象，而且成功地使这个对象在我们面前展开，成功地追溯到它的构成元素且用这些元素再构成它时，这个概念才算与它的对象相应。

鲍姆嘉通完全承认莱布尼茨的这项理想，而且从来不曾对它在科学知识之领域中的妥当性产生怀疑。他坚持莱布尼茨追求"思想字母"（thought alphabet）之要求，特别是当这个理想在沃尔夫及其学派的努力之下眼看就要完全实现的时候。但是在鲍姆嘉通看来，却有一个知识领域，在那里并不能把一切现象都毫无限制地还原到它的元素。如果我们照着精确科学的方法，在说明颜色的现象时，把这现象分解成纯粹的一个运动的历程，则我们不但破坏了它的感觉印象，而且连它的美学意义也会一并加以摧毁。把颜色还原为物理学上的概念（如光波），简直就是一笔勾销了它作为一项艺术表达手段的整个意义，勾销了它在绘画艺术中的整个功能。颜色这概念一旦失落了，一切有关颜色之感觉经验的记忆，以及其美学功能之迹象，也会随之消失。但是这个美学功能真的是无意义的吗？真的是绝对无关紧要的吗？它真的一点都没有它的特殊价值吗？它难道不应该拒绝被置之不理，不应该要求被人家照它实际的那个样子而加以承认吗？新的美学就是力图使颜色的这个美学功能获得这样的承认。它完全沉湎于感觉表象之世界中，根本不求超越它而进入另一个世界，进入作为这些表象之因由的世界。因为再向前迈进这么一步，只会摧毁表象之美学内涵，而不能说明它。如果有一个人居然把风景的表象分解成几个组成部分，并且以地理学的语言来描述这些部分，企图借此把他对这风景的印象传达给别人，他自然可以由此而获得一个科学的洞见，但是在这个洞见之中将无一丝一毫的风景之美存在矣！这美只能由未加分割的观察而获致，由对整体风景的静观而获致。唯有艺术家，画家或诗人，才能把这个整体性反映出来，而把生命注入他的作品之每一部分。对风景的完善描写（不管是绘画的或诗的）会在人们心中唤起有关它的纯粹意象，这意象之光景，以及对这意象的欣赏，会使我们忘掉一切有关其基本实体的科学问题。我们必须屈服于表象本身之纯粹效果，否则它就会从我们手中溜走。表象之效果当然并不构成它（表象）的形而上学本性，但是这些效果却包含了它的纯粹美学的面相。在显微镜下观察一个物体，可能使这个物体之组成以及其客观本性都在自然学家眼前显露无遗，但是它的美学印象却必然会完全失落。歌德曾在一首诗中表现了上述这个意思：

　　振翅泉边，虹彩蜻蜓；

　　凝眸多时，吾观其影。

　　乍暗乍明，忽红忽青；

　　彼其多变，蜥蜴弗如；

　　不知近看，其色何似！

　　来回翻飞，久不歇息，

　　忽临柳枝，悄然停栖；

　　运吾双指，轻捏其翼；

　　就近审视，细观其体。

　　其色何如？黯蓝郁郁！

　　赏心乐事，不容剖析；

　　必欲为之，亦此结局！

　　在这里，歌德把他哲学的基本内涵转化成纯粹意象，而以具体的形象把它表达出来。这哲学的内涵正与身为美学理论家的鲍姆嘉通所言相符。现在我们正步入一个领域，在这里，充足理由律——所谓"分明的"知识之一切原理与条件——并没有它的管辖权。这条定律是用以引领我们走出现象界之迷宫而进入本体界的领域（知性世界）的阿里阿德涅线（Thread of Ariadne）。但是在艺术中却没有这类超越之举，也不可能有这类超越之举。艺术无意超越表象，只愿停留在它中间；艺术不要追溯表象之起源，只想抓住它当前的内容而表现此内容之特性。我们无须害怕放弃这条引路的线（它呈现而为充足理由律）会导致我们的知性世界复归于一片混沌。因为即使是纯粹直觉的世界也不是完全混乱的，它自有它的标准。每一件真正的艺术作品都会向我们显示这类标准；它不只展示丰富的观察所得，它也统御这些观察所得；它模塑这些观察所得，而且使它们在最后得出的形式中呈现出它们内在的统一。一切真正的审美直觉固然都显示了变化与歧异，但这些素质又表现出某种秩序与规则。只有在一个情况之下，我们才可以用"混乱的知觉"（confused perception）一词来标示美学领域，那就是就这个词的严格词源学上的意义来了解这个词。如果照这个意义去解释，那么说美学领域以"混乱的知觉"为特征，便等于是说在一切审美的直觉中各种元素都融合在一起了，我们无法把个别元素与整体直觉分开。但这种融合并不会造成无秩序，因为这个复合体呈现而为明确而和谐的一个整体。依照鲍姆嘉通美学的基本论点，单靠概念是绝对无法完成上述的组织的[①]，那必须归因于前概念的（pre-conceptual）领域，纯逻辑不需要知晓或正视这个领域，因为从逻辑的观点看来，这种组织是归属灵魂与知识之下级的能力。可是这些"下级的"（inferior）认知能力也具有它们的理性的原理，它们也需要一套特殊的知识论。鲍姆嘉通对理性之严格规则十分顺从，他不允许有例外，因为他不愿看到纯粹逻辑的规范稍有废弛。然而他却在理性之法庭前极力为纯粹审美直觉辩护。他指出直觉也受到内在规则的统辖。纵然这种规则不与理性之规则相符，它至少也可以算是理性之类

---

① 指将各种元素组合成内部和谐的整体。——译注

似物。这个类似之存在，不仅告诉了我们：审美直觉的规则之领域不等于逻辑概念之领域，它还要宽阔得多。并且，它还告诉了我们：另有一种规则存在，它超乎意志活动的境界，也与一切主观的意兴无涉。这种规则不能以概念之形式表现。作为一个整体，理性兼涵了审美规则与逻辑概念。它并不把自己局限于单纯概念性的东西，它与一般的秩序与规则都有关系，不管它被表现被体现于什么媒体中。理性仍然是这整个王国的女王，但她的统治从不流于严苛，她绝不诉诸外在的压制。对一切下级能力的统辖权属于理性，但这统治绝不可流为暴政。这句话正是鲍姆嘉通说的。臣民自己的本性不容剥夺，也不可放弃自己的特色；我们应该就这两方面去了解它，去保护它。鲍姆嘉通美学之最终目标，乃在争取灵魂下级能力之合法性，而不在主张加以压制与消灭。

鲍姆嘉通学说的一切要素都已包含在上述的基本说法中；他所指出的艺术作品之一切特色，特别是诗的表现模式与诗的表现手段之种种面貌，都可以从这基本说法里面引申出来。他爱把自己的意思表达得透彻而完全，因此他喜欢堆积许多词语，以形容那些足以区别诗的表现与逻辑的表现之性质。他要求诗的表现必须做到显豁、清楚、丰饶、真实、内容充实、明白；他坚持诗所使用的观念必须含有内在意义、说服力量以及蓬勃生气。但是以上这些要求可以化约为一项要求，那就是要具有鲍姆嘉通所谓的"知识之生命"（life of knowledge）。他无意把诗与思想之泉源分开，他在一开始就把美学界定为美丽地思维之艺术（the art of thinking beautifully）。但他要求诗的思想不但要传达形相，也要传达颜色；不但要传达客观真理，也要传达感性力量；不但要传达正确的洞见，也要传达有生命力的洞见。这种洞见要求我们不要单是依照逻辑概念之构成法则而从特殊者把握普遍者，而要在特殊者中领会普遍者、在普遍者中领会特殊者。抽象作用固然可以引导我们走向事物之更高的类，但它也总是意味着使直觉之内容贫乏化，意味着掏空直觉之内容。抽象之历程也就是损减之历程。唯有通过漠视特殊性才能达致一般性。因此一般性是以明确性为代价而换取来的，一般性与明确性正好处于对立的地位。美学则弥补了这道鸿沟；因为它的"真"不能求诸具体性质之外或具体性质之对立面，而只能实现于这些性质之中，只能通过这些性质而实现。美不只像逻辑概念那样要求集约的清晰性，它也具有广泛的清晰性。在我们成功地把知觉之杂多浓缩为（足以表征这些杂多之主要本性的）少数几个定义时，集约的清晰性就得到了。美的广泛清晰性却不容这类的约简与集中。因为艺术家总是设法描述他直觉而得的现实之全部内容，他总是设法兼顾一瞥之中的核心与外围[①]。依鲍姆嘉通之见，艺术天才不但需要具有伟大的感性容受力与想象力，而且需要具有"颖悟之自然性向"（natural disposition of perspicacity）[②]。但是艺术家之敏锐与科学思想者之分析的穿透能力不同，它不把目光从现象上面移开，反之，它把目光固定在现象上面；它不寻求表象之原因，而寻求表象之本身。艺术家力求就现象之全体，就现象之存在之纯粹固有样态，而领会现象，并且把它们融合而为一幅明晰的图画。

　　鲍姆嘉通之所以能把艺术心灵与科学心灵间的这个对照刻画入微，并且率先以严格哲学程式把它表现出来，乃是因为他有这方面的亲身经验。施泰因在《近代美学之发展》中早已指出：鲍姆嘉通之发现与建立体系美学，并不是如某些人所说的由于一心钻研知识问题与逻辑问题。鲍姆嘉通是通过对文学作品的直接经验而深入美学，他自己经常赋诗填词。尽管他的文才有限，但他至少从这项嗜好学到了诗的主题是什么、它与科学的主题有何不同。他只要从他自己的活动就可以直接观察到这个不同。为了要阐述这个不同，鲍姆嘉通用心细考诗歌语言之形式与特色，这项工作对美学言语与哲学都有同等的重要性。语言是科学与艺术所共用的表现媒体。科学家与逻辑学家所发展

---

① 关于"集约的清晰性"与"广泛的清晰性"之别，见鲍姆嘉通，《关于诗的哲学默想录》（*Meditationes philosophicae de nonnullis ad poema pertinentibus*）第十三节。
② 鲍姆嘉通，《美学》（*Aesthetica*）第三十二节。

出来的思想，跟诗人的感觉与观念，都需要借重语言，以传达给别人。但是在这两个事例中，同样的手段（语言）却为不同的目的而服务。在科学的论述中，文字只是充当概念之符号，它的全部内容就在于其抽象的意义。正如霍布斯所说的，文字在这里只被用为心灵之"筹码"（counters）；在科学语言之最高发展阶段，我们可以看到文字的一切具体内容都被消除掉了。我们不复处于文字之领域，而是处于符号之领域，并且总是试图以这些符号毫不含混地表达每一项思想内容。正如莱布尼茨一再强调的，只有一项"普遍特征"（general characteristic）发展完成，"普遍科学"（general science）才臻于完成。但是对科学而言是一种最高发展之表现的，对艺术而言，却不啻是死刑的宣告；它将剥夺掉艺术之一切关于现象的内容。新美学力图防止这个情形的发生；它努力的目标并不在求一般的知识之完善，而在求感觉的知识——直觉经验的知识——之完善。"美学之目标在于感觉认识之完善。而这正是美。"①艺术家、真正的诗人之有力与伟大正在于他有能耐赋予日常语言与科学语言这种"冷酷的符号"（cold symbol）生命之气息和"知识之生命"。没有一个字在经过艺术家使用之后还会是死的或空洞的，它总是生机洋溢，充满直接的感觉的内容。带有抽象公式之特性的一切东西都会从诗的语言中消失净尽，这些东西都会被隐喻的表达取代。鲍姆嘉通仍然把诗归于语言之普遍概念之下，但这并不意味他舍弃他的基本美学观念，他并没有为词面上的这种异同所感。他为语言所下的一个更精确的界说立即排除了这种危险。"完善的感觉语言就是诗。"②只有具备完善感觉表达之力量的语言，只有能够在我们内心唤起生动的直觉的语言，才能叫作诗。

鲍姆嘉通的这句话不仅触及 18 世纪美学家一直在注意的一个问题，且能通过理论形式来表现这个问题的特色。从杜博斯与瑞士批评家那个时候以来，美学理论就一直在强调诗的直觉特性。但是它却只

---

① 鲍姆嘉通，《美学》第十四节。

② 鲍姆嘉通，《关于诗的哲学默想录》第九节。

能借助绘画来阐明这个见解。正是出于这个原因，所以在莱辛的《拉
奥孔》（*Laokoon*）出版以前到处流行着一句口号："一首诗就像一幅
画。"博德默尔写下了许多他对诗人之"诗的绘画"（poetic paintings）
的批判性反省，布赖廷格之《批判的诗学》则从事于"彻底研究诗
的绘画及其与发明功能之关系"，且以古今作品为例解释他的研究。
但是在这里产生了一个新的问题。诗人真的可能与画家抗衡而以他
的"人为符号"（artificial symbols）传达画家以"自然符号"（natural
symbols）所传达的东西吗？或者这类的抗衡只是徒然混淆了这两种
艺术而摒弃了诗所独有的风格？鲍姆嘉通看出：诗之要求以图画似的
表达来呈现，乃是一种误以部分为整体的谬误。因此，他得以预先防
止了上述的混淆。他指出这种要求是由于一种误会，即误以为所谓的
感觉的认识只有一种形式，那就是图画似的描述；但是事实并非如
此。他说诗人无法（也不该）以文字来绘画，诗人却能够（且应该）
用文字在听众的心中唤起清楚而生动的、给人以美的感受的观念。这
正是诗人之基本的才能，这种才能也就是鲍姆嘉通所说的"去愉悦人
的能力"（capacity to please）。从知性活动史的观点来看，这宛如是一
则预言；在康德的《判断力批判》和莫里茨（Karl Philipp Moritz）的
《论美的事物之创造性模仿》（*On the Plastic Imitation of the Beautiful*）
出版前的四十年，它就暗示了歌德的客观的思维。"去愉悦人的能力"
不仅是试图依据事物之类属去理解事物，而且还力图对事物加以静
观。它具有那所谓的"美丽的丰饶"（beautiful plenitude），这"美丽
的丰饶"并不是单单把一些东西组合起来就可以获得的，它也不能被
分解为若干组成部分。这种"性向"（disposition）表现了一种精神的
态度，这种态度会使它所把握与吸收的每一样东西都染上它的色彩。
正是心灵的这个态度形成了艺术精神之特色，使得它具有它独有的那
个特点，这个特点是艺术家先天带来的，不是后天可以得到或学到
的。"成功的美学家之性格中需要一种天生的自然的美学天性，那就
是整体灵魂所具的倾向于美丽的思维的性向，这种性向是灵魂生来就

有的。"①

鲍姆嘉通的美学也超出了单纯的逻辑之范围。它设法成为"较低等的认识能力"（lower cognitive forces）之逻辑，以这么一种逻辑，它不但力求在哲学体系方面有所贡献，更力求在有关人的学说方面有所发明。赫尔德追随他并称他为"我们时代的真正亚里士多德"（real Aristotle of our time），绝不是偶然的。因为他在鲍姆嘉通的著作中发现了自己在作品中竭力宣扬的那个关于人类的新理想。在鲍姆嘉通之《美学》的开端，我们就碰到了他所施诸哲学（作为一种智慧之学说）的这道人文主义的命令。"哲学家是人间的人，他不应该认为这么大一部分的人类知识是与他乖违的。"②发展特殊才能，特别是概念分析之才能，对学者与专家而言，也许是适当的、值得称赞的，但哲学的任务却绝不能由此而达成。这个任务不容任何一个部门的知识潜藏不用，也不容任何一种心灵的禀赋不被充分培植。哲学心灵不应该自以为高于直觉与想象之禀赋；它应该充分赋有这两种天赋，它应该一方面具有这两种禀赋，一方面具有判断与推论的禀赋，两方面保持平衡。哲学体系之广包性与内在统一性，只能产生自这个和谐，哲学精神之充分体现也由来于此。这种精神之最高最纯的发展，单靠培养悟性能力是不足以达成的。哲学家在其思维的一个基本面貌上，即在其力求掌握事物之全体性上，仍然是与艺术家血脉相连的；如果他在创造美的事物这件事情上无法与艺术家较量，他至少还可以去追寻有关美的事物之知识，这种知识（体系美学）可以使他心目中的世界图像臻于完全。因此这门新美学便不只在逻辑上是合法的，在伦理上也是正当的。因为现在这"美的科学"（beautiful sciences）不只成为知识之相对独立的一个部门，它还可以"刺激整个人活泼"（activate the whole man），对人之实现其真正命运是绝不可少的。

因此，有关美的事物的这个问题，不但促成了体系美学之成立，

---

① 鲍姆嘉通，《美学》第二十八节。

② 鲍姆嘉通，《美学》第六节。

也促成了一门新的"哲学人类学"（philosophical anthropology）之成立，而作为整个 18 世纪文化之特征的一个观念也因而获致凭证与肯定。现在我们可以从一个新的角度看到前此的各种准绳都在 18 世纪的思想中开始经历一番脱胎换骨。人的悟性与神的悟性之关系，"副本的心灵"（ectypal mind）与"原型的心灵"（archetypal mind）之关系，发生了越来越明显的变化。在 17 世纪的伟大形而上学体系中——如在马勒伯朗士与斯宾诺莎的思想中——这个关系一向都是把有限者融入无限者（因而消除有限者）的一种关系，但是现在则不然。现在所要求的，乃是有限者照它自己的本色肯定它自己——即使是在无限者的面前也是一样，乃是有限者保持它的特殊本性——即使它承认这本性是有限的。体系美学之成立固然维持了理性之自主性，同时也维系了有限的本性作为一种独立存在而存在之特权。因为德国哲学承袭自莱布尼茨学说的一大要点就是认为神的存有本身乃是超乎美之现象的领域的。依莱布尼茨之见，神的知识是根本不涉及感觉观念之领域的，它只涉及"充足的"（adequate）观念；那就是说它完全透入每个复杂的整体之中，而将其分解为终极的构成元素。这种样式的知识只能导致一种结果，那就是灭绝了美之现象。门德尔松在其《论感觉的信函》（*Letters on Sensation*）中说道："我们千万不要混淆了'天上的维纳斯'（heavenly Venus）与'地上的维纳'（earthly Venus），前者存在于完善，存在于一切概念之完全充足之中，后者即是一般所谓的美。从形而上学的观点来看，美之观念与其说是起于人类灵魂的一种才能，倒不如说是起于欠缺这种才能；比较完善的认知能力都与美之经验无缘，因此都不会分享到美。"[1]门德尔松大可征引鲍姆嘉通的思想为例来说明感觉的美与纯知性的完善之间的这个强烈对比；不过对鲍姆嘉通而言，这个对比所显示的意义却是完全不同的。因为鲍姆嘉通之标明美的事物之界限，目的乃在使人类留在这界限之内，而不是要他超越这界限。在鲍姆嘉通看来，人类不该超越

---

[1]　门德尔松，《论感觉的信函》（*Briefe uber die Empfindungen*）第五函。

有限者，只该从各个方向去探讨它。而在这么做的时候，他正可以从他之无以获致神的充足的知识而认清自己的本性与命运。因此在德国哲学的严厉训练中，前此已普遍见诸 18 世纪道德、宗教、法律、政治等哲学的那个思想也呈现了。启蒙运动逐渐学着去过没有严格形而上学意义的"绝对者"的日子，去过没有"像神的知识"（god-like knowledge）之理想的日子。代之而起的则是一个纯粹人间的理想。

随着感性之"人性化"（humanization），曾经在 18 世纪不断引起讨论的一个深一层的问题也获得了解决。18 世纪哲学不但努力维持想象在人类知识中之地位，也努力维持感觉与激情在其间的地位。笛卡儿的学说（依此学说，激情只不过是"引起灵魂不安的东西"）逐渐被别的学说取代，这时激情在人们的心目中变成了有力的刺激，变成了激发心灵而使其不断运转的动力[①]。解放感性的呼声四处升起，法国的心理学与伦理学尤其卖力，而且随着时日愈演愈烈。17 世纪的斯多葛主义（它不但作为一种哲学学说而存在，且影响及于古典悲剧）这时遭到了来自伊壁鸠鲁主义的挑战。伊壁鸠鲁主义这时以各种不同的形式与色彩而呈现。它可以鼓吹赤裸裸的感官快乐（如在拉·梅特里之《享受之艺术》中），也可以构成精炼与升华生存之乐的妙方。17 世纪出入于"圣堂"（Temple）或巴黎、伦敦贵妇沙龙的"浪子们"（libertines），曾经试图把这种技艺加以充分发展，其中在圣埃弗雷蒙（St. Évremond）手中发展出来的，可视为最精良、最重要的代表。由这个圈子所出版的一系列论文自称为真正享乐艺术派的著作，它们都试图使快乐成为人人可得的东西，试图教给人们不断加强与彻底利用享乐之可能性的方法。由这些著作所传授的精炼快乐的妙法无疑自有其美学上的意义，但是以此为基础而发展出来的美学总只是刺激-反应情境之美学。它极度锐化了对感官刺激之接纳性与敏感性，但是它却缺少与艺术性、自发性事物之根源间的任何关系。鲍姆嘉通的美学克服了这个缺失。鲍姆嘉通也坚持感性之有效，但他

---

① 见本书第三章第一节末。

却不仅仅设法把感性从重重限制中解放出来，他更努力于把它导向它的精神的完善。这种完善不可能存在于享乐中，而只能存在于美之中。美固然是快乐，但这种快乐大大不同于得自感官刺激的那种快乐。它不是受单纯欲望之支配，而是受一种渴望之支配，那就是对纯粹静观与纯粹知识之渴望。因此唯有通过美所提供的快乐我们才能经验那种内在的活力与纯粹的自发性，这种活力与自发性也存在于诉诸感觉的事物，换言之，即存在于"感觉认识之生活"（life of sensory cognition）。正如鲍姆嘉通之美学曾经使我们想起了赫尔德的人本主义，在这里它又使我们想起了席勒的《论美学教育之信函》（*Letters on Aesthetic Education*）。鲍姆嘉通是第一个克服了"感觉主义"与"理性主义"之对立且达成"理性"与"感性"之生产性新综合的思想家。

　　但鲍姆嘉通自己并没有充分实现他为自己所定的理想，他并没有走完展现于他眼前的路。在他美学体系之开端，他就说过：他的工作只是设法为这门新科学开路，他并无意去完成这门科学的发展。此外，他在这项事业中一开始就遭到某些主观限制的妨碍，因为他的著作是以学院哲学的风格写成的。因此，鲍姆嘉通所鼓吹的新概念并没有得到适当的表达，它必须套在八股的格式中，以致往往丧尽了它本有的弹性。不过善读其书的人自然可以在这层厚壳之下找出鲍姆嘉通思想之核心以及其独创的表达模式。赫尔德曾在一篇他所谓的"学院演说"（school speeches）中讨论到"学院中的秀美概念"（concept of grace in the schools），为了要阐明秀美的观念，他曾特别提到了鲍姆嘉通。他说鲍姆嘉通的美学就是出自秀美，这秀美系于他的精简以及充满迷人的小节，这些小节，平常人很容易加以忽略，外行人甚至会视之为瑕疵。鲍姆嘉通的影响仅及于狭小的圈子，他对德国文学的影响几乎微不足道。莱辛是第一个突破这个困境的人。他命定要去综合思想与行动、理论与实践，因而去充分实现鲍姆嘉通关于感觉认识之生活的那项要求。鲍姆嘉通认为真正美学家所应有的一切特征无不具备于莱辛的心灵上。在这个人身上，举凡丰盛、繁多、真实、清晰、确定、高尚等鲍姆嘉通所要求于美学家的一切要素都一一体现了；也是在他身上，"去精确感受的性向"与"去想象的性向"、"倾向于非凡的且精致的品位的性向"以及"倾向于颖悟的性向"都圆满地结合在一起。这些特征的结合，构成了莱辛著作之无可比拟的原创性，确立了它在思想史上的地位。不过，如果我们仅就莱辛著作中各个美学概念之内容而加以考察，我们将无以说明人们何以对他如此推崇。因为他并没有创造这些概念，他几乎都是捡现成的。在莱辛学说中，几乎没有一个美学概念或原理不是在同时代的著作中出现过的，不是可以征引鲍姆嘉通、瑞士学派、沙夫茨伯里、杜博斯或狄德罗的文章来证明的。但是如果我们据此便想否定莱辛基本思想之原创性，就完全错了。莱辛的原创性不是表现于发明新观念，而是表现于他施诸现有材料的整理、联结、安排与选择。就这些方面而言，莱辛基本上是一位逻辑学家，不过他的安排与选择、他的批判与体系化，都已经不止是在施行形式逻辑之操演。因为他的兴趣从不单单局限于概念之间的关系，甚至也不是以此为主；他具有一种天生才能，可以深入每个概念之核心且由此观点而加以了解与说明。这正是他对同时代主要美学概念所做的工作。在他的处理之下，这些概念剥落了一切抽象的面貌，而被满满地注入了明确、具体的经验内容。由于这些内容，它们得以直接参与创造的艺术历程，并且影响这些历程。莱辛的成就之决定性的方面，并不在于其概念之质料，而在于其概念之形式，不在于他赋予这些概念如何如何的逻辑定义上的意义，而在于他改变了它们的外观。在他心灵的熔炉中，这类变形与转生不断地进行着。莱辛自认以诗人这个名词的最严格的意义而言，他自己不配称为一位诗人，因为他自知没有具备那种基本的创造的法术，以这种法术，诗人不但可以发明他的各种形式，而且可以赋予这些形式"逻辑的居所与名分"（a logical habitation and a name）。他知道他没有掌握他在第一流史诗与戏曲中、在荷马与莎士比亚身上所看到的那种创造力。但就算莱辛并不具备伟大诗人之天才，他却具有几乎空前绝后的思想能力。每个进入他思维之魔法圈子的概念立即经历一种彻底的变形。它们从此不再是终端的产品，它们都又一变而为原初的创造力与直接的推动力。我们不能再把它们视为现成的形式，视为特定属性之总和；我们可以看到它们继续在发展，而从这发展历程之特性、从它们应用之样态、从它们所趋向的遥远而未知的目标，我们可以看出它们之真正价值与意义。莱辛有关天才与规律之关系、有关绘画与诗之限度、有关"混合的感觉"、有关符号对艺术分类之意义等等的学说，作为抽象学说，固然都可以——在18世纪基本美学著作中找到其渊源，但是只有在莱辛身上这些学说才又活了起来，才被注入活力，才被艺术之生命吸收。莱辛的批评，并不仅是设法要变成生产性的，要作为一种外在的影响以促进、激发艺术创造，它本身也是这个创造历程的一个内在因素。它被称为"生产性的"（productive）批评，因为它参与生产的历程且自始至终存在于这历程中。就这样，莱辛带领着启蒙运动的美学超越了它以前的目标与边界——虽然他似乎只是继承了它过去的知性资产。只有他得以完成了戈特舍德、瑞士学派、伏尔泰、狄德罗、沙夫茨伯里及其跟随者所无法完成的工作。他不仅把一个时代的美学思想推向最高潮，而且超越既有的现实，发现了诗的新可能性。他在德国文学中的首要功绩在于他看出了这些新的可能性且为它们开了路。如果我们只把他的批评视为一个国家的成就，而不是全欧洲的成就，我们必然会大大低估了他的这项功绩，并且遗落了它在知性活动史上的真正意义。莱辛之美学概念与历史地位当然跟18世纪德国文学问题有着特别密切的关系，但是他因此而发现的艺术创作之新眼界却是一切艺术所得以共享的。歌德论及赫尔德的时候说过：作为一位历史学家与历史哲学家，他的重要就在于他虽然全神贯注于事实的、特殊的、独一无二的诸般事物，却不屈从于这些事实之单纯物质力量，不屈从于单纯的"事实层面的事物"（matter of fact）。歌德认为赫尔德"把历史的垃圾转变成一株活树"的天赋正是他基本的能耐。① 这同样的话也可以适用于莱辛以及其艺评与美学上的原创性。
莱辛在处理概念与原理上，具有与赫尔德在处理历史实在上所具的同
样能力。不管什么时候，他一接近美学观念，不论是去批评它，或是
去安排它，或是去改变它，或只是去报告它，他都会为这个逻辑历程
注入新生命，而这些观念立即就会经历一番特有的新生。莱辛并不寻
求新奇，他从来不曾为原创而原创。与之相反，他坚决拥护传统，对
它，他能够心领神会，而且乐意千辛万苦地去探求。但是在这里，他
也是爱探求的历程甚于爱拥有东西。正出于这个缘故，所以他拥有了
当世无匹的创造力——这种力量不是来自任何与秩序对立的事物，它
只是不断地感觉到自身内部的一股想把事物加以变形的力量与冲动，
因此它也就不会变得僵固硬化。莱辛把 18 世纪美学的概念与原理从
这种僵化的危机中解救出来，这是他的后代特别感激他的一点。在
《诗与真理》中，歌德描述莱辛的《拉奥孔》对他的影响时说道：他
发现自己被莱辛的"主要与基本概念"之威力从"只知从事观察的奴
态地位带到海阔天空的思想之境"。莱辛不仅在诗的领域中拥有这股
魔法般的力量，他在整个 18 世纪的哲学领域中都拥有这样的一股力
量。正是因为莱辛，18 世纪才没有沦为单纯消极的批评功能之牺牲
品（这个世纪在很大的一个程度上受着它批评才能的支配），它才能
把批评转变成为创造的活动，才能把它塑造与运用为生活之不可或
缺的一项工具，把它塑造与运用为不断更新精神的一项不可或缺的
工具。

---

① 歌德致赫尔德的信，1773 年 3 月。

图书在版编目（CIP）数据

启蒙运动的哲学 / (德)恩斯特·卡西尔著；李日章译.—杭州：
浙江大学出版社，2022.4
书名原文：The Philosophy of the Enlightenment
ISBN 978-7-308-21268-7

Ⅰ.①启… Ⅱ.①恩… ②李… Ⅲ.①卡西尔—哲学
思想—研究 Ⅳ.①B516.59

中国版本图书馆CIP数据核字(2021)第065785号

启蒙运动的哲学

［德］恩斯特·卡西尔 著 李日章 译

责任编辑	王志毅	
文字编辑	宋 松	
责任校对	黄梦瑶	
装帧设计	武建和	
出版发行	浙江大学出版社	
	（杭州天目山路148号 邮政编码310007）	
	（网址：http://www.zjupress.com）	
排 版	北京楠竹文化发展有限公司	
印 刷	河北华商印刷有限公司	
开 本	635mm×965mm 1/16	
印 张	19.5	
字 数	253千	
版 印 次	2022年4月第1版 2022年4月第1次印刷	
书 号	ISBN 978-7-308-21268-7	
定 价	85.00元	

德文版：*Die Philosophie der Aufklärung*

J. C. B. Mohr，Tübingen，1932

英文版：*The Philosophy of the Enlightenment*

Princeton University Press，1951

本书译稿由联经出版事业公司授权出版